国家卫生和计划生育委员会“十二五”规划教材
全国高等医药教材建设研究会“十二五”规划教材
全国高等学校制药工程、药物制剂专业规划教材
供 制 药 工 程 、药 物 制 剂 专 业 用

药品生产质量管理

主　编　谢　明　杨　悦

副主编　刘佐仁　潘金火　孟　昱

编　者（按姓氏笔画排序）

王英姿（北京中医药大学）
刘佐仁（广东药学院）
张　雪（辽宁中医药大学）
杨　悦（沈阳药科大学）
杨舒杰（沈阳药科大学）
孟　昱（辉瑞制药有限公司）
梁　洁（广西中医药大学）
谢　明（辽宁中医药大学）
潘金火（南京中医药大学）
颜久兴（天津医科大学）

人民卫生出版社
PEOPLE'S MEDICAL PUBLISHING HOUSE

图书在版编目（CIP）数据

药品生产质量管理 / 谢明，杨悦主编．—北京：人民卫生出版社，2014

ISBN 978-7-117-18527-1

Ⅰ.①药… Ⅱ.①谢… ②杨… Ⅲ.①制药工业－工业企业管理－质量管理－高等学校－教材 Ⅳ.①F407.763

中国版本图书馆 CIP 数据核字（2014）第 022830 号

药品生产质量管理

主　　编：谢　明　杨　悦
出版发行：人民卫生出版社（中继线 010-59780011）
地　　址：北京市朝阳区潘家园南里 19 号
邮　　编：100021
E - mail：pmph @ pmph.com
购书热线：010-59787592　010-59787584　010-65264830
印　　刷：北京机工印刷厂
经　　销：新华书店
开　　本：787 × 1092　1/16　　印张：15
字　　数：374 千字
版　　次：2014 年 3 月第 1 版　2021 年 12 月第 1 版第 9 次印刷
标准书号：ISBN 978-7-117-18527-1/R · 18528
定　　价：28.00 元
打击盗版举报电话：010-59787491　E-mail：WQ @ pmph.com
（凡属印装质量问题请与本社市场营销中心联系退换）

国家卫生和计划生育委员会“十二五”规划教材
全国高等学校制药工程、药物制剂专业规划教材

出 版 说 明

《国家中长期教育改革和发展规划纲要(2010-2020年)》和《国家中长期人才发展规划纲要(2010-2020年)》中强调要培养造就一大批创新能力强、适应经济社会发展需要的高质量各类型工程技术人才,为国家走新型工业化发展道路、建设创新型国家和人才强国战略服务。制药工程、药物制剂专业正是以培养高级工程化和复合型人才为目标,分别于1998年、1987年列入《普通高等学校本科专业目录》,但一直以来都没有专门针对这两个专业本科层次的全国规划性教材。为顺应我国高等教育教学改革与发展的趋势,紧紧围绕专业教学和人才培养目标的要求,做好教材建设工作,更好地满足教学的需要,我社于2011年即开始对这两个专业本科层次的办学情况进行了全面系统的调研工作。在广泛调研和充分论证的基础上,全国高等医药教材建设研究会、人民卫生出版社于2013年1月正式启动了全国高等学校制药工程、药物制剂专业国家卫生和计划生育委员会“十二五”规划教材的组织编写与出版工作。

本套教材主要涵盖了制药工程、药物制剂专业所需的基础课程和专业课程,特别是与药学专业教学要求差别较大的核心课程,共计17种(详见附录)。

作为全国首套制药工程、药物制剂专业本科层次的全国规划性教材,具有如下特点:

一、立足培养目标,体现鲜明专业特色

本套教材定位于普通高等学校制药工程专业、药物制剂专业,既确保学生掌握基本理论、基本知识和基本技能,满足本科教学的基本要求,同时又突出专业特色,区别于本科药学专业教材,紧紧围绕专业培养目标,以制药技术和工程应用为背景,通过理论与实践相结合,创建具有鲜明专业特色的本科教材,满足高级科学技术人才和高级工程技术人才培养的需求。

二、对接课程体系,构建合理教材体系

本套教材秉承“精化基础理论、优化专业知识、强化实践能力、深化素质教育、突出专业特色”的原则,构建合理的教材体系。对于制药工程专业,注重体现具有药物特色的工程技术性要求,将药物和工程两方面有机结合、相互渗透、交叉融合;对于药物制剂专业,则强调不单纯以学科型为主,兼顾能力的培养和社会的需要。

三、顺应岗位需求,精心设计教材内容

本套教材的主体框架的制定以技术应用为主线,以“应用”为主旨甄选教材内容,注重学生实践技能的培养,不过分追求知识的“新”与“深”。同时,对于适用于不同专业的同一

课程的教材，既突出专业共性，又根据具体专业的教学目标确定内容深浅度和侧重点；对于适用于同一专业的相关教材，既避免重要知识点的遗漏，又去掉了不必要的交叉重复。

四、注重案例引入，理论密切联系实践

本套教材特别强调对于实际案例的运用，通过从药品科研、生产、流通、应用等各环节引入的实际案例，活化基础理论，使教材编写更贴近现实，将理论知识与岗位实践有机结合。既有用实际案例引出相关知识点的介绍，把解决实际问题的过程凝练至理性的维度，使学生对于理论知识的掌握从感性到理性；也有在介绍理论知识后用典型案例进行实证，使学生对于理论内容的理解不再停留在凭空想象，而源于实践。

五、优化编写团队，确保内容贴近岗位

为避免当前教材编写存在学术化倾向严重、实践环节相对薄弱、与岗位需求存在一定程度脱节的弊端，本套教材的编写团队不但有来自全国各高等学校具有丰富教学和科研经验的一线优秀教师作为编写的骨干力量，同时还吸纳了一批来自医药行业企业的具有丰富实践经验的专家参与教材的编写和审定，保障了一线工作岗位上先进技术、技能和实际案例作为教材的内容，确保教材内容贴近岗位实际。

本套教材的编写，得到了全国高等学校制药工程、药物制剂专业教材评审委员会的专家和全国各有关院校和企事业单位的骨干教师和一线专家的支持和参与，在此对有关单位和个人表示衷心的感谢！更期待通过各校的教学使用获得更多的宝贵意见，以便及时更正和修订完善。

全国高等医药教材建设研究会

人民卫生出版社

2014年2月

附：国家卫生和计划生育委员会“十二五”规划教材 全国高等学校制药工程、药物制剂专业规划教材目录

序号	教材名称	主编	适用专业
1	药物化学 *	孙铁民	制药工程、药物制剂
2	药剂学	杨　丽	制药工程
3	药物分析	孙立新	制药工程、药物制剂
4	制药工程导论	宋　航	制药工程
5	化工制图	韩　静	制药工程、药物制剂
5-1	化工制图习题集	韩　静	制药工程、药物制剂
6	化工原理	王志祥	制药工程、药物制剂
7	制药工艺学	赵临襄　赵广荣	制药工程、药物制剂
8	制药设备与车间设计	王　沛	制药工程、药物制剂
9	制药分离工程	郭立玮	制药工程、药物制剂
10	药品生产质量管理	谢　明　杨　悦	制药工程、药物制剂
11	药物合成反应	郭　春	制药工程
12	药物制剂工程	柯　学	制药工程、药物制剂
13	药物剂型与递药系统	方　亮　龙晓英	药物制剂
14	制药辅料与药品包装	程　怡　傅超美	制药工程、药物制剂、药学
15	工业药剂学	周建平　唐　星	药物制剂
16	中药炮制工程学 *	蔡宝昌　张振凌	制药工程、药物制剂
17	中药提取工艺学	李小芳	制药工程、药物制剂

注：* 教材有配套光盘。

全国高等学校制药工程、药物制剂专业教材评审委员会名单

主任委员

尤启冬　中国药科大学

副主任委员

赵临襄　沈阳药科大学
蔡宝昌　南京中医药大学

委　　员（以姓氏笔画为序）

于奕峰　河北科技大学化学与制药工程学院
元英进　天津大学化工学院
方　浩　山东大学药学院
张　珩　武汉工程大学化工与制药学院
李永吉　黑龙江中医药大学
杨　帆　广东药学院
林桂涛　山东中医药大学
章亚东　郑州大学化工与能源学院
程　怡　广州中医药大学
虞心红　华东理工大学药学院

前　言

本教材为全国高等学校制药工程、药物制剂专业国家卫生和计划生育委员会“十二五”规划教材。由全国 7 所高等院校具有丰富教学和科研经验的一线教师和来自医药行业具有丰富实践经验的专家共同编写而成。本教材的主要读者对象为全国高等医药院校制药工程、药物制剂专业的本科生，亦可作为有关专业成人教育或自学教材使用，并可为药品生产企业从事生产、质量管理相关工作的工程技术人员培训提供参考。

为保证教材编写质量、突出编写特色，本教材编写组根据制药工程专业、药物制剂专业“厚基础、宽口径、重实践”的培养原则，紧密围绕新版《药品生产质量管理规范(2010 年修订)》的基本框架和关键内容，结合实际生产、教学和培训经验，介绍了 GMP 的概念、类型，质量管理，机构与人员，厂房与设施，设备，物料与产品，确认与验证，文件管理，质量管理，质量控制与质量保证，委托生产与委托检验，产品的发运与召回，自检等内容。

本版教材共十三章，具体编写分工是：第一章、第九章由谢明编写；第二章、第十二章由潘金火编写；第三章、第六章由刘佐仁编写；第四章由张雪编写；第五章由颜久兴编写；第七章、第十章由杨悦编写；第八章由梁洁编写；第十一章由杨舒杰编写；第十三章由王英姿编写。最后由谢明、杨悦、刘佐仁、潘金火统稿。本教材在书末附有供制药工程和药物制剂专业参考使用的教学大纲，可根据各专业自身情况调整参考。

本教材在编写过程中得到了人民卫生出版社和各编者所在单位的大力支持，并广泛参阅了国内外有关专家、学者的著作和论文，在此表示最诚挚的谢意！

由于编者水平有限和时间仓促，本书不可避免地还会存在一些不足之处，敬请广大读者在使用过程中提出宝贵的批评意见和建议，以便今后进一步修订完善。

编　者

2014 年 1 月

目　录

第一章 绪 论

《药品生产质量管理规范》(以下称为 GMP)以生产高质量的药品为目的,从原料投入到完成生产、包装、标示、储存、销售等环节全过程实施标准而又规范的管理,在保证生产条件和环境的同时,重视生产和质量管理,并有组织地、准确地对药品生产各环节进行检验和记录。世界卫生组织(World Health Organization,WHO)对制定和实行 GMP 制度的意义做过如下阐述:在药品生产中,为了保证使用者得到优质药品,实行全面质量管理极为重要。在生产为抢救生命或为恢复或为保持健康所需的药品时,不按准则随意行事的操作方式是不允许的。要想对药品生产制定必要的准则,使药品质量能符合规定的要求,无疑是不容易的。恪守 GMP 规范,加上从生产周期全程的各种质量检验,将显著地有助于生产成批均匀一致的优质药品。

第一节 概 述

一、GMP 的概念

GMP 是世界各国普遍采用的对药品生产全过程进行监督管理的法定技术规范,是保证药品质量和用药安全有效的可靠措施,是当今国际社会通行的药品生产和质量管理必须遵循的基本准则,是全面质量管理的重要组成部分。GMP 是英文"good manufacturing practice for drugs"或"good practice in the manufacture and quality control of drugs"的英文缩写,直译为"优良的生产规范",我国称其为《药品生产质量管理规范》。GMP 适用于药品生产的全过程和原料药生产中影响成品质量的关键工序。

二、GMP 的产生与发展

世界上第一部 GMP 是在美国诞生的。美国国会 1963 年首次颁布了 GMP,经过多年的实践,逐渐在世界范围内得到推广应用。GMP 的管理理念在此后六年多的时间中经受了考验,获得了发展,在药品生产和质量保证中产生了积极作用并逐渐被各国政府所接受。

20 世纪,世界医药领域科学技术突飞猛进,阿司匹林、青霉素、胰岛素、避孕药的发现、发明和应用,都具有划时代的意义,在人们的医疗保健方面发挥了巨大作用,同时也因不良反应付出了惨痛的代价。

1906 年,美国通过第一部《联邦食品和药品法案》,由当时的化学局负责执行。该法案主要针对当时存在的食品不卫生、变质,甚至含有有害的化学物质,劣质的食品和药品日益充斥市场等情况,给人们的健康带来了极不安全的问题。法案明确禁止销售标识错误或掺假的食品和药品,允许查封或没收违法产品,惩处违法犯罪。该法案虽然只强调事后抽验,但也可称为是美国药政管理上的一个里程碑。1933 年投入市场的减肥药二硝基酚在美国使用后，由此引发的白内障、骨髓抑制，导致 177 人死亡。1937 年，美国一家公司的主任药师为使小儿服用方便，用二甘醇代替乙醇作溶剂，配制出色香味俱全的口服液体制剂，用于治疗感染性疾病，称为磺胺酏剂。由于当时的美国法律允许新药未经临床试验便可进入市场销售，美国田纳西州的马森吉尔药厂未做安全试验便投产，产品全部进入市场。在 1937 年的 9~10 月期间，美国南方一些地方开始出现大量肾功能衰竭的病人，共发现 358 名病人，死亡 107 人，其中大多数为儿童，是 20 世纪影响最大的药害事件之一。究其原因系甜味剂二甘醇在体内被氧化成草酸所致。这些案例皆因未进行任何动物毒性试验就用于临床造成。1938 年，美国通过《联邦食品药品化妆品法案》，药品等管理更趋完善。此后虽停止了上述二硝基酚等药物的使用，增加了一些禁令，但只是片面强调安全性。

1955 年治疗阿米巴痢疾的药物氯碘喹啉在日本上市，用于治疗肠炎，该药物对脊髓和视神经系统损伤极大，导致 78 965 人发生脊髓 - 视神经病，其中 1 万多人瘫痪、失明，500 多人死亡，死亡率高达 5%。

1956—1962 年原联邦德国格仑南苏制药厂生产了一种名为“反应停”的镇静药用于治疗妊娠反应。反应停又称沙利度胺或酞咪哌啶酮(thalidomide)，此药会严重导致畸胎的发生。该药上市后的六年间，先后在联邦德国、澳大利亚、加拿大、日本以及拉丁美洲、非洲等共 28 个国家，发现畸形胎儿 12 000 余例，其中西欧就有 6000~8000 例，日本约有 1000 例。患儿出现先天性心脏和胃肠道畸形，无肢、短肢，肢间有蹼，无臂和腿畸形，手直接连在躯体上，很像一只海豹的肢体，所以称海豹肢体畸形，大约有一半畸婴死亡，目前还有数千人存活，给社会造成很大的负担。反应停的另一个不良反应就是可引起多发性神经炎，约有 1300 例。这次畸婴事件引起公愤，患儿父母联合向法院提出控告，被称为“20 世纪最大的药物灾难”。美国吸取了 1937 年磺胺酏剂事件的教训，当时的食品药品管理局在审查反应停时发现该药缺乏足够的临床试验数据而拒绝进口，此药只在 FDA 监督管理下进行临床试验和国外旅游者携带使用，从而避免了此次灾难，只造成 9 例畸形婴儿，远远低于其他国家。

1962 年美国食品药品管理局(FDA)组织美国坦普尔大学 6 名教授草拟了 GMP，经过美国 FDA 官员的多次讨论和修改。同年美国国会对《联邦食品药品化妆品法案》做出了重大修改，对在美国上市销售的药品作出具体要求，即：①要求制药企业证明该药品有效而且安全；②要求制药企业向 FDA 报告该药品的不良反应；③要求制药企业实施药品生产质量管理规范。

1963 年美国国会第一次颁布 GMP 法令，FDA 经过实施，收到实效。此后 FDA 对 GMP 进行了数次修订，并在不同领域不断地充实完善，使 GMP 成为美国药事管理法规体系的一个重要组成部分，并逐渐在世界范围内得到推广应用。1972 年美国规定，凡是向美国输出药品的药品生产企业以及在美国境内生产药品的外商都要向 FDA 注册，要求药品生产企业能够符合美国的 GMP。1976 年，美国 FDA 又对 GMP 进行了修订，1978 年美国再次颁布修订的 GMP，并作为美国法律予以推行实施。1979 年，美国 GMP 修订本增加了包括验证在内的一些新概念与要求，有以下几个方面的具体要求：正式提出生产验证要求；在有效期内应保证药品质量，所有产品有效期均应有足够的稳定性数据支持；无论企业如何组织，应有足够权威的质量管理部门负责所有规程和批记录的审批；强调书面文件和规程中执行 GMP，药品生产和质量管理活动中所有典型操作都必须按书面规程执行，并且有记录；应有事故调查和生产数据的定期审查，对不能满足预期质量标准或者不能达到预期要求的批次，必须调查其原因并采取相应的纠正措施。对所有生产工艺数据至少每年审查一次，以发现需要调节的趋势。

我国提出在制药企业中推行GMP是在20世纪80年代初，比最早提出GMP的美国迟了20年。1982年，中国医药工业公司参照一些先进国家的GMP制定了《药品生产管理规范》(试行稿)，并开始在一些生产企业试行。1984年我国第一部药品管理法首次立法确立了药品生产质量管理规范，要求生产企业制定和执行保证药品质量的规章制度和卫生要求。1985年，原国家医药管理局修订了《药品生产管理规范》，并由中国医药工业公司编写了《药品生产管理规范实施指南》(1985年版)，于当年12月颁布。1988年，根据《药品管理法》，原卫生部颁布了我国第一部《药品生产质量管理规范》(1988年版)，作为正式法规执行。1991年，根据《药品管理法实施办法》的规定，原国家医药管理局成立了推行GMP、GSP的委员会，负责组织医药行业实施GMP和GSP工作。1992年，卫生部又对《药品生产质量管理规范》(1988年版)进行修订。同年，中国医药工业公司为了使药品生产企业更好地实施GMP，编制了GMP实施指南，对GMP中的一些规定做了比较具体的技术指导，起到了较好的效果。1993年，原国家医药管理局对我国实施GMP进行了八年规划，提出“总体规划，分步实施”的原则，按剂型的种类，在1993—2000年的规划年限内，使药品生产达到GMP要求。

随着GMP的发展，国际上实施了药品GMP认证或检查。认证或检查是国家依据对药品生产企业(车间)和药品品种实施药品GMP监督检查并取得认可，确保药品质量稳定性、安全性和有效性的一种科学的先进管理手段。

原卫生部于1995年7月11日下达了“关于开展药品GMP认证工作的通知(卫药发〔1995〕第53号)”，经国家技术监督局批准，成立了中国药品认证委员会，并开始接受企业的GMP认证申请和开展认证工作。

1995—1997年原国家医药管理局先后发布了“粉针剂实施《药品生产质量管理规范》指南”、“大容量注射液实施《药品生产质量管理规范》指南”、“原料药实施《药品生产质量管理规范》指南”和“片剂、胶囊剂、颗粒剂实施《药品生产质量管理规范》指南”以及检查细则等指导文件，开展了粉针剂和大容量注射液剂型的GMP达标验收工作。

1998年原国家药品监督管理局总结了几年来实施GMP的经验，再次对GMP进行修订，于1999年6月18日颁布了《药品生产质量管理规范》(1998年修订)，1999年8月1日起实施，《药品生产质量管理规范》(2010年修订)已于2010年10月19日经原卫生部部务会议审议通过、发布，自2011年3月1日起施行，使我国的GMP更加完善、更加切合国情、更加严谨，便于药品生产企业执行。

通过实施药品GMP，我国药品生产企业生产环境和生产条件发生了根本性转变，制药工业总体水平显著提高。药品生产秩序的逐渐规范，从源头上提高了药品质量，有力地保证了人民群众用药的安全、有效，同时也提高了我国制药企业的国际声誉。

三、国外GMP介绍

在1969年第22届世界卫生大会上，世界卫生组织(WHO)建议各个成员国的药品生产采用GMP制度，并参加“国际贸易药品质量签证体制”以确保药品质量，标志着GMP的理论和实践从一个国家走向世界。

1975年11月WHO正式颁布GMP，1977年第28届世界卫生大会上WHO再次向各个成员国推荐 GMP，并把 GMP 确定为 WHO 的法规。GMP 经过修订后，收载于《世界卫生组织正式记录》第 226 号附件 12 中。此后大多数欧洲国家开始宣传、认识、起草本国的 GMP，原欧共体也颁布了欧洲的 GMP。到 1980 年有 63 个国家和地区颁布了 GMP，到目前已经有 100 多个国家和地区实施了 GMP。

1. 美国的 CGMP　目前美国实施的 CGMP（current Good Manufacturing Practice），是 FDA 在 1993 年颁布的最新版本，体现了美国药品生产规范管理的最新水平。

美国的 GMP 在美国国内的实施和发展一直居世界领先地位。美国 FDA 严格执行 GMP 管理，在 20 世纪 80 年代后期加强关注、扩大监督和检查原料药生产的 GMP 要求。FDA 很重视验证，同样也注意到了原料药质量对制剂生产起着重要的作用。对 GMP 应用于包括研究开发、生产和销售的多个环节，其特点如下：

（1）着重记录管理工作（good documentation practice，GDP）。

（2）注重验证工作的发展和趋势：美国 FDA 对 CGMP 改进的方向有，对原料药厂的检查，加强药品广告工作和标签的改进，加快 NDA（新药申请）审批工作，采用计算机辅助 NDA，对原料药和化验室制定新的 CGMP 准则，加强 QC 的培训工作，提出电子鉴定签字，不断改进、更新质量管理制度，加强药品生产的中间过程产品检查，由用户参加鉴定产品质量，考虑将统计学应用于工艺管理等。

2. 英国的 GMP　英国卫生社会福利部（Department of Health and Social Security，DHSS）于 1983 年制订了英国 GMP，内容丰富齐全，共分 20 章，有许多内容已成为以后其他各国制定 GMP 的依据，例如第十章无菌药品的生产和管理率先列出了基本环境标准，如无菌区、洁净区和次洁净区，并列出了洁净级别要求，此章中还提出了环氧乙烷灭菌和放射灭菌方法。第十一章附加准则，是对固体剂型的片剂和胶囊剂的生产，液体药剂、霜剂、油膏、药用气体的生产管理等树立先例。第九章实验室的质量管理（good control laboratory practice）是今日 GLP 的创始，第十九章药品销售管理（good pharmaceutical whole selling practice）是今日 GSP 的先例等。

当前英国国内 GMP 实施中的员工培训，包括管理人员和操作人员培训尚属空白问题，而质量管理制度不完善造成的重大危害性易引起药厂的确认和重视。英国对验证工作（validation）不像美国 FDA 做得那么深入，其认为这是一种独立的工作，应由专业人员间接地从生产方面进行。

3. 日本的 GMP　1973 年日本制药工业协会制定了自己的 GMP。日本政府于 1974 年 9 月 14 日颁布 GMP，1976 年 4 月 1 日起实施。于 1993 年开始推行国际 GMP，日本的 GMP 和 WHO 的 GMP 版本被认为是等效的。日本对进口药品要求严格遵守日本药事法（pharmaceutical affair law），日本认为进口商和经销处（distributor）有所不同，进口商被作为药厂看待。日本卫生福利部（Ministry of Health and Welfare）并不像美国 FDA 那样去检查国外药厂，但对进口药品要求必须符合日本的 GMP。日本于 1994 年 4 月实施进口药品和医疗器械 GMP，包括三部分：实施目的、进口药品、医疗器械。第二部分和第三部分包括一些基本相同项目有：阐明药品进口管理人员和医疗器械进口负责技术人员的职务种类；掌握对进口药品和医疗器械生产厂的质量管理情况；在进口时要进行恰当的质量检验；产品应遵循有正确的日语说明；制定有申诉管理。

1994 年日本药事法进行了有深度地修改，对于 GMP 最大的更改是对于取得药厂装置批准的前提和取得药厂或进口销售机构其许可期可延长为 3~5 年。

第二节 GMP的类型与特点

一、GMP的类型

(一)按适用范围分类

1. 国际范围适用的GMP

(1) WHO的GMP。

(2) 欧盟(European Union)的GMP。

(3) 药品生产检查相互承认公认公约指定的PIC-GMP(Pharmaceutical Inspection Convention/Pharmaceutical Inspection Co-operation Scheme, PIC/S)。

(4) 东南亚国家联盟的ASEN-GMP。

2. 国家权力机构颁布的GMP 如中华人民共和国国家食品药品监督管理总局、美国FDA制定的GMP。

3. 工业组织制定的GMP 如美国制药工业联合会制定的GMP,标准不低于美国政府制定的GMP;中国医药工业公司制定的GMP实施指南;还包括药厂或公司自己制定的GMP。

(二)按GMP性质分类

1. 作为法典规定的GMP 如中国、美国和欧盟的GMP。

2. 建议性的GMP 对药品生产和质量管理起到指导性作用,如WHO的GMP。

二、GMP的认证与检查

(一)美国FDA的GMP检查

美国FDA的GMP检查实际上只有GMP现场检查,不承认GMP认证证书。

按照美国联邦法规的要求,任何进入美国市场的药品都受到FDA有关法规的管制。FDA对从国外进口的制剂或原料药不仅要求该产品的质量符合《美国药典》的标准,而且要实施对生产现场的GMP符合性检查。GMP规范在美国联邦法规的第210条及第211条中有具体的规定。美国GMP的第一个特点是强调时间性和动态性,第二个特点是生产、质控和物流的全过程以及设施、设备都必须得到验证。第三个特点是具有可追溯性和说明性,也正因如此,通常认为美国的GMP法规是世界上最严格的。

(二)欧盟GMP认证

根据欧盟人用药品第2001/83/EC号法令,认证由欧洲GMP审计署完成。通过其认证,产品可以在其成员国内部流通。对于国内药品生产企业,欧盟的GMP检查首先要求厂家参照其GMP进行自身检查;其次,所有的质量管理文件、规范操作(SOP)和各种生产管理表格、标牌、标签和生产记录都应当具备英文对照,能够让国外的审查官员看懂;其三,要着眼于进行GMP的全员培训,了解并适应国外检查的特点。

(三)PIC/S组织认证

PIC/S组织成立于1995年,在全球享有较高声誉,其前身为PIC组织。目前该组织拥有澳大利亚、奥地利、比利时、加拿大、捷克、丹麦、芬兰、法国、德国、希腊、匈牙利、冰岛、爱尔兰、意大利、拉脱维亚、列支敦士登、马来西亚、荷兰、挪威、波兰、葡萄牙、罗马尼亚、新加坡、斯洛伐克、西班牙、瑞典、瑞士和英国等28个成员国，其内部检察官均来自各成员国的相关专业权威人士，其颁发的证书在PIC/S组织成员国之间相互认可。

三、GMP的特点

GMP是药品生产过程质量管理实践中总结、抽象、升华出来的规范化的条款，其目的是保证所生产的药品安全、有效、均一，它所覆盖的是所有药品、所有药品生产企业。不论哪个国家，制定GMP必须遵循这样的原则：只要切实贯彻执行所制定的GMP，就能始终生产出符合一定质量的药品，防止任何事故的发生，否则，就必须重新修订。随着医药科学的不断进步、基础研究的不断加深及医药技术的不断提高，药品的质量标准也在不断提高，这就必然要求保证药品质量的GMP也必须不断发展和完善。所以说，GMP是不断发展并需不断完善的。GMP一般具有以下特点：

1. GMP的条款仅指明所要求达到的目标，而并不罗列出实现目标的具体办法。因此，其实施过程须结合企业的生产实际而进行。

2. GMP条款具有时效性。新版GMP颁布后，前版GMP即废止。

第三节 GMP实施三要素

一、人员

人员是关键。在药品生产企业中，从生产厂房、设施的建设和管理，设备的选型、安装、调试，药品的研制，生产文件、原料的组织准备，生产过程的控制，直到产品销售的全过程，人员是最重要的因素。

产品质量的好坏是全体人员工作结果的反映，优良的硬件设备要由人来操作，好的软件系统要由人来制定和执行监督。人员的文化素质和经验有助于正确判断和解决在生产管理中出现的问题，培训有助于提高管理技巧。由此可知，人员的选择、培训和管理指导工作是药品生产企业GMP执行的关键。

二、软件

软件是保证。软件就是指药品生产的标准、程序，也就是文件系统。一套经过验证、完善实用的软件是药品生产质量的保证，质量是设计和制造出来的，要依靠各种标准和操作来保证产品的质量。企业的软件经历着一个形成、发展和完善的过程。药品生产的管理软件与ISO标准化管理软件有异曲同工之处。各种技术标准、管理标准、工作标准、标准操作规程是在长期的生产过程中形成的，是一个动态过程。可以说，具有实用、有效的软件是产品质量的保证，是企业在激烈的市场竞争中立于不败之地的秘密武器。

三、硬件

硬件是基础。精良的厂房设施、先进的设备是生产优质药品的基础条件。许多采用高新技术或新型辅料的药品必须使用先进的设施、设备，传统的设备难以符合要求。

第四节　实施GMP的意义及基本原则

GMP的中心思想是药品质量是设计和生产出来的，检验是药品质量和工作质量的评价。因此必须强调预防为主，建立质量保证体系，实行全面质量管理，确保药品质量。

一、实施GMP的意义

1. 有利于提高企业的质量管理水平　把影响质量的各方面要素组成一个有机整体，进行前瞻性的预防为主的管理，可以发现质量管理中的薄弱环节，使企业的质量体系更加科学和完善，确保企业生产出合格的药品，对提高企业的质量管理水平有着积极的作用。

2. 有利于药品生产质量管理与国际规范接轨　实施GMP是与国际标准接轨、使医药产品进入国际市场的先决条件。我国加入世界贸易组织后，经济全面与世界经济相接轨，将大量增加与世界各国的贸易，使我国的产品步入国际市场。实施GMP对提高我国的药品生产管理水平和产品的竞争能力、打破贸易壁垒具有战略意义。

3. 有助于提高医药企业的竞争能力　药品质量的提高不仅取决于生产企业的技术能力，同时也取决于企业的管理水平。企业实施GMP并能通过认证，是企业获得信誉的证明，是企业形象的重要标志。一些国家和地区还对获得GMP认证的药品给予税收上的优惠，从而大大地提高了企业在国际市场的竞争力。

4. 有利于保护消费者的利益　推行GMP是药品生产企业对人民用药安全高度负责精神的具体体现，企业肩负着重大的社会责任。

二、实施GMP的基本原则

1. 明确各机构、各岗位人员的工作职责。
2. 在厂房、设施和设备的设计、安装施工中，应该注重生产力、产品质量和员工的健康。
3. 对于厂房、设施和设备进行适当的维护，以保证其处于完好的状态。
4. 做好清洁工作，防止产品污染。
5. 开展验证工作，证明系统的有效性、正确性和可靠性。
6. 起草详细的规程，提供准确的行为指导。
7. 认真遵守批准的书面规程，防止污染、混淆和差错。
8. 及时、准确地记录并归档，以保证可追溯性。
9. 实施全面质量管理。
10. 定期进行有计划的自检。

（谢　明）

第二章 质量管理

药品生产质量管理规范(GMP)作为药品质量管理体系的一部分,是药品质量保证的基本要求,旨在最大限度地降低药品生产过程中污染、交叉污染以及混淆、差错等风险,确保持续稳定地生产出符合预定用途和注册要求的药品。

药品的质量是设计和生产出来的,而不是检验出来的。药品生产经营活动全过程的质量管理就是产品质量形成和检验的过程。通过实施药品生产质量管理规范(GMP),药品在生产的全过程中执行 GMP 要求,终端产品的质量就可以通过最终的检验得到有效的证实和保证,而生产全过程中的质量监控和最终产品检验,需要有一个健全的质量管理部门和完备的质量检验条件所形成的质量管理体系来保证。药品生产企业在实施 GMP 的过程中,就是要建立一个有效的质量管理体系,以达到防止药品污染、差错和混淆的目的,生产出安全、有效的药品。

对药品质量的追求是永无止境的,然而,制药企业的经营资源是有限的,受人力、物力、财力、技术及生产经营活动等各方面条件的制约,任何企业都不可能不计成本无限制地追求质量。因此,如何在现有的条件下实现质量与成本的最优化,是所有企业设计质量管理体系的基础。

质量管理体系是为保证产品质量或服务质量,满足规定的或潜在的质量要求或实施质量管理,由组织机构、职责、程序、活动、能力和资源等构成的有机整体。质量管理体系所包含的内容需要满足现实质量目标的要求。在药品生产企业建立健全完善的质量管理体系,是使其所生产的药品质量、工作与服务质量等达到最优化的手段。

第一节 原　　则

一、质量目标

企业应当建立符合药品质量管理要求的质量目标,将药品注册的有关安全、有效和质量可控的所有要求,系统地贯彻到药品生产、控制及产品放行、贮存、发运的全过程中,确保所生产的药品符合预定用途和注册要求。企业最高管理者要确保在企业的相关职能和层次上建立相应的质量目标,质量目标与质量方针相一致,与相关部门和人员职责相对应。

1. 质量目标制定的基本原则

(1) 质量目标应根据企业的质量方针制定。

(2) 质量目标应在分析企业当前主要质量问题的基础上制定,并应根据企业当前的实际情况,选择重点、关键项目作为质量目标。

(3) 质量目标应能够具体量化，应设立可测量的质量目标值。

(4) 质量目标应略高于现有水平，并确认经努力后可实现。

(5) 质量目标应兼顾企业长远考虑和当前需要、经济效益和社会效益、企业发展和员工个人发展。

2. 质量目标的主要内容

(1) 产品要求，即体现产品的固有特性（如感官的、物质的、时效的、功能的等等）和赋予特性。

(2) 满足产品要求所需的内容，如资源、过程、文件等。

(3) 质量目标的内容是动态的、不断提高的，以体现分阶段实现质量目标的原则。

企业应根据行业特点、产品和服务特点、自身特点等确定质量目标的内容。

3. 质量目标的制定、实施和完成

(1) 高层领导应确保制定和实施与质量方针相符合的质量目标。

(2) 质量目标应与业务目标结合，并符合质量方针的规定。

(3) 企业各级相关部门和员工应确保质量目标的实现。

(4) 为了实现质量目标，质量管理体系的各级部门应提供必要的资源和培训。

(5) 应建立和质量目标完成情况相应的工作指标，并对其进行监督，定期检查完成情况，对其结果进行评价，根据情况采取相应的措施。

企业高层管理人员应当确保实现既定的质量目标，不同层次的员工以及供应商、经销商应当共同参与并承担各自的责任。建立和实施一个能达到质量目标的有效的质量管理体系并保证其能够持续改进，是企业管理者的根本职责，管理者的领导作用、承诺和积极参与，对建立并保持有效的质量管理体系是必不可少的。明确管理职责是质量管理体系的组成部分，应对其内容做出明确规定。

二、基本条件

为保证质量管理体系的实施，并持续改进其有效性，企业应提供充足、合适的资源，包括人力资源和基础设施等。

1. 人力资源　质量管理体系中承担任何职责的人员都有可能直接或间接地影响产品质量，企业应确保配备足够的能胜任本职工作的人员。从以下几个方面考虑：

(1) 确定人员应具备的资质和能力。

(2) 提供培训使人员获得所需的能力。

(3) 基于教育背景、培训、技能和经验等评估员工是否胜任岗位工作。建立考核系统，以各种方式提高职工质量管理水平，调动其共同参与质量管理工作的积极性。

(4) 确保企业的相关人员具有质量意识，即认识到所从事活动的相关性和重要性，以及如何为实现质量目标作贡献。

(5) 人员培训过程和结果形成文件保存。

2. 基础设施　企业应提供达到质量要求所需的基础设施，确认其功能符合要求，并维护其正常运转。具体包括：建筑物、工作场所和相关设施；过程设备（硬件和软件）；支持性服务（如运输、通讯或信息系统）。为确保质量体系的运行，企业应为员工提供达到质量要求所需的工作环境（如洁净度、温度、照明、噪声等）。

第二节 质量保证

质量保证(quality assurance,QA)是质量管理体系的一部分,也是一个重要的关键环节。所谓“质量保证”,就是为使产品或服务符合规定的质量要求,并使人们相信药品质量所必须进行的一切有计划的、系统的活动。质量保证是一个广义的概念,包括影响产品质量的所有个别或综合因素。因此,质量保证包含GMP及GMP以外的其他要素,如产品的设计与开发等。

药品质量保证就是按照一定的标准生产药品的承诺、规范和标准。通过实施GMP、GSP、GLP、GCP等一系列质量管理规范,确保药品的研制、生产、经营等过程均符合规定的质量标准,并使消费者信任药品的安全性、有效性、稳定性、均一性等质量品质。

一、质量保证体系的建立目的

企业必须建立质量保证系统,同时建立完整的文件体系,以保证系统有效运行。企业应以完整的文件形式明确规定质量保证系统的组成及运行,其运行应符合药品法规和药品生产质量管理规范(GMP)的要求,涵盖物料、生产、检验、放行和发放销售等所有环节,并定期检查评估质量保证系统的有效性和适用性。

质量保证既包含质量控制,也包含质量策划和质量改进。质量控制的责任是为质量保证提供法律依据和技术支持,着眼于影响产品质量的过程控制,其工作重点在产品,而质量保证则着眼于整个质量体系,是系统地提供证据从而取得信任的活动,二者都是以保证质量为前提,没有质量控制就谈不上质量保证,反之,质量保证又能促进更有效的质量控制。质量保证包含质量控制,是质量控制的精髓,质量控制是质量保证的基础。质量策划是质量保证的一部分,其目的是企业为了满足客户需要而设计、开发产品和运作产品,包括制定质量目标、确定顾客需求、开发产品特征、开发满足客户需求的产品生产过程、开发满足客户需求的过程控制。质量改进是一种以显著改进质量为目标,将原有的产品质量改进到前所未有的水平,其目的是为了增加质量保证体系的可信度。

对于药品生产企业,其质量保证体系应当确保:

(1) 药品的设计与研发体现药品生产质量管理规范(GMP)的要求。

(2) 生产管理和质量控制活动符合药品生产质量管理规范(GMP)的要求。

(3) 管理职责明确。

(4) 采购和使用的原辅料及包装材料正确无误。

(5) 中间产品得到有效控制。

(6) 确认、验证的实施。

(7) 严格按照规程进行生产、检查、检验和复核。

(8) 每批产品经质量受权人批准后方可放行。

(9) 在贮存、发运和随后的各种操作过程中有保证药品质量的适当措施。

(10) 按照自检操作规程,定期检查评估质量保证系统的有效性和适用性。

二、质量保证体系的基本要求

质量保证系统对药品生产质量管理的基本要求包括以下几个方面:

(1) 制定生产工艺,系统地回顾并证明其可持续稳定地生产出符合要求的产品。

(2) 生产工艺及其重大变更均经过验证。

(3) 配备所需的资源,至少应包括:

1) 具有适当的资质并经培训合格的人员。

2) 足够的厂房和空间。

3) 适用的设备和维修保障。

4) 正确的原辅料、包装材料和标签。

5) 经批准的工艺规程和操作规程。

6) 适当的贮运条件。

(4) 应当使用准确、易懂的语言制定操作规程。

(5) 操作人员经过培训,能够按照操作规程正确操作。

(6) 生产全过程应当有记录,偏差均经过调查并记录。

(7) 批记录和发运记录应当能够追溯批产品的完整历史,并妥善保存,便于查阅。

(8) 降低药品发运过程中的质量风险。

(9) 建立药品召回系统,确保能够召回任何一批已发运销售的产品。

(10) 调查导致药品投诉和质量缺陷的原因,并采取措施,防止类似质量缺陷再次发生。

三、质量保证体系的运行

药品质量不仅关系到患者的生命,也关系到药品生产企业的生命。质量保证体系的建立和运行就是要保证制药企业生产出安全、有效、可控、稳定的药品。要稳定地运行质量保证体系,保证药品质量,就必须加强制药企业对药品生产全过程的管理,包括药品质量和药品行业工作质量管理,它实际上就是一个全面质量管理(total quality management,TQM)。全面质量管理采用一套科学的、合乎认识论的工作程序,即PDCA循环法,以质量计划为主线,以过程管理为重心,实施和运行质量保证体系。

(一) 全面质量管理

全面质量管理是一种由顾客的需要和期望驱动的管理哲学,就是企业组织全体职工和有关部门参加,综合运用现代科学和管理技术成果,控制影响产品质量的全过程和各因素,经济地研制、生产和提供给用户满意的产品的系统管理活动。TQM是以质量为中心,建立在全员参与基础上的一种管理方法,其目的在于长期获得顾客满意、组织成员和社会受益。ISO 8402对TQM的定义是:一个组织以质量为中心,以全员参与为基础,目的在于通过让顾客满意和本组织所有成员及社会受益而达到长期成功的管理途径。菲根堡姆对TQM的定义是:“为了能够在最经济的水平上,并考虑到充分满足顾客要求的条件下进行市场研究、设计、制造和售后服务,把企业内各部门的研制质量、维持质量和提高质量的活动构成为一体的一种有效的体系”。

TQM的主要特点在于“全”字,它包含三层含义:管理的对象是全面的,管理的范围是全面的,参加管理的人员是全面的。全面质量管理有三个核心的特征,即全员参加的质量管理、全过程的质量管理和全面的质量管理。全员参加的质量管理即要求全部员工,无论高层管理者还是普通办公职员或一线工人,都要参与质量改进活动。全过程的质量管理是指从市场调查、产品设计、生产、销售等,直到产品寿命结束为止的全过程管理。全面的质量管理是指对企业中与产品质量的形成有直接或间接关系的所有工作都进行管理。

影响药品质量的环节随着各种内外部不定因素的增多而增加，制药企业如何合理有效地分配资源，解决生产过程中的混淆、污染、交叉污染以及差错等，如何将影响药品质量的各种不利因素消灭在萌芽状态，全面地保证产品质量是摆在制药企业管理者面前的一个很现实的问题。所以在药品生产过程中引入TQM的思想和方法是非常可行和有效的。

（二）PDCA循环

质量保证体系的运行应以质量计划为主线，以过程管理为重心，按"PDCA"循环进行，通过"计划(Plan)-实施(Do)-检查(Check)-处理(Action)"的管理循环步骤展开控制，以提高质量保证的水平。PDCA循环具有大环套小环、相互衔接、相互促进、螺旋式上升、形成完整的循环和不断推进等特点。

1. 计划阶段(P) 计划(Plan)即确定质量管理的方针、目标，以及实现方针、目标的措施和行动计划。质量保证体系的主要内容是制订质量目标、活动计划、管理项目和措施方案。步骤如下：

(1) 分析现状，找出存在的质量问题。

(2) 分析产生质量问题的各种原因和影响因素。

(3) 从各种原因中找出产生质量问题的主要原因。

(4) 针对造成质量问题的主要原因，制定技术措施方案，提出解决问题的计划并预测预期效果，然后具体落实执行者、时间进度、地点和完成方法等。

2. 执行(实施)阶段(D) 实施(Do)包含计划行动方案和按计划规定的方法及要求展开的生产作业技术活动，就是具体组织实施指定的计划和措施。这是质量管理循环的第二步。

3. 检查阶段(C) 检查(Check)就是对照计划，检查是否严格执行了计划的行动方案，并检查计划执行的结果，主要是在计划执行过程中或执行之后，检查执行情况，是否符合计划的预期结果。这是质量管理循环的第三步。

4. 处理阶段(A) 处理(Action)是以检查结果为依据，分析检查的结果，总结经验，吸取教训。包括两个步骤：

(1) 总结经验教训，巩固成绩，处理差错。

(2) 将未解决的问题转入下一循环，作为下一循环的计划目标。

四、质量保证体系的实施措施

1. 企业负责人的决心和策略 企业最高领导对建立质量保证体系要有明确认识，明确这项任务的艰巨性和长期性，搞好这项工作对企业生存和发展的意义。在有了认识的基础上下决心并做出决定，这样才能在建立保证体系的过程中，克服困难，排除干扰，达到建立保证体系的目标。

2. 企业应按照GMP要求配备足够经培训合格的人员、适当的设备和设施、正确的物料、清晰明确的操作规程和适当的贮运条件等必需的资源。

3. 企业所有关键设施、设备和生产工艺及其重大变更等都必须经过确认或验证。生产、检验和发放全过程有手工和仪器的记录，并妥善保存，便于追溯。

4. 企业应建立偏差处理、投诉处理等系统，调查导致偏差或治疗缺陷的根本原因，并制订有效的纠正预防措施。建立有效的药品召回系统，可召回任何一批已发放销售的药品。

第三节 质量控制

质量控制(quality control,QC)是药品生产质量管理规范(GMP)的重要组成部分,是质量管理的主要职能和活动。对于药品生产而言,质量控制包括相应的组织机构、文件系统以及取样、检验等,确保物料或产品在放行前完成必要的检验,确认其质量符合要求。

一、质量控制的内容

(一) 质量控制的概念

为达到质量要求所采取的作业技术和活动称为质量控制。也就是说,质量控制是通过监视质量形成过程,消除质量环上所有阶段引起不合格或不满意效果的因素,为达到质量要求、获取经济效益而采用的各种质量作业技术和活动。

质量控制的目标就是确保产品的质量能满足顾客、法律法规等方面所提出的质量要求,如适用性、可靠性、安全性等。质量控制的范围涉及产品质量形成全过程的各个环节,如设计过程、采购过程、生产过程等。

质量控制的工作内容包括作业技术和活动,即包括专业技术和管理技术两个方面。围绕产品质量形成全过程的各个环节,对影响工作质量的人、机、料、法、环五大因素进行控制,并对质量活动的成果进行分阶段验证,以便及时发现问题,采取相应措施,防止不合格事件重复发生,尽可能地减少损失。因此,质量控制应贯彻预防为主与检验把关相结合的原则。

现代质量工程技术把质量控制划分为若干个阶段,在产品开发设计阶段的质量控制称为质量设计,又称事前质量控制。在制造过程中需要对生产过程进行监测,该阶段称为质量监控阶段,又称事中质量控制。而抽样检验控制产品质量是传统的质量控制,被称之为事后质量控制。在上述各个阶段中最重要的是质量设计,其次是质量监控,再次是事后质量控制。对于那些质量水平较低的生产工序,事后检验是必不可少的,但质量控制应是源头治理,越早预防越好。事后质量控制要逐渐取消,一些发达国家中的企业已经取消了事后检验。综上所述,过程监控是产品质量源头控制的关键。

(二) 质量控制的分类

对于药品生产企业,质量控制是 GMP 的重要组成部分,涉及药品生产整个过程的控制,从设备的安装、维修、保养到各项卫生管理制度;从所用物料的购入、储存、发放到中间产品和成品;从产品生产到产品销售与回收;从程序执行到各种记录的形成等,都必须符合 GMP 的要求。质量控制主要包括内部控制和外部控制。

内部控制是指 QA 负责检查各部门日常记录,包括:物料验收、生产操作、检验、发放、成品销售和用户投诉等的记录;厂房、设施和设备的使用、维护、保养、检修等的记录。发现问题,及时进行调查。为了防止类似问题的再次发生,各部门负责人应积极配合 QA 的调查,详细记录调查过程和结果,并采取必要措施。

外部控制是指 QA 和 QC 指定专人定期对原料的生产商、供应商进行审核,制定审核的质量标准,其目的是保证原料的质量及其合法性。购入原料前,QC 应按原料质量标准对样品进行检验。原料购入后进行验收,抽样再进行检验,以确保所有指标和生产商、供应商所提供的质量证书相一致。按规定条件储存保管,并要留样。应按照储存条件的质量标准,对原料的质量稳定性进行评估,为确定原料贮存期、药品有效期提供数据。建立各种原料药的档案，所有文件应留档备查。

（三）质量控制的功能

1. 鉴别功能　根据技术标准、作业（工序）规程或订货合同、技术协议的规定，采取相应的检测、检验方法，观察、试验、测量产品的质量特性，判定产品质量是否符合规定的质量特性要求。

2. 把关功能　通过严格的质量检验，剔除不合格产品并予以“隔离”，实现不合格原材料不投产，不合格的产品组成部分及中间产品不转序、不放行，不合格的产品不交付（销售、使用）。

3. 预防功能　对原材料和外购物料的进货检验，对中间产品转序或入库前的检验，既起把关作用，又起预防作用。前一个过程（工序）的把关就是对后一个过程（工序）的预防。通过过程（工序）能力的测定和控制图的使用以及对过程（工序）作业的首检与巡检都可以起到预防作用。

4. 报告功能　为了使质量管理部门及时掌握产品生产和服务提供过程中的质量状况，评价和分析质量控制的有效性，把检验获得的信息汇总、整理、分析后写成报告，为质量控制、质量考核、质量改进以及领导层进行质量决策提供重要的依据。

（四）质量控制实施的程序

1. 选择控制对象。
2. 选择需要监测的质量特性值。
3. 确定规格标准，详细说明质量特性。
4. 选定能准确测量该特性值的监测仪表。
5. 进行实际测试并做好数据记录。
6. 分析实际与规格之间存在差异的原因。
7. 采取相应的纠正措施。

当采取相应的纠正措施后，仍然要对过程进行监测，将过程保持在新的控制水准上，一旦出现新的影响因子，还需要测量数据，分析原因，进行纠正，因此，这七个步骤形成了一个封闭式流程，称为“反馈环”。在上述七个步骤中，最关键的有两点，即质量控制系统的设计和质量控制技术的选用。

二、质量控制的基本要求

（一）要求

1. 应当配备适当的设施、设备、仪器和经过培训的人员，有效、可靠地完成所有质量控制的相关活动。

2. 应当有批准的操作规程，用于原辅料、包装材料、中间产品、待包装产品和成品的取样、检查、检验以及产品的稳定性考察，必要时进行环境监测，以确保符合 GMP 的要求。

3. 由经授权的人员按照规定的方法对原辅料、包装材料、中间产品、待包装产品和成品取样。

4. 检验方法应当经过验证或确认。

5. 取样、检查、检验应当有记录，偏差应当经过调查并记录。

6. 物料、中间产品、待包装产品和成品必须按照质量标准进行检查和检验，并有记录。

7. 物料和最终包装的成品应当有足够的留样，以备必要的检查或检验；除最终包装容器过大的成品外，成品的留样包装应当与最终包装相同。

（二）预防和控制措施

1. 强化质量意识，提高责任心，培养一丝不苟的工作作风，并建立质量责任制。
2. 加强岗位专业技能培训，严格遵守操作规程。
3. 加强“三检”（自检、互检、专检：首检、巡检、终检），建立质量控制机制。
4. 改进工艺方法，减少对操作人员注意力的依赖程度。
5. 加强专职检验，适当增加检验的频次。
6. 广泛开展 QC 小组活动，促进自我提高和自我改进的能力。

三、国外药品监管模式对我国药品监管工作的启示与建议

药品上市后抽验是药品质量控制的重要模式之一，但由于其局限性，单纯靠上市后抽验来评价药品质量的方式已经不适合于当前的药品监管工作需要。美国 FDA 药品质量监管的总体思路是：“药品质量不是检验出来的，而是生产出来的，更是设计出来的”。因此，美国 FDA 将药品监督检查与抽验结合，即药品抽验与 cGMP 检查同时进行，且重点强调药品生产企业质量控制实验室的检查和药品标准的提高，具有一定的先进性和合理性。

我国面临着药品生产企业数量多、药品品种多、流通环节复杂、企业掌握的数据有限等客观情况，完全引入国外特别是美国的药品监督检查与检验模式可能很困难，但是可以针对我国的国情，以风险管理和“质量源于设计”的理念为理论支撑和出发点，借鉴国外先进的药品检验理念，以提高药品监管效率，完善上市后药品抽验模式，这既有必要，也有可能。具体建议如下：

(1) 逐步改变、更新市场监督抽验的工作思路。药品市场监督抽验工作的目的主要是评价药品质量是否合格，应把重点放在药品质量控制过程中，也就是重视企业的 GMP 检查，特别是实验室检查。

(2) 药品质量抽验与 GMP、GSP（药品经营质量管理规范）检查相结合，在监督检查的同时，发现不符合 GMP、GSP 相关要求而有可能影响药品质量的风险因素，相应地进行配合性抽验。药品质量过程控制理念应贯穿于市场监督抽验之中。

(3) 贯彻以质量风险评价为核心的理念，这样可以节约药品检验资源，提高检验效率，更为重要的是可以发现影响药品质量的根源问题，如质量标准、注册、标识等方面的漏洞，从而对药品质量及质量风险作出客观评价，为监管机构采取相应的监管措施提供有价值的科学依据。

(4) 对监督检查中发现有质量问题的药品应进行原因追溯，不仅仅以发布药品质量公告为处理结论，而且要进行后续调查取证，以便查明真正原因，分清责任，并进行相应的行政处罚。

第四节 质量风险管理

药品的有效性和安全性与人类健康息息相关，近年来，药害事件频频发生，原因各不相同，后果轻重不一，这不断触动着公众脆弱的神经。药品行业引入质量风险管理的概念最早可见于美国 FDA 2002 年发布的《21 世纪 GMP》中提出的“一种基于风险管理的方法”，鼓励制药企业采用先进的制药技术，运用现代化的质量管理手段和风险管理方法，以保证产品质

量。我国在2010年版GMP中引入了这一概念。

药品质量风险管理概念的引入，解决了以往在实施GMP时一些无法确定的问题，如验证内容的选择、验证程度的确定等。2010年版GMP中围绕质量风险概念又增加了一系列新的制度，如变更控制、偏差管理、超标调查、纠正和预防措施(CAPA)、产品质量回顾分析等，这些制度对生产的各个环节可能出现的风险进行管理和控制，及时发现影响药品质量的不安全因素，主动防范质量事故的发生，以确保药品质量。

一、质量风险与质量风险管理

风险是伤害发生的可能性与严重性的集合体。风险通常可以分为三类：一是不可控制的风险，必须优先考虑消除或引进检测手段确定风险发生的可能性；二是不可接受的风险，需要加以消除或必须将风险控制在可接受范围内；三是可接受的风险，风险可以接受，但仍需采取措施降低风险，或添加检测手段确定风险发生的可能性及判断风险是否在可接受范围内。

质量风险一般指质量危害出现的可能性以及后果的严重性。质量风险管理(quality risk management，QMA)是指企业在实现确定目标的过程中(产品开发、生产、销售和使用等生命周期环节)，系统、科学地将各类不确定因素产生的结果控制在预期的可接受范围内，以确保产品质量符合要求的方法和过程。质量风险管理是一个系统化的过程，是在整个产品生命周期中采用前瞻或回顾的方式，对其质量风险进行评估、控制、沟通、审核、信息交流和回顾评审的系统过程。产品的生命周期包括产品从最初的研发、生产、市场销售一直到最终从市场消失的全部过程。

质量风险管理一般遵循两个原则：一是质量风险管理措施的实施应以科学知识为基础，最终目的在于保护公众利益，避免让人们承受产品在质量和安全上的风险；二是质量风险管理措施实施的方式方法要具有科学性，并要与风险程度相匹配。

二、质量风险管理的基本程序

质量风险管理的标准流程，包括风险评估、风险控制、风险沟通(风险交流)与审核等程序，贯穿于整个产品的生命周期中，其中每个步骤的重要性会因不同的事件而有所区别，因此，应在早期对风险进行确认并考虑如何进行风险管理，同时要根据从确定的风险管理程序中得到的事实证据(数据、信息等)作出最终的决策。图2-1为质量风险管理的基本程序。

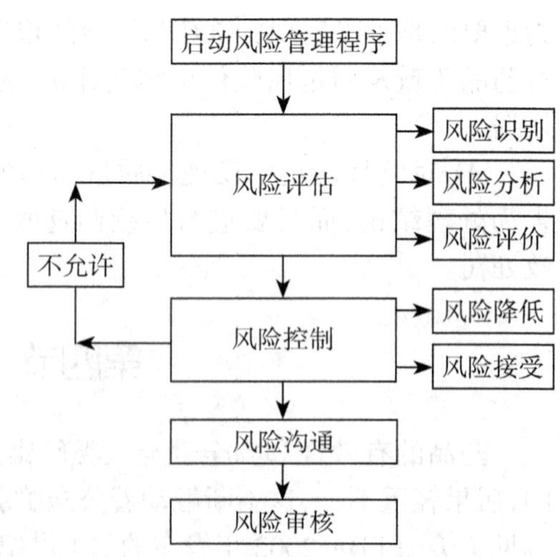

图2-1 质量风险管理的基本程序

(一) 风险评估

风险评估是指在风险事件发生之前或之后(但还没有结束)，对该事件给人们的生活、生命、财产等各个方面所造成的影响和损失的可能性进行量化评估。风险评估包括危害的确认和接触这些危害的风险分析和评价。其步骤包括风险识别、风险分析和风险评价三个部分，通过以上步骤，明确回答一些基本问题，譬如将会出现的问题是什么？可能性有多大？问题发生的后果是什么？

1. 风险识别　风险识别是指风险管理部门运用一定的方法，系统地、连续地认识所面临的各种风险，发现潜在的质量危害。风险识别过程包含两个环节：一是感知风险，即了解客观存在的各种风险——可能发生的事故；二是分析风险，即分析引起风险事故的各种因素。风险识别的目的是确定可能影响系统或组织目标得以实现的事件或情况。

2. 风险分析　风险分析是对已被识别的风险及其问题进行分析，可用定性或定量方法描述质量风险发生的可能性和严重性。风险分析要考虑导致风险的原因和风险源、风险后果及其发生的可能性，识别影响后果和可能性的因素，还要考虑现有的风险控制措施及其有效性。然后结合风险发生的可能性及后果来确定风险水平。

3. 风险评价　风险评价是根据预先确定的风险标准对已经识别并分析的风险进行评价，即通过评价风险的严重性和可能性来确认风险的等级。在风险等级的划分中，可以对风险进行定量描述，即使用从 0%~100% 的可能性数值来表示，也可以对风险进行定性描述，用"高"、"中"、"低"这样的表述来界定风险事件的后果、可能性及风险等级，以便于最后做出是否对该风险采取措施的决定。企业应该建立年度的风险审查制度，全面、系统地分析一年来的产品质量各项指标以及风险控制情况，总结偏差特点和趋势，建立降低风险的改进计划。

（二）风险控制

风险控制是指风险管理者采取各种措施和方法，消灭或减少风险事件发生的各种可能性，其目的在于将风险降到一个可以接受的水平。风险管理者需要着重考虑的问题是：第一，风险是否在可以被接受的水平上；第二，可以采取什么样的措施来降低、控制或消除风险；第三，在控制已经识别的风险时是否会产生新的风险。针对评估完的风险，有针对性地采取有效降低药品风险的措施，如培训的实效性、物料质量的稳定性、工艺参数的合理性、纠正与预防控制的可行性，偏差、变更的可控性等。针对上市后的风险向社会发布药品安全性警示信息，对医生、药师、护士和患者等相关人员进行宣传教育，采取限制药品使用等措施。风险控制的实施一般包括风险降低和风险接受两个部分。

1. 风险降低　风险降低是指当质量风险超过了可接受水平时，所采取的质量风险降低和避免程序。具体包括：降低危害的严重性和可能性，或者提高发现质量风险的能力。在实施风险降低措施过程中，有可能将新的风险引入到系统中，或者增加了风险发生的可能性。因此，应当在措施实施后重新进行风险评估，以确认和评价可能的风险变化。

2. 风险接受　风险接受是指在实施了降低风险的措施后，作出是否接受残余风险的决定。对于某些类型的风险，即使最好的质量风险管理手段也不能完全消除风险，因此在综合考虑各个方面的因素后（如付出的成本、效果、残余风险的危害性、残余风险发生的可能性等），可以认为已采取了最佳的质量风险管理策略，并且质量风险也已经降低到了可以接受的水平，不需要采取更为严格的措施。

（三）风险沟通与风险审核

风险沟通的步骤，是指在采取了风险控制措施以后，需要通过实际的生产或操作来检查上述风险控制的措施是否奏效，是否可以将风险降低至预期的等级。在风险管理程序实施的各个阶段，决策者和相关部门应该对风险管理程序实施的程度和管理方面的信息进行交换和共享，即进行风险沟通，通过风险沟通，能够促进风险管理的实施，使各方掌握更全面的信息，从而调整或改进风险管理的措施及其效果。风险沟通可以在药监和业界、业界和患者之间进行，也可以在公司内部、行业内部或药监系统内部各部门之间进行。

风险审核是指通过一段时间的运行，需要对整个系统的风险进行审核，以考虑用先前积累的风险管理的经验，结合实际来实施新的降低风险的措施。因为之前所采取的风险控制措施也许没有效果，也许工艺或设备等发生了一些变更，从而需要对整个过程进行再评估。如果是很重大的变更，应该在变更执行完以后就立刻开始风险审核工作。

风险审核是风险管理流程的最后阶段，是对风险管理的结果进行审核，尤其是对那些可能会影响到原先质量管理决策的事件进行审核。风险管理是一个持续性的质量管理程序，应当建立阶段性的审核检查机制，审核频率应建立在相应的风险水平之上。

三、质量风险管理的工具和方法

一些风险管理工具可以被认为是思考风险的方法。可用于风险管理的工具很多，如因果图、流程图、矩阵图、故障模式与影响分析、影响及严重性分析、危害分析及关键控制点等等，这些工具各具特色，适用范围也不尽相同，有用于分析原因的，也有用于预测结果的；有简单易行的，也有复杂的，没有一种工具是万能的，具体选用哪种工具，取决于系统和风险的复杂程度，有时仅需一个工具，有时则需几个工具联合使用。因此，正确选用工具，使其能达到解决问题的目的十分重要。

1. 简易风险管理方法　一些简单的方法常用来建立风险管理结构，通过组织数据来促进分析和决策。这些简单方法包括：流程图、检查表、过程图、因果分析图等。

2. 非正式的风险管理方法　为了对风险进行评估和管理，制药企业经常使用一些经验化的方法，如总结各种现象、趋势等，这些方法也能够提供有用的信息来支持诸如投诉、质量缺陷、偏差和资源分配等的处理。

3. 危害分析和关键控制点　危害分析和关键控制点（hazard analysis and critical control points，HACCP）是一个确保产品质量的可靠性与安全性的系统性的、主动预防性的方法，它结构化地采用技术和科学原理去分析、评价、预防和控制由于产品的设计、开发、生产和使用带来的风险或不利结果及其危险因素。危害分析和关键控制点由下列七个步骤组成：

（1）对过程的每一步进行危险分析，并确定每个步骤的预防措施。

（2）确定关键控制点。

（3）确定关键控制限度。

（4）建立关键控制点的监控系统。

（5）制定当监测显示关键控制点失控时应该采取的纠正措施。

（6）建立用于证明危害分析和关键控制点系统有效运行的确认系统。

（7）建立记录保存系统。

危害分析和关键控制点可用于与物理、化学和生物危险因素（包括微生物污染）相关风险的辨识与管理。当产品和过程被充分理解来支持关键控制点辨识时，则危害分析和关键控制点是非常有用的。危害分析和关键控制点分析的输出结果是一种风险管理工具，有利于产品在其生命周期的各个阶段关键控制点的监控。

4. 危害和可操作性分析　危害和可操作性分析（hazard and operability study，HAZOP）

的理论基础是假定风险事件是由设计或操作意图的偏差造成的。它是采用所谓的“引导词”来辨识危险因素的创意群思技术。“引导词”(否,更多,除了,部分等)被用于相关参数(如污染、温度等),以帮助标明可能的使用偏差或设计意图偏差。HAZOP经常会组织一个团队,团队成员的专业知识必须涵盖工艺、产品设计及其应用。危害和可操作性分析可被应用于原料药或制剂的生产工艺、设备和厂房,它主要被制药企业用于工艺安全危害的评估。

5. 失败模式和影响分析 失败模式和影响分析(failure mode effects analysis,FMEA)是一个被广泛应用的方法,用于评估流程的潜在失败模式及其对目标或产品质量的可能影响。失败原因确认后,可以采取相应措施将潜在的风险消除、降低或控制起来。其输出结果是每个潜在失败模式的相对风险程度“得分”,并按照得分进行重要性排序。该法可用于设备、厂房、生产工艺分析,以确定高风险步骤或关键参数。

6. 失败模式影响与严重性分析(failure mode effects and criticality analysis,FMECA) 失败模式效应分析可能会延伸用来整合成为一个对结果的严重程度的调查、它们各自发生的概率以及它们的可检测性,并且可能成为一个失败模式影响与严重性分析。FMECA可以确定在何处采用何种有针对性的预防措施以减小风险。FMECA的输出结果是每个失败模式的相对风险“分值”,该“分值”被用于在风险基础上对这些模式进行排序。

7. 故障树分析(fault tree analysis,FTA) 故障树是一种描述事故因果关系的有向逻辑“树”,故障树分析是一种用来假设一个产品或过程功能性故障的分析方法,其结果是以不同类型故障树的形式用图形表现出来。FTA是一种图形演绎法,主要遵循从结果找原因的原则,将项目风险的形成原因由整体到部分按树枝结构形状逐级细化,分析风险及其产生原因的因果关系。它用一定的逻辑关系符号表示出顶事件、二次事件直至底事件的逻辑关系,逻辑门的输入为“因”,输出为“果”。故障树分析是个用于评估多个因素如何影响某一问题的很好方法,它依赖于专家对过程的了解,以辨识各种影响因素。

8. 预先危害分析 预先危害分析(preliminary hazard analysis,PHA)是一种基于应用以前在危害或失败方面的经验、知识,去确定将来的危害因素、危险处境与可能导致伤害的事件,并对给定的某一具体活动、设施、产品或系统估计其发生概率的工具。在可以使用已有技术,而无需使用更深入的技术的情况下,利用预先危害分析对已有系统进行分析或对危险因素进行排序是很有用的,它可被用于产品、工艺过程和厂房设计等方面,也可被用于评估基本产品类型、产品分类和特殊产品的危害类型等方面。当几乎没有设计或操作规程方面的信息时,预先危害分析经常会被用于项目开发的早期阶段,因此,它经常作为进行进一步研究的铺垫。

9. 风险排序和过滤 风险排序和过滤是一个用于对风险进行比较和排序的工具。对于复杂系统的风险排序通常要求对每个风险的多个不同因子进行定性和定量评价。该工具将一个基本的风险问题分解成所需要的多个组成,以抓住风险相关因子,这些因子被整合成一个相对风险得分以进行风险排序。“过滤器”以风险得分的加权因子或截点的形式用于测量和确定管理或方针目的的风险排序。当风险的组合以及处理结果不同,难以用单个工具进行比较时,风险排序方法尤为有效;当需要对相同的组织框架内部的风险进行定性和定量评估时,风险排序也同样有效。

10. 辅助性统计工具 统计工具可支持和促进质量风险管理,它们可以进行有效的数据评估，也可以帮助确定数据集的显著性，使作出的决策更为可靠。下面是制药行业中常用的一些基本的统计工具：

(1) 控制图：如验收控制图(见 ISO 7966)；带警戒限的均值控制图(见 ISO 7873)；累积控制图(见 ISO 7871)；常规控制图(见 ISO 8258)；加权移动平均法等。

(2) 实验设计(design of experimental，DOE)：在质量管理中所遇到的，不论是设计新产品，还是改革旧工艺、提高产品质量、降低生产成本，大都需要做实验。DOE 是一系列实验及分析方法集，通过有目的的改变一个系统的输入来观察输出的改变情况。DOE 的常见类型包括全因子试验、部分因子试验、筛选试验等。

(3) 直方图：直方图是频数直方图的简称，它是用一系列宽度相等而高度不等的长方形来表示数据的一种图。长方形的宽度表示数据范围的间隔，长方形的高度表示在给定间隔内的数据值。直方图的作用是显示质量波动的状态，较直观地传递有关过程质量状况的信息，当人们研究了质量数据波动情况之后，就能掌握过程的状况而确定在什么地方集中力量进行质量改进工作。

(4) 排列图：排列图又叫帕累托图、柏拉图，它是将质量改进项目从最重要到最次要进行排列而采用的一种简单的图示技术，用从高到低的顺序排列而成的一组矩形来表示各原因出现频率的高低。排列图的功用是指出影响产品质量的主要因素(主要问题)，一般情况下，排列图的前二项至前三项是主要因素，对它们采取改进措施可望收到事半功倍的效果。为了确认采取改进措施后效果如何，可用排列图来检查，如此通过排列图的反复使用，使问题逐步具体化。

(5) 工序能力分析：在产品制造过程中，工序是保证产品质量的最基本环节。所谓工序能力分析，就是考虑工序的设备、工艺、人员操作、材料、测量工具与方法以及环境对工序质量指标要求的适合程度。工序能力分析是质量管理的一项重要的技术基础工作，它有助于掌握各道工序的质量保证能力，为产品设计、工艺及设备的维修、调整、更新、改造等提供必要的资源和数据。

四、质量风险管理的措施

在防范产品质量风险时，应该实施全面风险管理。全面风险管理是由企业董事会、管理层和所有员工所共同参与的，也就是要将风险意识转化为全体员工的共同认识和自觉行动，目的就是要把风险控制在企业能够承受的范围之内，这也是增进企业价值的过程。全面风险管理需要有风险管理专业人才和系统科学的方法来实施，以确保所有的风险都得到辨识，所有被辨识的风险都得到有效控制。具体措施如下：

1. 加强员工的素质教育及工作经验的传授，以使全体员工形成良好的工作习惯，同时对前阶段培训效果进行定期评估。

2. 根据现行的法规要求，考察企业总体符合规范的状况和历史，包括场地的复杂性、生产工艺的复杂性、药品本身特性的复杂性及某产品的具体生产情况(如频率、周期、批量)等各种因素。

3. 针对具体产品，应该选择最佳的产品设计和工艺设计，加强不同的物料性质、不同的加工方式和工艺参数对产品性能影响程度的了解；评估原料、溶剂、活性成分、辅料或包装材料等的关键属性，建立适宜的规格标准与生产控制要求，以减少质量属性的变化(如物料和产品缺陷、生产缺陷、人为差错等)。

4. 当设计建筑物、厂房和设备时，应确定适宜的区域（如物料和人员的流向、污染最低、有害生物控制措施、开放与密闭设备的分开、洁净室与隔离器技术、专用或隔离的厂房/设备等），为设备和容器等确定适宜的产品接触材料、确定适宜的辅助设施、确定适宜的预防性维护。

（潘金火）

第三章　机构与人员

在 GMP 的实施中有三大要素:硬件、软件和人员。人是主导因素,无论是软件还是硬件都要靠人来设计、制定、执行和使用。人不仅是 GMP 的执行者,还是药品污染和混淆的最大来源,人员管理是 GMP 实施和管理的重点。因此,GMP 要求药品生产人员、管理人员及其组织都必须具有良好的素质。但是,仅仅具有高素质的员工,还不足以保证药品质量,还需要有健全的组织机构,才能使员工个人素质转化为制药企业的整体优势。

制药企业应建立健全与药品生产的质量管理相适应的职责明确的管理机构,机构(institution)是药品生产和质量管理的组织保证。而人员(personnel)则是药品生产和质量管理的执行主体。培训(training)是制药企业发展的需求,可用来发展员工的知识、技能、态度或行为,以有助于达到组织目标的系统化过程。人员卫生(hygiene of personnel)及工艺卫生等都是药品生产质量形成的关键因素之一。

第一节　机　　构

一、药品生产企业中组织机构概述

(一) 组织机构概念

组织机构是把人力、物力和智力等按一定的形式和结构,为实现共同的目标、任务或利益有秩序有成效地组合起来而开展活动的社会单位。

企业组织结构,是指为了实现企业组织的目标,在组织结构理论指导下,经过组织设计形成的企业组织内部各部门、各层次之间固定的排列方式或排列关系,是企业组织内部的构成方式。

企业组织结构是企业资源和权力分配的载体,它在人的能动行为下,通过信息传递,承载着企业的业务流动,推动或者阻碍企业使命的进程。制药企业组织结构是制药企业内部各个组成要素相互作用的联系方式或形式,服务于企业战略目标。由于组织结构在企业中的重要地位,所有战略意义上的变革,都必须在组织结构上展开。

(二) 组织机构的对应性

企业上下级之间应有对应性,一个下级只对一个上级负责,不越级指挥和管理,命令和指挥才存在统一性。同时,既能够让上级了解下属的工作情况,也能够让下属充分理会上司的意图。

各岗位的职责与职权间必须存在对应性。即承担什么样的责任,就应该赋予什么样的权力。比如部门经理承担整个部门管理的职责,就必须给部门经理该部门人员的招聘权、考核权、奖惩权,否则该部门经理难以在部门内建立威信。

（三）组织机构的任务

企业管理组织为了保证完成任务，实现企业的目标，把每一个职工的力量集中起来组成一个整体，而且使各自明确自己的任务，围绕企业的总目标运转。企业组织设计应以事为中心，因事设岗，因岗设人。同时又要具备一定的弹性，组织机构既要严谨又不能规定过死，需具有一定的弹性，能适应新情况的变化，尤其是需适应企业战略规划的变化。战略决定组织架构，有什么样的战略就有什么样的组织架构；另一方面，组织架构又支持战略的发展，是实施战略的一项重要工具，一个好的企业战略要通过与企业相适应的组织架构去完成方能起作用。

二、制药企业组织结构设计的原则

组织所处的环境、采用的技术、制定的战略、发展的规模不同，所需的职务和部门及其相互关系也不同，但任何组织在进行机构设计时，都要遵循一些共同的原则。

（一）组织结构设计的总体原则

1. 系统整体原则　系统整体原则要求药品生产企业的组织结构应当系统严密，结构完整，要素齐全。药品生产企业的组织系统应由决策层、职能管理层、执行层及监督层构成，在工作中要求合理分权，有效协调，高效运转。

2. 责权对应原则　研究表明，责权不对应对组织效能的损害很大，常常使组织难以有效运转。制药企业组织结构体系的各个组成部分应当权责对应，并用书面规程和规范，明确规定各部门及其负责人的权力和职责，严格照章执行。

3. 统一指挥原则　统一指挥原则是指在正式组织里，无论什么时候，一个下属都应接受且只应接受一个上级的命令并向这个上级汇报工作。统一指挥原则可以防止企业职能交叉混乱，下属无所适从，影响工作绩效。

4. 有效管理幅度原则　一个人能力无论多强，也只能有效地直接管理少数人，再由这少数人直接管理下一层的少数人。有效管理幅度对于组织高效无误地实施企业发展战略具有非常重要的意义。药品生产企业应根据具体的部门、工艺流程和具体工作岗位的情况和特点，选择合理的管理幅度。

5. 因事设人原则　组织机构设置应当"因事设人"，而不能"因人设事"。这里所说的"事"，是药品生产质量管理的基本要求及在此原则下企业根据产品特点所采用的技术和管理手段。"人"系指人员和组织，所有机构的设置和人员的任用都要根据实际管理工作需要合理进行设置。"因人设事"，不仅会造成机构臃肿，人浮于事，浪费组织的资源，还会降低组织管理的效率，形成拥堵和扯皮现象。

（二）制药企业组织结构设计需兼顾的原则

1. 制药企业一定要设置生产管理部和质量管理部，其他部门可根据企业的实际需要而定。

2. 生产管理部和质量管理部一定要分设。

3. 质量管理部一定要包括 QA 和 QC 两部分，要由企业负责人直接领导。

4. 应有 GMP 办公室、验证委员会等机构，一般由各部门人员抽调组成。可常设，也可作为临时机构。

5. 应成立 GMP 领导小组。领导小组组长一般由企业的最高领导亲自担任。因为 GMP 认证是一项涉及企业多个部门配合、资金筹措、生产调度的系统工程。

6. 如果企业的规模不大,可设立一个综合部,负责行政、公关、人力资源等管理。将物料采购、生产计划、工程设备等划归生产部。

三、制药企业组织结构的形式

(一) 直线制

直线制的组织结构是一种最早也是最简单的组织形式。它的特点是企业各级行政单位从上到下实行垂直领导,下属部门只接受一个上级的指令,各级主管负责人对所属单位的一切问题负责。厂部不另设职能机构(可设职能人员协助主管人员工作),一切管理职能基本上都由行政主管自己做出。直线制组织结构的优点是:结构比较简单,责任分明,命令统一。缺点是:它要求行政负责人通晓多种知识和技能,亲自处理各种事务。这在业务比较复杂、企业规模比较大的情况下,把所有管理职能都集中到主管人员一人身上,显然是难以胜任的。因此,直线制只适用于规模较小、生产技术比较简单的小型企业,对生产技术和经营管理比较复杂的企业并不适宜。现在几乎没有企业实行彻底的直线制。

(二) 职能制

职能制的组织结构,是指组织内除了设置主管负责人以外,还设立一些职能机构。如在厂长下面设立职能机构和人员,协助厂长从事职能管理工作。这种结构要求行政主管把相应的管理职责和权力交给相关的职能机构,各职能机构有权在自己业务范围内向下级行政单位发布管理指令。下级行政负责人除了接受上级行政主管人指挥外,还必须接受上级各职能机构的指挥。

现代化工业企业生产技术比较复杂,管理工作比较精细,采用职能制能够充分发挥职能机构的专业管理作用,实现专家管理,减轻直线领导人员的工作负担。但是,职能制的缺点也很明显:它妨碍了必要的集中领导和统一指挥,形成了多头领导;不利于建立和健全各级行政负责人和职能科室的责任制,在中间管理层往往会出现有功劳大家抢,有责任大家推的现象;另外,在上级行政领导和职能机构的指导和命令发生矛盾时,有可能造成下级部门无所适从,影响工作的正常进行,甚至造成纪律松弛,生产管理秩序混乱。由于这种组织结构形式的明显缺陷,现代企业一般都不采用。

(三) 直线 - 职能制

直线 - 职能制,也叫生产区域制,或直线参谋制。它是在直线制和职能制的基础上,取长补短,吸取这两种形式的优点而建立起来的。目前,我国绝大多数制药企业都采用这种组织结构形式。这种组织结构形式是把企业管理机构和人员分为两类,一类是直线领导机构和人员,按命令统一原则对下级组织行使指挥权;另一类是职能机构和人员,按专业化原则,从事组织的各项职能管理工作。直线领导机构和人员在自己的职责范围内有一定的决定权和对所属下级的指挥权,并对自己部门的工作负全部责任。而职能机构和人员,则是直线指挥人员的参谋,不能直接对下级部门发号施令,只能进行业务指导。

直线 - 职能制的优点是:既保证了企业管理体系的集中统一,又可以在各级行政负责人的领导下,充分发挥各专业管理机构专家的作用。其缺点是:职能部门之间的协作和配合性较差,职能部门的许多工作要直接向上层领导报告请示才能处理,这一方面加重了上层领导的工作负担;另一方面也造成办事效率低。为了克服这些缺点,可以设立各种综合委员会,或建立各种会议制度,以协调各方面的工作,起到沟通作用,帮助高层领导出谋划策。

（四）事业部制

事业部制最早是由美国通用汽车公司总裁斯隆于 1924 年提出的，故有“斯隆模型”之称，也叫“联邦分权化”，是一种高度集权下的分权管理体制。它适用于规模庞大，品种繁多，技术复杂的大型企业，是国外大型企业所采用的一种组织形式。近几年，我国一些大型企业也引进了这种组织结构形式。事业部制是分级管理、分级核算、自负盈亏的一种形式，即一个公司按地区或按产品类别分成若干个事业部，从产品的设计、原料采购、产品制造、成本核算，一直到产品销售，均由事业部及所属工厂负责，实行单独核算，独立经营，公司总部只保留人事决策、预算控制和监督大权，并通过利润等指标对事业部进行控制。也有的事业部只负责指挥和组织生产，不负责采购和销售，实行生产和供销分立。

（五）模拟分权制

这是一种介于直线 - 职能制和事业部制之间的结构形式。许多大型企业，由于产品品种或生产工艺过程所限，难以分解成几个独立的事业部。又由于企业的规模庞大，以致高层管理者感到采用其他组织形态都不容易管理，这时就出现了模拟分权组织结构形式。所谓模拟，就是要模拟事业部制的独立经营，单独核算，而不是真正的事业部，实际上是一个个“生产单位”。这些生产单位有自己的职能机构，享有尽可能大的自主权，负有“模拟性”的盈亏责任，目的是要调动他们的生产经营积极性，以改善企业的生产经营管理。需要指出的是，各生产单位由于生产上的连续性，很难将它们截然分开，甲单位生产出来的“产品”直接就成为乙生产单位的原料，这当中无需停顿和中转。因此，它们之间的经济核算，只能依据企业内部的价格，而不是市场价格，也就是说这些生产单位没有自己独立的外部市场，这也是与事业部的差别所在。

模拟分权制的优点除了有利于调动各生产单位的积极性外，可以解决企业规模过大不易管理的问题。高层管理人员将部分权力下放给各个生产单位，减少了自己的行政事务，从而把主要精力集中到战略问题上来。其缺点是，不易为模拟的生产单位明确任务，造成考核上的困难。由于各个生产单位领导人不易了解企业的全貌，在信息沟通和决策权力方面也存在着一些障碍。

（六）矩阵制

在组织结构上，把既有按职能划分的垂直领导系统，又有按产品（项目）划分的横向领导关系的结构，称为矩阵组织结构。

矩阵制组织是为了改进直线 – 职能制横向联系差，缺乏弹性的缺点而形成的一种组织形式。它的特点表现在围绕某项专门任务成立跨职能部门的专门机构上，例如组成一个专门的产品（项目）小组去从事新产品开发工作，在研究、设计、试验、制造各个不同阶段，由有关部门派人参加，力图做到条块结合，以协调有关部门的活动，保证任务的完成。这种组织结构形式是固定的，人员却是变动的，任务完成后就可以离开。项目小组和负责人也是临时组织和委任的，任务完成后就解散，有关人员回原单位工作。因此，这种组织结构非常适用于横向协作和攻关项目。

矩阵结构的优点是：机动、灵活，可随项目的开发与结束进行组织或解散。由于这种结构是根据项目组织的，任务清楚，目的明确，各方面有专长的人都是有备而来。因此，在新的工作小组里，能把自己的工作同整体工作联系在一起，为攻克难关，解决问题而献计献策，由于从各方面抽调来的人员有信任感、荣誉感，使他们增加了责任感，激发了工作热情，促进了项目的实现。它还加强了不同部门之间的配合和信息交流，克服了直线职能结构中各部门互相脱节的现象。

矩阵结构的缺点是:项目负责人的责任大于权力,因为参加项目的人员都来自不同部门,隶属关系仍在原单位,只是为"会战"而来,所以项目负责人对他们管理困难,没有足够的激励手段与惩治手段,这种人员上的双重管理是矩阵结构的先天缺陷。由于项目组成人员来自各个职能部门,当任务完成以后,仍要回原单位,因而容易产生临时观念,对工作有一定影响。矩阵结构适用于一些重大攻关项目,企业可用来完成涉及面广的、临时性的、复杂的重大工程项目或管理改革任务。特别适用于以开发与实验为主的单位,例如新药研究开发。

四、GMP(2010 年修订)对机构的要求

(一) 企业应当建立与药品生产质量管理相适应的组织机构

按照 GMP(2010 年修订)规定:企业应当建立与药品生产相适应的管理机构,并有组织机构图。企业应当设立独立的质量管理部门,履行质量保证和质量控制的职责。质量管理部门可以分别设立质量保证部门和质量控制部门。

对照 GMP(1998 年修订)规定:"药品生产企业应建立生产和质量管理机构。各级机构和人员职责应明确,并配备一定数量的与药品生产相适应的具有专业知识、生产经验及组织能力的管理人员和技术人员。"可以发现,GMP(2010 年修订)明确提出质量管理部门,并明确在企业组织机构图中要有质量管理部门及生产管理部门的位置;同时对于质量管理部门的职责明确为:"履行质量保证和质量控制",并建议质量管理(quality management)部门下面设立质量保证(quality assurance,QA)部门和质量控制(quality Control ,QC)部门。

1. 关于质量保证(QA)部门的职责　在世界卫生组织(WHO)的 GMP、欧盟(EU)的 GMP 以及药品监察检查合作计划(pharmaceutical inspection co-operation scheme ,PIC/S)组织的 GMP 都有表述,现总结为如下几个方面:①在确保 QA 的相关原则的基础上进行生产设计与研发;②撰写供应、生产计划中各个质量要素计划;③明确组织架构图和人员工作职责,尤其是关键人员(key person)的职责;④控制管理有关原辅料、包装材料的购进、取样和检验方法;⑤监测药物中间体;⑥检验最终产品;⑦批次放行;⑧质量控制管理;⑨控制管理储存与分销;⑩质量相关要素自检。而在 FDA 美联邦法规总集(code of federal regulation ,CFR)第 221 部分 2.6.1 处有相关的类似表述,其主要集中在相关生产的设计和发展,以及与质量相关要素的自检上。

2. 关于质量控制(QC)部门的职责　在 EU-GMP、PIC/S-GMP 等规范中都有表述,主要集中在以下几个方面:①关注实验室建设、人员培训等与质量管理相关的软硬件要求;②确定取样的方法与人员;③确认改进检验方法;④保存记录(相关原辅料、中间体和最终产品及包装材料的取样、检验或抽检的记录);⑤确认最终产品有效成分及标示量;⑥确保检验依照有关规定进行,并对相关结果进行评估;⑦向质量受权人进行批次放行提供完整的检验记录;⑧保存最终产品样品一年或有效期之内。

3. 机构是药品生产和质量管理的组织保证　制药企业的组织机构要与现代化生产相适应,要与实施全面质量管理(TQM)及 GMP 相适应;要以人本管理为基础,以质量管理为核心,实施药品的质量保证。在影响药品质量的诸多因素中,企业组织、企业管理方式和各部门之间的组织形式,被认为是最活跃、影响最大和最主要的因素。制药企业的质量管理部门所辖的 QA 和 QC,适应了 GMP 的原则要求;但是,质量管理体系(QMS)、质量保证体系

(QAS)和质量控制体系(QCS)必须严格履行各自的管理职责,才能充分发挥它们的作用。

(二)质量管理部门应当参与所有与质量有关的活动

GMP(2010年修订)规定:质量管理部门应当参与所有与质量有关的活动,负责审核所有与本规范有关的文件。质量管理部门人员不得将职责委托给其他部门的人员,即“参与所有与质量有关的活动,负责审核所有与本规范有关的文件”。并且明确规定质量管理部门的人员不得将相关职责进行委托。

美国CGMP规则中“组织机构及人员”强调了“质量管理部门的职责”、“人员的合格证明”、“人员的职责”、“顾问”四个方面,并随之进行了阐释:①质量管理部门有权批准或拒绝所有物料;②质量管理部门有权检查所有的记录及程序;③质量管理部门应有充足的实验室设备;④人员应具有受过教育、培训及必要的工作经验;⑤足够的人员去履行职责;⑥人员应穿洁净的服装、防护服装,具有良好的卫生习惯,报告健康问题及防止直接与产品或组分接触;⑦顾问应具有足够的教育、培训及顾问组织的经验;⑧保存顾问档案,以便资格证明,包括姓名、地址及服务种类。

我国GMP(2010年修订)明确规定:“质量管理部门应当参与所有与质量有关的活动,负责审核所有与本规范有关的文件”,这就意味着质量管理部门的职权范围涉及TQM、QMS、GMP所涉及的范围,只要是与质量有关的活动都应当参与,当然这也涉及所有与质量有关的文件,做到PQS及GMP的文件化。

五、我国以GMP为基础的制药企业组织结构设计

(一)以GMP为基础的制药企业组织结构设计

制药企业GMP组织结构的合理化和运行机制的优化,是有效实施GMP的基础工程,是GMP管理目标得以实现的组织保证,也是制药企业建立现代企业制度的重要组成部分。只有这样,才能适应市场经济体制的要求和有效参与国际医药市场竞争。如果GMP组织结构及其运行机制没有实现合理化和优化,将导致GMP硬件建设、软件建设和人员培训流于形式,达不到预期结果,药品质量管理工作的实际水平得不到提高和深化。

实现质量管理的方针目标,有效地开展各项质量管理活动,必须建立相应的组织管理体系,这个体系就叫质量管理体系。质量管理体系是制药企业在质量方面指挥、控制和组织的管理体系,通常包括制定质量方针、质量目标,进行质量策划、质量控制、质量保证和质量改进等活动。

在药品生产企业,导致药品质量问题的主要原因来自于污染和差错。实施GMP的主要目的在于防止污染和差错,最大限度地将药品质量风险控制在可接受范围,这是GMP的终极目的。为了实现这一目的,必须设计一套科学合理的组织机构体系。

药品生产质量管理涉及的主要工作有QA、QC、生产、物资供应、工程维护、仓储等,质量管理工作要素有标准、工艺、卫生、规程、记录和验证等。设计时应描述它们的相互关系,分别在不同层面上加以处理,然后沟通各个层面。在同一个层面上,进行纵横制的设计,不同层面之间要作纵横制设计,最后提出完整的系统设计。为了使GMP组织中部门、岗位和人员都能明确工作任务和职责,设计完成以后,必须对GMP组织结构作详尽的描述。

GMP组织结构合理化工作成果的体现是制订制药企业药品质量管理要素手册和组织结构手册,这是制药企业药品质量管理的基础工作。该手册规定的内容具有“企业法规”的性质,它不仅作为企业进行药品质量管理和GMP组织运作的依据,在企业领导人员发生变

动时,不影响企业药品质量管理的根基。使企业的质量管理体系不会因领导人员的变动而受到不应有的削弱。GMP 组织结构是制药企业药品质量管理的基础,需要保持相对的稳定。

在 GMP 的实施过程中,各个企业的具体情况各有不同,因此,在 GMP 组织结构合理化的过程中,各个企业应根据自己的实际情况,对自己原有的 GMP 组织结构进行改进而不是盲目的全盘否定。

制药企业应当根据企业规模大小和质量管理工作的需要,建立与质量保证体系相适应的组织机构,一般由生产、设备、技术、质量、销售、人力资源、财务和办公室等机构组成。注意质量部门必须由企业负责人(总经理或厂长)直接领导,GMP 办公室的设置可灵活掌握。典型的药品生产企业组织机构设置见图 3-1。

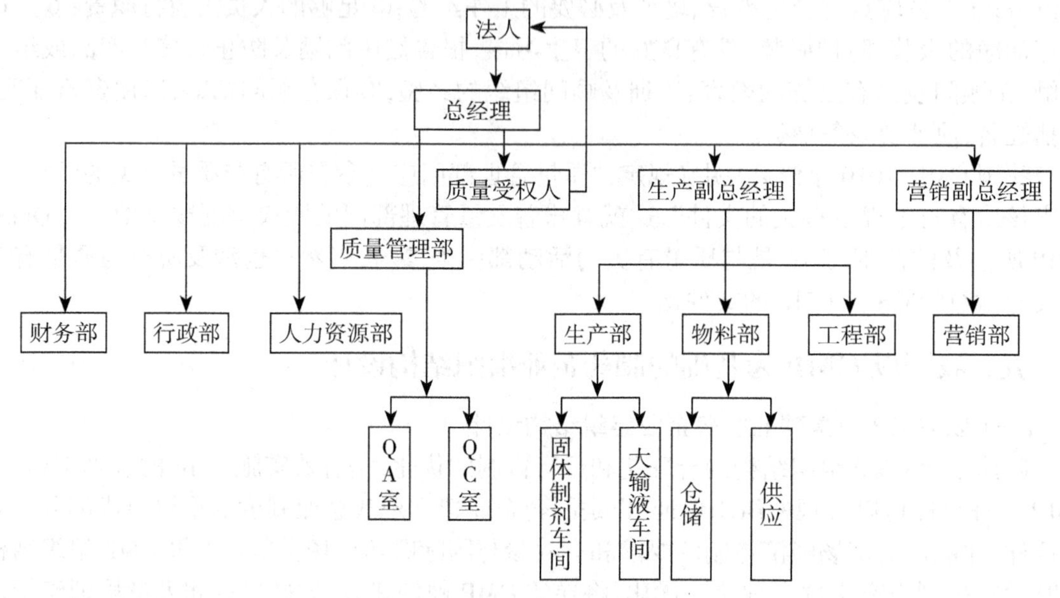

图 3-1 典型的组织机构图

组织机构是通过赋予人员一定的职责和权限而形成的。也就是说,一个制药企业的组织机构中,每个人在组织机构中都行使一定的职权和职责。表 3-1 中反映了 GMP 与相关职能部门之间的关系。一般而言,制药企业的质量管理部门是独立设置的、有权威性的质量管理部门,负责质量审核、质量检验等职责和职权,承担企业质量保证、质量控制等职能。质量管理部设立质量检验室,实施对物料、中间产品、成品的检验工作。制药企业应当围绕质量管理建立质量管理网络,各部门参与协作并设立专职或兼职岗位,开展活动,形成全员性的质量管理。

表 3-1 GMP 与职能部门关系

GMP 要素	生产部	质量部		物料部	工程部	营销部	行政部	人力资源部	财务部
		QA	QC						
机构与人员	★	★	★	★	★	▲	▲	★	▲
厂房设施	★	★	★	▲	▲	▲	▲	▲	◆
设备	★	★	★	★	▲	▲	▲	▲	◆
物料	★	★	★	★	★	▲	▲	▲	◆

续表

GMP 要素	生产部	质量部		物料部	工程部	营销部	行政部	人力资源部	财务部
		QA	QC						
卫生	★	★	★	★	★	▲	▲	▲	◆
验证	★	★	★	★	▲	▲	▲	▲	◆
文件	★	★	★	★	★	★	★	★	◆
生产管理	★	★	★	★	▲	▲	▲	▲	◆
质量管理	★	★	★	★	★	▲			◆
产品销售与收回	▲	▲	★	★	★	★	▲	▲	▲
投诉与不良反应报告	▲	▲	★	▲	▲	▲	▲	▲	◆
自检	★	★	★	★	★	★	★	★	◆

注：★：表示与此职能部门紧密相关；▲：表示与此职能部门相关；◆：表示与此职能部门无关。

（二）以 GMP 为基础的制药企业部门划分

根据 GMP（2010 年修订）规定，制药企业应当建立符合药品质量管理要求的质量目标，将药品安全、有效、质量可控的要求，系统地贯彻到药品生产、控制及产品放行、贮存、发运的全过程中，确保所生产的药品符合预定用途和质量要求。为了实现这一目的，GMP（2010 年修订）规定，制药企业应当建立与药品生产相适应的管理机构，并有组织机构图，应当设立独立的质量管理部门，履行质量保证和质量控制的职责。质量管理部门可以分别设立质量保证部门和质量控制部门。质量管理部门应当参与所有与质量有关的活动，负责审核所有与 GMP 有关的文件。质量管理部门的人员不得将职责委托给其他部门的人员。相关部门应当密切配合做好质量管理工作，实现药品的安全有效。

1. 生产管理部门　根据市场对药品的需求，制订生产计划，并组织实施。具体包括下达生产指令和包装指令，并对生产处方、物料称量、设备及生产场所的清洁、生产环境条件是否符合要求、对人员流动及卫生行为、生产秩序、各种文件执行情况等进行监督管理。负责工艺技术文件的制订及管理，协助车间解决生产过程中所遇到的技术问题，检查车间对工艺纪律执行情况，做好技术经济指标的统计和管理工作。

2. 质量管理部门　对关系药品质量的一切活动和工作进行必要的和有效的管理和控制，在全企业内，从原料到成品，甚至销售后顾客的投诉等一切行为负责，会同有关部门对主要物料供应商质量体系进行评估。

3. 物料管理部门　按照质量管理部门制订的原料、辅料、包装材料的质量标准，从符合规定的单位进行采购。负责物料和成品入库、保管、出库的管理，并配合质管部门对主要物料供应商质量体系进行评估。

4. 工程部门　负责提供符合要求并与生产相适应的生产设备及生产工艺所需要的一切条件，如湿度、温度、空气洁净度、水、电、汽、气等。负责制订各种设备的维修、使用制度和各种 SOP，培训使用设备的人员，并负责计量器具的管理。

5. 销售部门　根据市场形势，制订药品经营策略，利用各种形式，向用户宣传和推销药品，并做好销售记录。负责把用户对药品质量问题的反馈及时反映给质量管理部门和生产管理部门。做好药品退货和收回工作。

6. 人力资源部门　人力资源部门负责对人力资源进行有效开发、合理配置、充分利用和科学管理。它贯穿于人力资源的整个运动过程,包括人力资源的预测与规划,工作分析与设计,人力资源的维护与成本核算,人员的甄选录用、合理配置和使用,还包括对人员的智力开发、教育培训、调动员工的工作积极性,提高员工的科学文化素质和思想道德素质等。制药企业的人力资源部门应当根据GMP的要求,为企业配备符合条件的各类人员;组织编制员工培训计划,检查实施、考核。有效的人力资源管理也是保证药品质量,保证药品安全有效的必不可少的手段。

第二节 人员配备

一、药品生产企业中人员配备的重要性

人是生产要素中的主动因素。一切工作都离不开人,人素质的好坏,对推行GMP将起决定性的作用。因此,人员是药品生产的首要条件,我们要重视以人为本的管理基础。

管理学的人本原理,是指一切管理工作均应以调动人的积极性和创造性,做好人的工作为根本。不管是从药学事业的宏观上看,还是从药品生产企业发展的微观上看,造就一支高水平的员工队伍,特别是药学技术人员队伍以及管理人员队伍是发展医药事业的重要保证。在制药企业的科研、生产、检验、销售、管理中,具备掌握药学科学知识和技能的药学人员是很重要的。一个制药企业药学技术人员的数量是衡量该药厂的制药水平和潜在力量的重要指标。

先进的药品生产企业必须具有科学的全面质量管理,其包括产品质量、工程质量和工作质量的管理。要保证药品质量、工程质量,首先必须保证工作质量,而工作质量的保证取决于人员的素质,即人员的技能、思想意识和责任心。一个制药企业没有一定数量的高、中级药学技术人员和各级管理人员,其药品生产、科研及其质量管理是搞不好的。在管理中并非引进先进的设备和工艺流程就可以解决问题,人员是在药品生产过程中起主导作用的要素,人的因素影响更直接、更长远、更持久。发挥人的主动性、积极性和创造性能使一个企业长期立于不败之地。

药学人员是制药企业药学技术工作、药品生产、检验、销售的承担者和执行者,是完成这些工作的主力军。具体来说他们有如下作用:

(1) 药品生产主力:药品生产企业的生产管理和药品质量的形成都是以药学技术人员为主要力量。在新药研究、技术工程、生产以及储存、销售的各个环节都需要他们提出方案,并不断解决实验和生产工艺中的疑难问题,从技术上、管理上保证药品生产的良性循环。药学人员的素质和技能关系到药厂的产品开发和发展。

(2) 贯彻执行各项药品管理法规的支柱:药品管理法规规定了开办药厂、生产新药的审批办法,规定了生产全过程的质量管理,产品质量监督,产品包装、贮存、标签说明书的管理以及药品广告、宣传管理、产品销售后的信息等方面与技术有关的内容,药品管理法规的执行,必须依靠药学人员。他们最能理解这些法规对保证药品质量的意义,能保证药品管理法规的贯彻实施。

二、GMP(2010年修订)对人员的管理规定

(一) GMP中关键人员的概念和范围

GMP(2010年修订)明确提出了“关键人员”的概念,关键人员是指药品生产企业当中

对药品质量负有直接或者间接责任的关键岗位人员。该概念的提出不仅是我国药品监督管理的现实需要，而且也是与国际惯例或标准接轨的体现。欧盟的 GMP 文件，以及欧盟人用药品 2001/83/EC 号指令性文件（directive 2001/83/EC of the European parliament and of the council of 6 november 2001 on the community code relating to medicinal products for human use）指出："关键人员（key personnel）包括生产管理负责人（head of production）、质量控制负责人（head of quality control）和质量受权人（qualified person /qualified persons）。"

根据 GMP（2010 年修订）规定，制药企业关键人员至少应包括企业负责人、生产管理负责人、质量管理负责人和质量受权人。制药企业负责人、质量管理负责人、生产管理负责人和质量受权人是制药企业药品质量的主要管理者，GMP（2010 年修订）对这四类人员的学历、资历、经验、培训的标准要求做了非常明确的规定，并对这四类人员各自的职责、共同的职责做了清晰的界定，强化了其法律地位，使这些人员独立履行职责有了法律保证。

制药企业中关键人员，首先是"对药品质量负有直接管理责任的关键岗位人员"，包括质量管理负责人和质量受权人；其次，制药企业内部与药品质量管理工作密切相关的部门负责人属于"对药品质量负有间接责任的关键岗位人员"，包括企业负责人、生产管理负责人等等。

实际上，对关键人员的理解，不应当过于狭隘。除了企业负责人、质量管理负责人、生产管理负责人和质量受权人以外，其他与药品质量密切相关的岗位上的工作人员也应当属于药品质量的"关键人员"。如质量检验人员、原辅料与成品采购验收养护人员、灭菌操作人员等关键岗位上的工作人员等。

（二）GMP（2010 年修订）对关键人员的管理规定

1. GMP（2010 年修订）对关键人员相互兼任的限制性规定　GMP（2010 年修订）规定，质量管理负责人和生产管理负责人不得互相兼任。质量管理负责人和质量受权人可以兼任。但是，在质量管理负责人和质量受权人兼任的情况下，应当制定操作规程确保质量受权人独立履行职责，其作为质量受权人的职务独立性超越质量管理负责人，质量受权人不受企业负责人和其他人员的干扰。

2. 企业负责人的管理规定　企业负责人是药品质量的主要责任人，全面负责企业日常管理。为确保企业实现质量目标并按照本规范要求生产药品，企业负责人应当负责提供必要的资源，合理计划、组织和协调，保证质量管理部门独立履行其职责。

3. 生产管理负责人的管理规定

（1）资质：生产管理负责人应当至少具有药学或相关专业本科学历（或中级专业技术职称或执业药师资格），具有至少三年从事药品生产和质量管理的实践经验，其中至少有一年的药品生产管理经验，接受过与所生产产品相关的专业知识培训。

对照 GMP（1998 年修订），这一条首先对于生产管理负责人的学历由大专层次提高到本科学历（或中级专业技术职称或执业药师资格），明确为药学或相关专业；并进一步明确了生产管理负责人应按照批准的工艺规程开展生产、贮存；同时明确了生产管理负责人必须具有三年以上的生产管理实践经验，其中必须具有一年的生产管理经验；并提出了其应接受相关的生产培训。自这一条开始，GMP 对各类人员的"资质"有了规定。资历是指资格和经历；资质是说人的天资、察赋，实际上是指资历和素质。

（2）主要职责

1）确保药品按照批准的工艺规程生产、贮存，以保证药品质量；

2）确保严格执行与生产操作相关的各种操作规程；

3）确保批生产记录和批包装记录经过指定人员审核并送交质量管理部门；

4）确保厂房和设备的维护保养，以保持其良好的运行状态；

5）确保完成各种必要的验证工作；

6）确保生产相关人员经过必要的上岗前培训和继续培训，并根据实际需要调整培训内容。

4. 质量管理负责人的管理规定

（1）资质：质量管理负责人应当至少具有药学或相关专业本科学历（或中级专业技术职称或执业药师资格），具有至少五年从事药品生产和质量管理的实践经验，其中至少一年的药品质量管理经验，接受过与所生产产品相关的专业知识培训。

（2）主要职责

1）确保原辅料、包装材料、中间产品、待包装产品和成品符合经注册批准的要求和质量标准；

2）确保在产品放行前完成对批记录的审核；

3）确保完成所有必要的检验；

4）批准质量标准、取样方法、检验方法和其他质量管理的操作规程；

5）审核和批准所有与质量有关的变更；

6）确保所有重大偏差和检验结果超标已经过调查并得到及时处理；

7）批准并监督委托检验；

8）监督厂房和设备的维护，以保持其良好的运行状态；

9）确保完成各种必要的确认或验证工作，审核和批准确认或验证方案和报告；

10）确保完成自检；

11）评估和批准物料供应商；

12）确保所有与产品质量有关的投诉已经过调查，并得到及时、正确的处理；

13）确保完成产品的持续稳定性考察计划，提供稳定性考察的数据；

14）确保完成产品质量回顾分析；

15）确保质量控制和质量保证人员都已经过必要的上岗前培训和继续培训，并根据实际需要调整培训内容。

生产管理负责人和质量管理负责人通常有下列共同的职责：①审核和批准产品的工艺规程、操作规程等文件；②监督厂区卫生状况；③确保关键设备经过确认；④确保完成生产工艺验证；⑤确保企业所有相关人员都已经过必要的上岗前培训和继续培训，并根据实际需要调整培训内容；⑥批准并监督委托生产；⑦确定和监控物料及产品的贮存条件；⑧保存记录；⑨监督本规范执行状况；⑩监控影响产品质量的因素。

在质量管理负责人的职责之中，GMP（2010年修订）是将QA和QC两大部分职能进行合并，这一条与第十六条表述的质量管理部门可以分设质量保证（QA）部门和质量控制（QC）部门的表述是相一致的。这里也同时有助于进一步明确企业中质量管理部门、质量保证部门、质量控制部门三者的组织结构方式（如图3-1所示）。

5. 生产管理负责人和质量管理负责人的共同职责　GMP（2010年修订）规定：生产管理负责人和质量管理负责人通常有下列共同的职责：

（1）审核和批准产品的工艺规程、操作规程等文件；

（2）监督厂区卫生状况；

（3）确保关键设备经过确认；

（4）确保完成生产工艺验证；

（5）确保企业所有相关人员都已经过必要的上岗前培训和继续培训，并根据实际需要调整培训内容；

（6）批准并监督委托生产；

（7）确定和监控物料和产品的贮存条件；

（8）保存记录；

（9）监督本规范执行状况；

（10）监控影响产品质量的因素。

这一条对生产管理负责人与质量管理负责人的共同职责做出了规定，可以看出共同职责主要集中在质量管理方面。确保药品质量不仅是生产管理负责人与质量管理负责人的共同职责，也是企业负责人与全体员工的共同职责。

6. 质量受权人的管理规定　GMP（2010 年修订）首次引入质量受权人的概念，将批次放行授予给质量受权人，增加了质量保证的环节，有利于提升药品生产质量。在我国药品 GMP 实施的发展历程中，引入质量受权人制度是 GMP（2010 年修订）一大特色及亮点。质量受权人制度是有关国际组织及欧美发达国家在实施 GMP 的过程中，进一步探索和研究确立的药品质量管理制度。欧盟是全球范围内最早在制药企业中推行质量受权人制度的地区。1975 年欧共体的 75/319/EEC 号指令首次引入了质量受权人的概念，使质量受权人制度具备了法律基础。

2001 年由欧盟委员会颁布了 2001/83/EC 指令性文件，使质量受权人制度趋向完善。其中对于质量授权的资质要求，规定质量受权人应具有相关的大学学历，而且对专业范围和实习时间都作了具体规定，其中还规定必须完成的课程种类；其任职必须具有两年以上的、在一个或更多药品生产许可的公司的工作经验，并参与了药品的定性分析、活性成分的定量分析以及确保药品质量所必须的检验和检查。

（1）资质：质量受权人应当至少具有药学或相关专业本科学历（或中级专业技术职称或执业药师资格），具有至少五年从事药品生产和质量管理的实践经验，从事过药品生产过程控制和质量检验工作。质量受权人应当具有必要的专业理论知识，并经过与产品放行有关的培训，方能独立履行其职责。

（2）主要职责

1）参与企业质量体系建立、内部自检、外部质量审计、验证以及药品不良反应报告、产品召回等质量管理活动；

2）承担产品放行的职责，确保每批已放行产品的生产、检验均符合相关法规、药品注册要求和质量标准；

3）在产品放行前，质量受权人必须按照上述第 2 项的要求出具产品放行审核记录，并纳入批记录。

欧盟的质量受权人职责就是要确保产品生产能够遵从与最终产品质量有关的技术和法规要求，并负责最终产品的批次放行；每一批次产品的生产符合生产许可的各项规定。它的指令性文件的具体要求如下：

1）生产流程完全遵从 GMP 标准；

2) 各主要生产环节都已进行验证;

3) 各项质控检测都已进行并达到标准,相关的生产、分装文件完整;

4) 所有误差都已记录,并对由此所产生的对药品质量的影响进行了检验;

5) 如需要对相关已记录误差做出结论,进行相关的验证性试验;

6) 所有文件都完整,并有相关质量受权人签字;

7) 确保自行检查和其他规定性检查都已进行;

8) 确保生产过程各项验证和监测有效进行;

9) 所有进口产品都应符合欧盟的各项规定。

(三) 关键人员以外的其他人员的配备问题

1. 无菌药品　洁净区内的人数应当严加控制,检查和监督应当尽可能在无菌生产的洁净区外进行。

2. 生物制品　生产管理负责人、质量管理负责人和质量受权人应当具有相应的专业知识(微生物学、生物学、免疫学、生物化学、生物制品学等),并能够在生产、质量管理中履行职责。

3. 血液制品

(1) 生产管理负责人应当具有相应的专业知识(如微生物学、生物学、免疫学、生物化学等),至少具有三年从事血液制品生产或质量管理的实践经验。

(2) 质量管理负责人和质量受权人应当具有相应的专业知识(如微生物学、生物学、免疫学、生物化学等),至少具有五年血液制品生产、质量管理的实践经验,从事过血液制品质量保证、质量控制等相关工作。

4. 中药制剂

(1) 企业的质量管理部门应当有专人负责中药材和中药饮片的质量管理。

(2) 专职负责中药材和中药饮片质量管理的人员应当至少具备以下条件:

1) 具有中药学、生药学或相关专业大专以上学历,并至少有三年从事中药生产、质量管理的实际工作经验;或具有专职从事中药材和中药饮片鉴别工作八年以上的实际工作经验;

2) 具备鉴别中药材和中药饮片真伪优劣的能力;

3) 具备中药材和中药饮片质量控制的实际能力;

4) 根据所生产品种的需要,熟悉相关毒性中药材和中药饮片的管理与处理要求。

(3) 专职负责中药材和中药饮片质量管理的人员主要从事以下工作:

1) 中药材和中药饮片的取样;

2) 中药材和中药饮片的鉴别、质量评价与放行;

3) 负责中药材、中药饮片(包括毒性中药材和中药饮片)专业知识的培训;

4) 中药材和中药饮片标本的收集、制作和管理。

第三节　培　训

一、药品生产企业中培训的重要性

GMP 高度重视人员素质对药品质量管理和企业发展的影响,重视制药企业人员资格的限制和规定。同时,GMP 也认识到,单靠法规中对专业人员任职资质的规定,还不足以保证制药企业的人员素质水平可适应药品质量管理的需要,还必须通过适当培训工作,才能充分保证制药企业所有重要岗位上的工作人员的素质可满足企业发展和药品质量管理的要求。因此,GMP(2010年修订)在第三章第三节规定了制药企业人员培训的管理规定。

人员培训是GMP的重要组成部分,也是提高制药企业人员素质,保证药品质量的重要措施。实践证明,如果制药企业没有健全的员工培训制度,就不可能建设一支高水平的人才队伍,也就不可能在市场竞争中长期立于不败之地。因此,许多国家,尤其是发达国家的制药企业对人员的培训工作十分重视。一些执行GMP较好的发达国家,在培训方面有很多值得借鉴的宝贵经验,积累了不少行之有效的培训方法和手段。

如何提高制药企业人力资源的素质;如何加强制药企业员工的培训,特别是强化以质量管理为中心的药品GMP培训;如何切实转变观念,建立科学的培训理念与机制,真正促进企业发展,日益成为我国各级药品监督管理部门及制药企业关注的热点问题。在人力资源这一大系统中,人才问题是首要的战略问题,它关系到整个经济发展战略。对人才战略的研究,不仅要从教育培训及其体系与制度的设计着眼,而且要从知识经济生产关系与生产力之间矛盾的运动来分析。医药产业是高科技的产业(科技是第一生产力),需要以科学的管理方法如GMP和TQM及QMS来保证其产品的质量。不仅药品GMP规定要对员工进行GMP培训和专业技术培训,而且以质量为核心的企业文化以及三大管理体系标准也强调对组织内所有成员的教育培训是这种管理途径取得成功所不可缺少的。一旦制药企业的最高管理者意识到:培训是制药企业发展的战略需求,那么他们就会重视企业的培训工作,在制度和机制上下工夫,就会以GMP培训及管理为手段,循序渐进,不断强化以质量管理为中心的各项管理,将企业做大做强做久,为人类健康事业作出更大的贡献。

二、培训的组织机构及职责

合理的组织结构是培训体系有效运行的前提条件。根据制药行业的特点和GMP的基本要求,药品生产企业的培训体系一般为三级管理的模式。一般由人事部门负责整个企业的培训管理,并设培训主管负责具体工作。人事部门在培训方面至少应具有下述职能:负责制定有效的培训政策和制度;在各职能部门的协助下编制和实施年度培训计划;组织、安排和协调培训,确保其顺利进行;为企业内部教员提供培训服务,使其掌握必要的理论、方法和技巧,不断提高自身素质;负责企业员工培训文档的管理。

质量管理部门主要负责公司员工的GMP培训,具体包括以下几个方面的职责:负责制定GMP培训及考核计划;负责员工的GMP培训和考核;根据GMP的发展以及企业内部质量体系运行中发生的问题编写适用有效的GMP培训教材。

各职能部门应向人事部门反馈本部门的培训需求以确保本部门员工得到相应的培训,各职能部门经理负责本部门员工的岗位技能培训。

三、培训的类型

药品生产企业的人员都要按照GMP原则与各自的职责要求接受培训,包括GMP培训和岗位、操作技能培训。培训方案应根据不同的培训对象分别制定,培训方案可以分为新员工培训、岗位培训和继续培训。

1. 新员工培训　培训对象是企业所有新招聘的员工,不论其是否来自制药企业。初级培训一般应在新职工录用之日起一个月内进行,内容包括:主要是进行综合介绍,使其了解药品的特殊性和产品质量的重要性，组织参观生产现场操作，了解企业的规章制度、安全生产、GMP 基本知识、微生物学基础和个人卫生习惯的培训等。具体培训内容见表 3-2。

表 3-2 员工培训档案

××××药业股份有限公司 文件编号：SMP.ZB-RG-03-01

姓名		性别		出生年月		职称	
最高学历		毕业学校				专业	
毕业年份		部门				岗位 / 职务	

日期	培训单位	课时	方式	内容	考核成绩
年 月 日	质量管理部	12	授课	《药品生产质量管理规范》	
年 月 日	质量管理部	8	授课	《药品管理法》	
年 月 日	质量管理部	8	授课	微生物药品基础知识及微生物污染的防范	
年 月 日	生产部	8	授课	安全消防法	
年 月 日	质量管理部	4	授课	中药学、中药制剂基本知识	
年 月 日	质检中心主任	8	授课	质量检验人员专业技术	
年 月 日 至 月 日	办公室	4	授课	公司颁布有关法规	
年 月 日 至 月 日	办公室	2	授课	部门人员职责	
年 月 日 至 月 日	相关部门负责人	12	授课	各部门 SMP 和 SOP 文件	
年 月 日 至 月 日	车间主任	12	授课	生产岗位标准操作规程及有关基础	

2. 岗位培训 主要是应知应会的培训，这是经常性的日常培训。不仅要求员工应对所在岗位专业知识、技能熟练掌握，更重要的是促使其能够严格按照质量管理要求和标准操作规程，正确做好本岗位的工作，达到标准化、规范化。这种形式特别注重现场培训。基础培训的对象是经过 GMP 初级培训的人员。培训内容包括 GMP 的各个方面及其实施细节。

3. 继续培训 应经常性和综合性开展，培训内容一般包括介绍新的操作程序、重复培训原来的程序、操作失误的培训等。培训内容应避免简单重复，应结合实际，注意变换形式，充实新的内容。了解国内外 GMP 规范中新的要求及进展，进一步加深对 GMP 的理解，确保其切实按照 GMP 的要求做好工作。

继续培训是作为加深、强化和提高而进行的培训，主要是以国家有关政策及药政法规，新的标准操作规程、新的操作系统为主，辅以生产质量管理中需深化的知识内容，目的是巩固和提高员工的基本素质，使其逐步具备独立处理和解决生产质量管理中较复杂问题的能力。

四、GMP(2010 年修订)对培训的规定

(一) GMP 条款中的规定

GMP(2010 年修订)规定：企业应当配备足够数量并具有适当资质(含学历、培训和实践

经验）的管理和操作人员，应当明确规定每个部门和每个岗位的职责。岗位职责不得遗漏，交叉的职责应当有明确规定。每个人所承担的职责不应当过多。

所有人员应当明确并理解自己的职责，熟悉与其职责相关的要求，并接受必要的培训，包括上岗前培训和继续培训。这一条不仅提出了人员应具备相应的资质，同时对于交叉岗位的职责要求做出了明确的规定，最为重要的是首次提出了所有人员（all person）都应当接受培训。

培训不仅要使所有人员明白GMP的宗旨、理念及内容，而且更重要的是"所有人员应当明确并理解自己的职责，熟悉与其职责相关的要求，并接受必要的培训，包括上岗前培训和继续培训"。首次明确了培训应包括上岗前和继续培训两个部分。

欧盟及北美等发达国家的GMP对此均有规定，明确了所有人员都应接受相关培训，培训主要应包括上岗前培训（recruitment training）和继续培训（training continue through employment），并对相关培训内容做了要求。

制药企业如何开展培训？这就需要从深刻地理解GMP内涵出发，以实施GMP三大目标（防止差错、预防污染、健全质量管理），即以顾客满意为方向，以完善GMP三大要件（硬件、软件与湿件即人员）为基础，以软件诸要素（文件化及操作规程、卫生、验证、生产管理等）培训为突破口，以人为本，不断提高员工的素质，不断激发员工的主体意识，并以积极认真的态度和以丰富有效的知识及熟练过硬的技能，加强药品生产的质量管理，做好工作，以优秀的工作质量换取优良的产品质量。再从宏观与微观的结合上看，以及从GMP的内涵及其外延上看，树立"大质量"观点，大力推进全面质量管理（TQM），建立健全药品生产的质量管理体系（QMS）或制药质量体系（PQS），同时也要建立健全质量风险管理体系（QRMS），努力创建学习型组织，不断强化药品质量保障体系。这就需要我国的制药企业，加大智力投资，加大培训力度，使全体员工具有坚实的知识基础、熟练的操作技能和认真的工作态度。当然，培训应从基础抓起。从上岗前培训到继续培训，从初级培训到中级培训，结合QC小组的活动，充分激发员工的智力潜能，使员工在诚信的质量文化氛围中实现自己的人生价值。

GMP（2010年修订）规定：企业应当指定部门或专人负责培训管理工作，应当有经生产管理负责人或质量管理负责人审核或批准的培训方案或计划，培训记录应当予以保存。与药品生产、质量有关的所有人员都应当经过培训，培训的内容应当与岗位的要求相适应。除进行本规范理论和实践的培训外，还应当有相关法规、相应岗位的职责、技能的培训，并定期评估培训的实际效果。高风险操作区（如高活性、高毒性、传染性、高致敏性物料的生产区）的工作人员应当接受专门的培训。

（二）GMP条款中其他的有关规定

1. 无菌药品　凡在洁净区工作的人员（包括清洁工和设备维修工）应当定期培训，使无菌药品的操作符合要求。培训的内容应当包括卫生和微生物方面的基础知识。未受培训的外部人员（如外部施工人员或维修人员）在生产期间需进入洁净区时，应当对他们进行特别详细的指导和监督。

2. 生物制品　从事生物制品生产、质量保证、质量控制及其他相关人员（包括清洁、维修人员）均应根据其生产的制品和所从事的生产操作进行专业知识和安全防护要求的培训。

3. 血液制品

（1）企业负责人应当具有血液制品专业知识，并经过相关法律知识的培训。

（2）从事血液制品生产、质量保证、质量控制及其他相关人员（包括清洁、维修人员）应当经过生物安全防护的培训，尤其是经过预防经血液传播疾病方面的知识培训。

五、培训的内容及要求

（一）培训的内容

培训的内容包括有关法规、规定、制度的培训，如《药品管理法》、《药品生产质量管理规范》、《药品生产管理规范实施细则》，企业规章制度、无菌操作有关制度规定、工艺规程及岗位操作法等。

（二）培训的具体要求

1. 药事法规和企业规章制度培训方面的要求　制药企业的所有员工都需要掌握这些内容，这方面的培训具有普遍的适用性。具体培训要求包括：①通过培训使他们认识药品的生产、经营、使用等各个方面都已进入法制化管理的阶段。药品是防病治病的物质基础，是特殊商品。保证人民群众用药安全有效是药品监督管理工作的宗旨，也是药品生产、经营活动的目的。这是社会主义药品生产、经营活动的基础；②通过培训确立质量第一的原则。药品是特殊商品，药品的质量问题是一个严肃的原则问题。保证药品质量、增进药品疗效、保障人民用药安全、维护人民身体健康是所有药品法规的宗旨；③使其具有高度的管理知识，懂得实施 GMP 的意义和内容，掌握实施 GMP 的有关知识、方法和评价的基本原则；④使其掌握企业的规章制度。

2. 重点技术岗位和管理人员培训要求　这方面的培训要有选择有重点，要保证相关人员能够在各自的岗位上，具备履行 GMP 所规定的岗位职责所需要的相关技术和管理知识。

3. 检验及操作人员的培训要求　应全面进行 GMP 的学习以及药品检验专业知识的培训和岗位操作规程、工艺流程、岗位责任制度的学习，使他们了解本岗位的质量责任。

4. 从事洁净区净化设施管理人员、设备维修保养人员的培训要求　进行 GMP 知识、技能和方法的培训，明确本岗位的质量责任。

5. 一般职工的培训要求　进行清洁卫生培训，使之养成良好的卫生习惯。特别是对从事无菌生产和清洁卫生人员，使他们了解清洁卫生和无菌在药品生产中的重要性，掌握清洁卫生的基本知识和无菌生产的概念，以及无菌操作程序、无菌操作方法等。

第四节　人员卫生

一、药品生产企业中人员卫生的重要性

预防污染是药品 GMP 的目标要素之一，药品生产过程必须要有防止污染的措施。在药品生产中两种最常见的污染形式是微粒污染和微生物污染；而在药品生产中传播污染的主要四大媒介则是空气、水、表面（建筑物、设备等表面）和人体，而人体是药品生产中最大的污染源。

人体产生和散发的污染物形式多种多样（如皮屑），应采取合理有效的措施，达到人员清洁卫生标准，防止或减少人体对药品的污染。药品 GMP 不仅关注操作员工的身体健康，而且更主要地关注由于操作员工的健康问题而引起的药品质量问题。GMP 不仅强调人员卫生管理，而且也突出对工作服的卫生管理。

二、GMP（2010年修订）对人员卫生的规定

（一）生产操作人员须经培训并严格执行卫生操作规程

GMP（2010年修订）规定：所有人员都应当接受卫生要求的培训，企业应当建立人员卫生操作规程，最大限度地降低人员对药品生产造成污染的风险。这一条明确了人员卫生的培训，以及人员卫生操作规程的建立与实施。

生产操作人员是药品生产中引起产品污染的最大污染源之一。污染物不仅有人体携带的微粒、微生物，而且也有人体自身产生的微粒、微生物。由于错误操作，人员也是造成交叉污染的主因，包括了设备未洗净的残留物料微量污染，也包括了较大量的混淆混药。

GMP（2010年修订）规定：参观人员和未经培训的人员不得进入生产区和质量控制区，特殊情况确需进入的，应当事先对个人卫生、更衣等事项进行指导。

国际组织及欧美等发达国家的GMP及惯例一般认为参观者是一个巨大的药品污染来源，作为药品生产企业必须意识到参观者所带来的药品生产质量风险，但其也认为必要的参观者有助于药品销售，故对于参观者进入的规定与我国GMP（2010年修订）类似，即必须确保不会对药品生产质量产生影响。

GMP（2010年修订）规定：人员卫生操作规程应当包括与健康、卫生习惯及人员着装相关的内容。生产区和质量控制区的人员应当正确理解相关的人员卫生操作规程。企业应当采取措施确保人员卫生操作规程的执行。良好卫生规程（good hygiene practice ，GHP）的八项基本做法如下：①养成良好的卫生习惯。例如，会洗手、勤洗手、勤剪指甲；勤理发、定期洗澡；勤换衣服、勤洗工作服；生产区禁止吃东西，禁止吸烟，禁止大声喧哗；有关健康事项，要报告主管人；②严格遵守所有的清洗计划和书面清洁规程；③迅速而正确地记录生产过程，例如，清洗记录、消毒灭菌记录；④及时报告可能引起产品污染的厂房和设备的一切情况；⑤应用经过验证、经过批准的药剂，防止药品生产受到外界干扰。例如，清洗剂、消毒剂、杀虫剂、杀鼠剂等药剂；⑥定期检查空气净化系统和工艺用水系统，使系统运转有效正常；⑦正确收集贮藏并除去垃圾和废料；⑧彻底清洗所有的生产设备。

上述GHP是包括个人卫生操作规程在内的全面的卫生规程。仅就人员卫生方面主要有以下几点：①制药企业应制定人员卫生管理规定或人员卫生操作规程，并能认真执行，以保证药品生产的清洁卫生；②进入生产现场应穿戴好清洁、符合要求的工作衣、鞋、帽、口罩等；进出洁净区严格执行人身净化程序；③经常保持个人清洁卫生。操作前将手彻底洗净，并消毒。手在清洗消毒后，不再做与工作无关的动作，也不再接触与工作无关的物品；④生产操作人员不得化妆和佩戴饰物，并不得用手直接接触药品。A级高风险操作区内的生产操作人员不得裸手操作；⑤生产操作人员不准穿戴工作服、鞋、帽等离开规定生产区域。

（二）生产操作人员健康管理

GMP（2010年修订）规定：企业应当对人员健康进行管理，并建立健康档案。直接接触药品的生产人员上岗前应当接受健康检查，以后每年至少进行一次健康检查。这一条是对人员健康进行管理的规定，突出了健康档案的建立，明确了上岗前须接受健康检查。制药企业应制订人员健康管理规定，以保证生产人员符合健康要求，不污染药品，并持有“健康合格证”上岗。

GMP（2010年修订）规定：企业应当采取适当措施，避免体表有伤口、患有传染病或其他可能污染药品疾病的人员从事直接接触药品的生产。

（三）任何进入生产区的人员均应当按照规定更衣

GMP(2010年修订)规定:任何进入生产区的人员均应当按照规定更衣。工作服的选材、式样及穿戴方式应当与所从事的工作和空气洁净度级别要求相适应。

这一条明确了进入生产区的更衣规程适用于任何进入生产区的人员;也明确了对工作服的管理规定,即工作服的选材、式样及穿戴方式都要与所从事工作的空气洁净度级别要求相适应。

防护工作服可因不同的制药企业、不同的生产区域而不同。在洁净区人员穿的防护工作服,称之为洁净工作服;在无菌洁净室人员穿的防护装,称之为无菌工作服。防护工作服的基本功能,一是防止操作人员对产品的污染,二是为了保护操作人员不受具有活性的药物的影响。穿上防护工作服,必须牢记肩负的职责,严格操作规程,生产出优质的药品。

（四）进入生产区操作人员要求

GMP(2010年修订)规定:进入洁净生产区的人员不得化妆和佩戴饰物。化了妆的人员如果进入洁净生产区工作,化妆品的粉尘就会污染药品,影响药品质量;而且化妆品中可能有汞、铅、砷等有毒物质,甚至有一定数量的细菌。人体所佩戴的饰物(如耳环、戒指、手镯、手表等)也会携带细菌等污染物。

GMP(2010年修订)规定:生产区、仓储区应当禁止吸烟和饮食,禁止存放食品、饮料、香烟和个人用药品等非生产用物品。

这一条明确了生产区和仓储区都要禁止吸烟和饮食。这当然是基于防止污染、防止差错混淆的GMP原则出发的。吸烟不仅污染环境,而且损害健康;若在生产场所吸烟无疑地会造成污染,这是绝对不允许的;仓储区的防火规定,更是不允许吸烟。

GMP(2010年修订)规定:操作人员应当避免裸手直接接触药品、与药品直接接触的包装材料和设备表面。

这一条不仅规定了避免裸手直接接触药品,而且将范围扩大到与药品直接接触的包装材料和设备表面。手是人类最重要的肢体工具,因此是最大的细菌传播媒介。只要用手触摸到被污染的东西,微生物就会到手上并随手传播到下一个接触的东西上。即使手被清洗消毒,只能说明带菌量减少,而且在洗手15分钟后细菌量又会增加(埋藏在深部的细菌被暴露出来)。微生物学的平皿试验即可证明这一点。

（五）无菌药品人员卫生要求

1. 从事动物组织加工处理的人员或者从事与当前生产无关的微生物培养的工作人员通常不得进入无菌药品生产区,不可避免时,应当严格执行相关的人员净化操作规程。

2. 从事无菌药品生产的员工应当随时报告任何可能导致污染的异常情况,包括污染的类型和程度。当员工由于健康状况可能导致微生物污染风险增大时,应当由指定的人员采取适当的措施。

3. 应当按照操作规程更衣和洗手,尽可能减少对洁净区的污染或将污染物带入洁净区。

4. 洁净区所用工作服的清洗和处理方式应当能够保证其不携带有污染物,不会污染洁净区。应当按照相关操作规程进行工作服的清洗、灭菌,洗衣间最好单独设置。

（六）生物制品人员卫生要求

1. 应当对所生产品种的生物安全进行评估,根据评估结果,对生产、维修、检验、动物饲养的操作人员、管理人员接种相应的疫苗,并定期体检。

2. 患有传染病、皮肤病以及皮肤有伤口者、对产品质量和安全性有潜在不利影响的人员，均不得进入生产区进行操作或质量检验。未经批准的人员不得进入生产操作区。

3. 从事卡介苗或结核菌素生产的人员应当定期进行肺部X线透视或其他相关项目健康状况检查。

4. 生产期间，未采用规定的去污染措施，员工不得从接触活有机体或动物体的区域穿越到生产其他产品或处理不同有机体的区域中去。

5. 从事生产操作的人员应当与动物饲养人员分开，不得兼任。

（七）血液制品人员卫生要求

从事血液制品生产、质量保证、质量控制及其他相关人员应当接种预防经血液传播疾病的疫苗。

三、进入生产区的人员管理

（一）人员卫生培训

1. 所有人员都应当接受卫生要求的培训，企业应当建立人员卫生操作规程，最大限度地降低人员对药品生产造成污染的风险。

2. 人员卫生操作规程应当包括与健康、卫生习惯及人员着装相关的内容。生产区和质量控制区的人员应当正确理解相关的人员卫生操作规程。企业应当采取措施确保人员卫生操作规程的执行。

3. 凡在洁净区工作的人员（包括清洁工和设备维修工）应当定期培训，使无菌药品的操作符合要求。培训的内容应当包括卫生和微生物方面的基础知识。未受培训的外部人员（如外部施工人员或维修人员）在生产期间需进入洁净区时，应当对他们进行特别详细的指导和监督。

（二）生产区人员管理

1. 洁净区内的人数应当严加控制，检查和监督应当尽可能在无菌生产的洁净区外进行。

2. 参观人员和未经培训的人员不得进入生产区和质量控制区，特殊情况确需进入的，应当事先对个人卫生、更衣等事项进行指导。

3. 从事动物组织加工处理的人员或者从事与当前生产无关的微生物培养的工作人员通常不得进入无菌药品生产区，不可避免时，应当严格执行相关的人员净化操作规程。

4. 未经批准的人员不得进入生物制品的生产操作区。

5. 任何进入生产区的人员均应当按照规定更衣。

四、人员净化

进入洁净室（区）的人员必须经过净化。

（一）进入C级、D级人员净化程序

1. 工作人员进入洁净区前，先将鞋擦干净，将雨具等物品存放在个人物品存放间内。

2. 进入换鞋室，关好门，将生活鞋脱下，对号放于鞋柜中，换上工作鞋。

3. 按性别进入相应的更衣室，关好门，换洁净工作鞋。

(1) 坐在横凳上，面对门外，脱去拖鞋，弯腰，用手把拖鞋放入横凳下鞋架；

(2) 坐在横凳上转身180度，背对门外，弯腰在横凳下的鞋架内取出工作鞋，穿上工作鞋（注意不要让双脚着地）。

4. 脱外衣

(1) 走到自己的更衣柜前,用手打开衣柜门;

(2) 脱去外衣,挂于生活衣柜中,关上柜门。

5. 洗手

(1) 走到洗手池旁,用手肘弯推开水开关,伸双手掌入水池上方开关下方的位置,让水冲洗双手掌到腕上 5cm 处。双手触摸清洁剂后,相互摩擦,使手心、手背及手腕上 5cm 处的皮肤均匀充满泡沫,摩擦约 10 秒;

(2) 让水冲洗双手,同时双手上下翻动相互摩擦;

(3) 使水冲至所有带泡沫的皮肤上,直至双手掌摩擦不感到滑腻为止;翻动双手掌,用眼检查双手是否已清洗干净;

(4) 用肘弯推关水开关;

(5) 走到电热烘手机前,伸手掌至烘手机下 8~10cm 处,电热烘手机自动开启,上下翻动双手掌,直到双手掌烘干为止。

6. 穿洁净工作服

(1) 用肘弯推开房门,走到洁净工衣柜前,取出自己号码的洁净工作服袋;

(2) 取出洁净工作帽戴上;

(3) 取出一次性口罩戴上,注意口罩要罩住口、鼻,在头顶位置上系口罩带;

(4) 取出洁净工作衣,穿上并拉上拉链;

(5) 取出洁净工作裤穿上,裤腰束在洁净工作衣外;

(6) 走到镜子前对着镜子检查帽子是否戴好,注意把头发全部塞入帽内;

(7) 对镜检查衣领是否已扣好,拉链是否已拉至喉部,帽和口罩是否已戴正。

7. 手消毒

(1) 走到消毒液自动喷雾器前,伸双手掌至喷雾器下 10cm 左右处;

(2) 喷雾器自动开启,翻动双手掌,使消毒液均匀喷在双手掌上各处;

(3) 缩回双手,喷雾器停止工作;

(4) 挥动双手,让消毒液自然挥干。

8. 进入洁净室 用肘弯推开洁净室门,进入洁净室;人员出洁净区,按上述程序反向行之。程序如图 3-2。

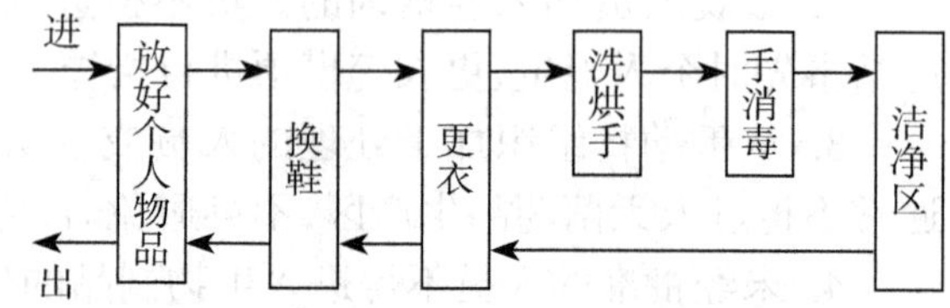

图 3-2 进出 C 级、D 级人员净化程序

(二) 进入 B 级、A 级洁净室(区)人员净化程序

用肘弯推开洁净室门,进入洁净室;人员出洁净区,按上述程序反向行之。程序如图 3-3。

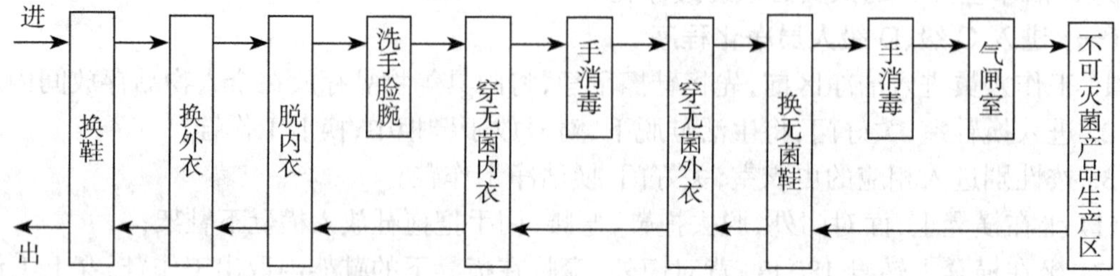

图 3-3 进出 B 级、A 级洁净室(区)人员净化程序

注意:洗手后不得涂抹护肤用品。为达到无菌要求,在无菌操作区必须穿无菌内衣(必要时,先洗澡)、无菌外衣、无菌鞋、无菌手套,穿无菌服时应注意按“从上到下”的顺序。

五、工作服清洁

(一)工作服材质

工作服包括帽子、手套、口罩、鞋和衣裤。工作服的作用一是防止生产员工对药品污染,二是保护操作人员不受生产环境不良因素影响。工作服的选材要发尘量少,不脱落纤维和颗粒性物质,不起球、不断丝,质地光滑,不易产生静电,不黏附粒子,洗涤后平整、柔软、穿着舒适;洁净室的工作服材质还需要具有良好的滤过性,保证人体和内衣的尘粒不透过,同时耐腐蚀,对洗涤和消毒处理及蒸汽加热灭菌有耐久性。洁净室内应穿不易发尘及磨损地面的软底鞋。洁净室用的手套不能脱落颗粒或纤维。

(二)工作服穿戴

1. 工作服及其质量应当与生产操作的要求及操作区的洁净度级别相适应,其式样和穿着方式应当能够满足保护产品和人员的要求。各洁净区的着装要求规定如下:

D级洁净区:应当将头发、胡须等相关部位遮盖。应当穿合适的工作服和鞋子或鞋套。应当采取适当措施,以避免带入洁净区外的污染物。

C级洁净区:应当将头发、胡须等相关部位遮盖,应当戴口罩。应当穿手腕处可收紧的连体服或衣裤分开的工作服,并穿适当的鞋子或鞋套。工作服应当不脱落纤维或微粒。

A/B级洁净区:应当用头罩将所有头发以及胡须等相关部位全部遮盖,头罩应当塞进衣领内,应当戴口罩以防散发飞沫,必要时戴防护目镜。应当戴经灭菌且无颗粒物(如滑石粉)散发的橡胶或塑料手套,穿经灭菌或消毒的脚套,裤腿应当塞进脚套内,袖口应当塞进手套内。工作服应为灭菌的连体工作服,不脱落纤维或微粒,并能滞留身体散发的微粒。

2. 个人外衣不得带入通向B级或C级洁净区的更衣室。每位员工每次进入A/B级洁净区,应当更换无菌工作服;或每班至少更换一次,但应当用监测结果证明这种方法的可行性。操作期间应当经常消毒手套,并在必要时更换口罩和手套。

(三)工作服式样及颜色

1. 不同区域的工作服式样、颜色分明,易于区分识别,有个人编号;不同空气洁净度级别的工作服不能混用。

2. 式样及颜色企业自定,以线条简洁、色彩淡雅、洁净为宜。

3. 洁净工作服要求线条简洁,不设口袋,接缝处无外露纤维,应高领,袖口、裤脚、裤腰头等要加松紧口,不应用纽扣。

4. 无菌工作服还必须包盖全部头发、胡须及脚部,并能阻留人体脱落物。

5. 防护服还应考虑保护操作人员不受药物的影响。

6. 生产人员与非生产人员,维修人员、质量管理人员与操作人员、参观人员的服装式样和颜色应有所区别。

(四)洁净服洗涤

洁净区所用工作服的清洗和处理方式应当能够保证其不携带有污染物,不会污染洁净区。应当按照相关操作规程进行工作服的清洗、灭菌,洗衣间最好单独设置。

1. 洗涤周期　在不更换品种情况时,在冬季及空调环境下,一般生产区的工作服至少每周换洗2次;在夏季无空调环境下及粉尘大的工序,每天至少换洗1次。更换品种时,必须换洗工作服。工作鞋每周至少洗 1 次。

在 D 级和 C 级空气洁净度级别的洁净区工作，每班洗 1 次洁净衣裤、帽和口罩；更换品种时，必须换洗工作服。工作鞋每周至少洗 2 次。

在 B 级和 A 级空气洁净度级别的洁净区工作，至少每班洗 1 次工作服。工作鞋每班消毒 1 次。

洁净工作服与无菌工作服的清洗方法及清洗周期，应经验证。

2. 清洗要求

(1) 不同空气洁净度级别使用的工作服应分别清洗、整理，必要时还要消毒或灭菌。

C 以上区域的洁净工作服应在洁净室(区)内分别洗涤、干燥、整理，必要时应按要求灭菌。

D 级区域洁净工作服可与一般生产区工作服共用 1 台洗衣机，但必须分开洗涤，可在相同空气洁净度级别的环境下进行整理。

(2) 工作服洗涤、灭菌时不应带入附加的颗粒。

一般生产区、C 级、D 级洁净区的工作服，直使用经过滤的饮用水洗涤。

A 级、B 级洁净区的工作服初洗时用经过滤的纯化水洗涤，最后洗涤用经过滤的注射用水。

干燥后的工作服要按编号逐套装入衣物袋内；装无菌工作服的袋子材质要耐高温。对工作服进行湿热灭菌时，宜采用经过滤的蒸汽。洁净区内宜采用洗衣液作为洗涤剂，应对某一品牌的洗涤剂进行验证。无菌工作服的灭菌效果应进行验证。

(3) 工作鞋及口罩应先用消毒液浸泡消毒，待用清水冲洗干净后才开始洗涤。

3. 清洗管理　工作服应有专人负责洗涤，专人保管、发放并登记。更换下来的工作服应分区域集中，装入专用容器中，标记明显。不同颜色、款式的工作服(即不同区域、不同岗位的工作服)不能同时在同一洗衣机内洗涤。洁净的工作服应存放在与使用工作服洁净度级别一致的保管室(柜)中保管。

无菌工作服灭菌后 2 日内使用，否则要重新灭菌，袋上应标明有效期。

凡有粉尘、高致敏物质、激素类、抗肿瘤类、避孕药、有毒、有害物质等操作岗位的工作服应分别存放、洗涤、干燥、灭菌。生物制品中涉及有活菌操作的，应先经原位消毒。

已清洗与待清洗的工作服应由不同通道出入。

(刘佐仁)

第四章　厂房与设施

厂房与设施(buildings and facilities)在GMP中的地位,是硬件中的关键部分。硬件是GMP的基础,而厂房与设施则是GMP硬件的基础。硬件包括厂房与设施、环境、设备、检测仪器、仓库等。硬件是否符合药品GMP的要求,直接影响药品质量。

与1998年修订的GMP相比,2010年修订的GMP进一步强调了厂房设施的设计和布局的合理性,并按生产区、仓储区、质量控制区和辅助区分别细化要求。结合国际先进经验和我国实际情况,对关键洁净设施的要求进行了调整,适度提高了部分硬件要求,有效提升了生产保证水平。

第一节　原　　则

厂房的选址、设计、布局、建造、改造和维护必须符合药品生产要求,应当能够最大限度地避免污染、交叉污染、混淆和差错,便于清洁、操作和维护。

一、厂房选址布局

药品生产企业应综合各因素来考虑,达到厂内外环境没有污染,厂区整洁的要求。洁净厂房的选址应选在大气含尘、含菌浓度低,无有害气体,自然环境好的区域;应远离铁路、码头、机场、交通要道以及散发大量粉尘和有害气体的工厂、贮仓、堆场等严重空气污染、水质污染、震动或噪声干扰的区域;洁净厂房应尽量布置在最多风向的上风侧。目前和可预见的市政区域规划,不会使厂址环境产生不利于药品质量的影响。水、电、燃料、排污、物资供应和公用服务条件较好或所存在的问题在目前和今后发展时能有效、妥善地解决。在遵循以上原则的基础之上,再将技术经济方案比较后最终确定。

(一)自然环境的选择与环境保护

自然环境是选择厂址时要考虑的主要因素。药品生产企业生产厂址的选择应设在气候适宜的地区,过冷或过热的气候都将增加空调运行所需的动力成本。生产厂址应避免设置在潮湿或干旱、少雨或沙尘暴频繁的地区。洁净室(区)虽然安装空调净化系统,但其使用寿命与室外空气中尘埃浓度呈负相关关系,在空气质量好的区域设厂无形中会延长空气净化系统的使用寿命,从而降低生产成本。因此,药品生产企业应选择空气条件良好、无水土污染和污染排放源的地区,所选地区应水源充足,能满足生产用水质量标准要求,并远离工业废气较多的工业区、化工区。另外,邻近铁路或公路区域扬尘较大,容易使空气质量遭到破坏,选择厂址时应避免靠近公路和铁路。

对药品生产企业来讲,不能选择不利于药品生产的环境,应避开粉尘、烟气和有害有毒气体的地方,也要求远离霉菌和花粉传播源。另一方面,药品生产企业本身产生的“三废”

也对周围环境产生严重影响,也必须同时考虑。企业还要考虑对自身所应尽的环境保护义务,要有足够进行"三废"处理的空间和途径,遵守国家有关环境保护标准。

(二) 交通运输

药品生产企业的运输较频繁,为了减少经常运行费用,在厂址选择时,应考虑交通便利,尽量不要远离原料来源和用户。考虑到药品生产企业物流控制的特殊性,在物料的运输方面需要专门的通道,这个通道必须与人流通道分离开。

(三) 水、电的供给

水、电是生产的必需条件,充足和质量良好的水源,对药品生产来讲是非常重要的。良好的水源质量能大大降低生产企业水制造系统的运转成本,提高药品质量。同样,不间断的电力供应和足够的电源,对于药品生产也很重要,如果电力供应不正常、不稳定或供应达不到标准,将会对药品生产工艺和药品质量带来非常大的负面影响。所以药品生产企业要求有复路电源,确保动力来源的稳定可靠。

(四) 安全生产和长远发展

安全生产对于药品生产企业来讲非常重要,尤其是化学原料药的生产厂家。选择厂址时除应严格按照国家有关规定、规范执行外,还要保持和相邻企业或其他设施的安全距离。

药品生产企业的品种相对来说比较多,而且更新换代也比较频繁。随着同质化产品的增多,医药市场的竞争不断加剧,每个药品生产企业必须要考虑长远的规划发展,不能图眼前利益,如随着经济的发展,土地资源越来越紧缺,因此,在厂区总图布置时,应考虑节约用地。在总体布置时必须有一个长远的计划,要做到"一次规划,分步实施",为以后的进一步发展留下空间。

二、厂区规划及设施

药品生产企业要结合厂区的地形、地质、气象、卫生、安全防火、施工等要求,进行生产厂区总平面布置。总平面布置应遵循国家有关工业企业总体设计原则,应有利于环境保护。

(一) 厂区规划的原则

厂区规划、各厂房设施的布置应符合规划要求并遵循以下原则。

1. 符合功能区域规划原则 厂区应按行政、生产、仓储、动力、辅助和生活等用途划分区域合理布局。

2. 符合工艺及卫生原则 厂区总体布局应考虑产品工艺特点和防止交叉污染,按生产、行政、生活和辅助区等合理布局,不得互相妨碍。

3. 符合设施配套原则 除必须有保证药品生产所需的生产、仓储、科研、办公及水、电、气公用工程等主要功能厂房设施以外,还应配备"三废"处理池、废渣料与垃圾临时堆放场地、停车库、机修、食堂等辅助设施。

4. 符合人流、物流分开原则 厂区进、出口及主要道路应贯彻人流与物流分开的原则。

(二) 厂区划分

药品生产企业的运行是由许许多多的功能运行构成的,通常归类为生产、行政、生活、辅助四大功能,因而厂区可以划分成这四大区域,其中每一大区域又由若干个小区域(或称子功能区域)所组成。它们的识别、划分、间隔、衔接、组合,是总体布局与设计中首先要考虑的。

从整体上讲,洁净厂房和与之相关的建筑组成生产区,一般生产厂房、仓储、锅炉房、三废处理站等组成辅助区,办公楼等行政用房、食堂、普通浴室等生活设施组成行政和生活区。

各区的布置和设置，除了应符合生产要求外，还要做到划分明确、易于识别、间隔清晰、衔接合理、组合方便。在总体布局上，还应注意各区比例适当，如占地面积、建筑面积、生产用房面积、辅助用房面积、仓储用房面积、绿化面积以及道路面积等。具体体现为流程通畅快捷，通道规范整洁，环境宜人美观。

（三）厂区的设施

1. 通道设计　这里所指的通道是指人流、物流于厂区内外的进出方向、出入口和道路。首先，厂区内地面、路面铺设的选材以产尘量低、不容易开裂、耐磨的材料作为首选，较常见选用沥青路面或水泥路面。厂区的主要道路应规则、宽敞，人流和物流道路尽量分开，物流道路应固定走向，厂区内的道路要径直短捷，而且要考虑消防通道。一般来讲，人流和物流之间，原料物流和成品物流之间应尽可能避免交叉和迂回，尽量减少物料往返输送。人流和物料出入门必须分别设置；原料和成品的出入门，若有条件的话，也应分开设置，以免造成不必要的混杂。此外，水、电、汽、热、冷等公用设施，应力求考虑靠近负荷中心，以使各种公用系统介质和输送距离最短，相关管道铺设合理，以便使能耗最低。

2. 厂区绿化　树木对污染的气体和污染物质有过滤作用，它能使风速减小，使空气中的携带颗粒污染物浓度下降。药品生产企业的厂区内不应有裸土，应建立以建筑物为中心，以草坪为围护，以乔灌木为点缀，在含尘浓度、温度、湿度上有别于厂区外环境的隔离带。绿化面积最好在 50% 以上，建筑面积为厂区面积的 15%~30% 为宜。种植树木以常青树为主，不选用能产生花粉、绒毛、粉尘的树种，以种植草皮为主，不宜种花；不能绿化的区域应铺设成水泥硬化地面，也就是说厂区除建筑群外就应该是合适的草坪和硬化的地面。厂区应有对不同废弃物的处理区域与设施，并能得到有效的控制，这些设施切不可成为新的污染源。对有关绿化和硬化的区域要有养护的措施。此外，绿化树木、草坪除具有分割空间、防护作用外，还有美化环境的作用。错落有致的绿树能使人心情舒畅，消除紧张与疲劳，从而提高生产效率。

3. 厂房设计　厂房设计要满足工艺流程协调的原则。厂房与其他相关设备、设施的关系要适当，它们之间的关系设计安排要有利于生产工艺流程的通畅，有利于生产操作，既协调又不互相妨碍，既可控又有较高的效率。厂房的设计要符合洁净级别协调的原则，生产工艺流程的每一环节、人流物流的每一步骤都应处在与其相对应的、满足生产质量要求的空气洁净级别与该级别的环境（场所）中。生产厂房应有和规模、流程、操作、洁净、质控等内容相适应的面积和空间，有利于生产过程中人员、物料、设备、操作的流动、识别、衔接和控制。生产厂房应设立物料的配称、中转场所，并有和生产规模、要求相适应的面积和空间，这种面积和空间能够对物料的种类、时间、流动顺序、质量保证、质量结果等进行划分和识别，有利于预防差错。在厂区布局与厂房设计的每一环节、每一安排等细微之处都要考虑在使用时清洁卫生的方便和效果，有利于有关卫生洁净规程的实施，有利于预防、减少与清除污染。

第二节　不同区域的质量要求

一、生产区

（一）设计原则

为降低污染和交叉污染的风险，厂房、生产设施和设备应当根据所生产药品的特性、工艺流程及相应洁净度级别要求合理设计、布局和使用，并符合下列要求：

1. 应当综合考虑药品的特性、工艺和预定用途等因素，确定厂房、生产设施和设备多产品共用的可行性，并有相应评估报告。

2. 生产特殊性质的药品，如高致敏性药品（如青霉素类）或生物制品（如卡介苗或其他用活性微生物制备而成的药品），必须采用专用和独立的厂房、生产设施和设备。青霉素类药品产尘量大的操作区域应当保持相对负压，排至室外的废气应当经过净化处理并符合要求，排风口应当远离其他空气净化系统的进风口。

3. 生产 β-内酰胺结构类药品、性激素类避孕药品必须使用专用设施（如独立的空气净化系统）和设备，并与其他药品生产区严格分开。

4. 生产某些激素类、细胞毒性类、高活性化学药品应当使用专用设施（如独立的空气净化系统）和设备；特殊情况下，如采取特别防护措施并经过必要的验证，上述药品制剂则可通过阶段性生产方式共用同一生产设施和设备。

5. 用于上述第 2、3、4 项的空气净化系统，其排风应当经过净化处理。

6. 药品生产厂房不得用于生产对药品质量有不利影响的非药用产品。

生产区和贮存区应当有足够的空间，确保有序地存放设备、物料、中间产品、待包装产品和成品，避免不同产品或物料的混淆、交叉污染，避免生产或质量控制操作发生遗漏或差错。

（二）洁净区的管理

药品生产的特殊性之一就是对生产环境的洁净要求，而且这个洁净要求随药品给药途径本身卫生要求的提高而提高，控制生产环境的途径就是靠洁净室（区）和其管理来实现的。

生产环境洁净标准的实现和维护基本是通过空调净化系统（heating ventilation and air conditioning，HVAC）来实现的。空调净化系统将自然空气在一定的压力下通过必要的过滤装置，除去一定的尘埃粒子和所附着的微生物，调节空气的温度、湿度，调节进入或排出空气的量，达到控制生产或实验等环境洁净标准目的。

洁净区（clean zone）是指将一定空间范围内空气中的微粒、有害气体、细菌等污染物排除，并将室内温度、洁净度、室内压力、气流速度与气流分布、噪声震动及照明、静电控制在某一需求范围内，而所给予特别设计的空间。它的建造和使用应减少空间内粒子。空间内其他有关参数如温度、湿度、压力等按要求进行控制。洁净区可以是开放式或封闭式。洁净区不论外在空气等环境条件如何变化，其区内均应能具有维持原先所设定要求的洁净度、温湿度及压力等性能的特性。空气净化的效果以空气洁净度来表示，含尘粒浓度高则洁净度低，含尘粒浓度低则洁净度高。空气洁净度以相应的净化级别来表示，我国 GMP（2010 年修订）将洁净室（区）划分为四个空气洁净度级别：由高级到低级的顺序为 A 级、B 级、C 级、D 级。具体规定如下：A 级为高风险操作区，如灌装区，放置胶塞桶、敞口安瓿瓶、敞口西林瓶的区域及无菌装配或连接操作的区域。通常用层流操作台（罩）来维持本区的环境状态。层流系统在其工作区域必须均匀送风，风速为 0.36~0.54m/s。应有数据证明层流的状态并需验证。在密闭的隔离操作器或手套箱内，可使用单向流或较低的风速。B 级指无菌配制和灌装等高风险，操作 A 级区所处的背景区域。C 级和 D 级指生产无菌药品过程中重要程度较次的洁净操作区。以上各级别空气悬浮粒子的标准规定见表 4-1。

表 4-1　各级别空气悬浮粒子的标准

洁净度级别	悬浮粒子最大允许数 /m³			
	静态		动态	
	≥0.5μm	≥5μm	≥0.5μm	≥5μm
A 级	3520	20	3520	20
B 级	3520	29	352 000	2900
C 级	352 000	2900	3 520 000	29 000
D 级	3 520 000	29 000	不作规定	不作规定

从表中可以看出：空气洁净度的级别是以每立方米空气中允许的最大尘埃粒子数和微生物数来确定的。药品生产区域可分为一般生产区(房间)和洁净室(区)两部分。洁净室(区)是需要对尘粒和微生物含量进行控制的房间(或区域)，其建筑结构、装备及其使用均具有减少本区域内污染源的介入、产生和滞留的功能。洁净室(区)可以指药品制剂、原料药、药用辅料、药用包装材料的生产过程中存在空气洁净要求的工作室(区)，也可指整幢厂房。洁净室(区)的建立涉及许多系统并必须由它们来构造和提供支持，如内部构造与装修系统、空调净化系统、清洁与消毒系统、服务系统、供应系统、设备系统、监察系统与运行管理系统等。此外，洁净室(区)位置的选择，应布置在厂区内环境清洁，人流、物流不穿越或少穿越的地段；对于兼有微振控制要求的洁净厂房的位置选择，应实际测定周围现有震源的震动影响，并应与精密设备、精密仪器仪表容许震动值分析比较后确定。洁净室(区)与交通干道之间的距离宜大于 50m。洁净室(区)周围宜设置环形消防车道(可利用交通道路)，如有困难，可沿厂房的两个长边设置消防车道。洁净室(区)周围的道路面层，应选用整体性能好、发尘少的材料。洁净厂房周围应进行绿化，可铺植草坪，不应种植对生产有害的植物，并不得妨碍消防作业。

根据 GMP 的有关规定，洁净室内部构造与建设是厂房内布局的重要内容，也是保证药品生产环境正常的基础建设。洁净室的内表面(墙壁、地面、天棚)应当平整光滑、无裂缝，接口严密、无颗粒物脱落，避免积尘，便于有效清洁，必要时应当进行消毒。洁净室(区)的门、窗造型要简洁，门框不留门槛。门活页可采用螺旋式升降活页以保证洁净室房门关闭时门与地面密闭无缝隙；外墙上的窗宜与内墙面持平，窗边呈斜角，且为双层固定窗以保持良好密封和减少能量损失。若采用轻质吊顶做技术夹层，应在夹层内设置检修走道。技术夹层的墙面与天棚需刷涂不易脱落和释放颗粒性物质的饰面。洁净室(区)的窗户、天棚及进入室内的管道风口、灯具外壳或底座与墙壁或天棚的连接部位均应密封，采用密封胶封闭。水、电、气的主管线宜接在技术夹层内。合理考虑设备安装就位的起装、进场路线，门、窗留孔应容许设备通过，必要时把间隔墙和天花设计成局部可拆的。洁净室装修材料选用参照表 4-2。

表 4-2　洁净室装修材料选用参照表

项目	材料举例
吊顶	夹层彩钢板、塑料贴面板、泰柏板、聚脂类表面涂料、防霉涂料、油漆
墙面	夹层彩钢板、铝合金板、塑料钢板材、泰柏板、聚脂类涂料(仿瓷涂料)、油漆
隔断	砖、夹层彩钢板、玻璃板、铝合金型材、铝合金板、泰柏板
地面	环氧脂类材料、半硬质橡胶、耐磨塑胶贴面板

（三）空气净化设施

药品生产企业应当根据药品品种、生产操作要求及外部环境状况等配置空气净化设施，使生产区有效通风，并有温度、湿度控制和空气净化过滤，保证药品的生产环境符合要求。洁净区与非洁净区之间、不同级别洁净区之间的压差应当不低于10Pa。必要时，相同洁净度级别的不同功能区域（操作间）之间也应当保持适当的压差梯度。口服液体和固体制剂、腔道用药（含直肠用药）、表皮外用药品等非无菌制剂生产的暴露工序区域及其直接接触药品的包装材料最终处理的暴露工序区域，应当参照“无菌药品”附录中D级洁净区的要求设置，企业可根据产品的标准和特性对该区域采取适当的微生物监控措施。这里的空气净化设施主要是指空调净化系统（HVAC）。空调净化系统所产生的空气进入洁净室（区），承担的任务主要有两个：满足洁净室（区）各环境指标，如洁净度、温度、湿度、压力等的要求；带走室内所产生的污染。这些主要依靠空气净化设施来完成。

（四）公用设施的设计和安装

1. 照明设施　各种管道、照明设施、风口和其他公用设施的设计和安装应当避免出现不易清洁的部位，应当尽可能在生产区外部对其进行维护。洁净区内各类电气装置应可靠接地。电气配线采用在技术夹层内以电缆托架悬挂及电缆管槽的方式接至用电设备。洁净室的电线应暗装，进入室内的管线口应用硅胶之类严格密封。电源插座应采用嵌入式。洁净室内应设报警装置。当发生火灾危险时，能发出报警信号，同时切断电源。洁净室（区）应根据生产要求提供足够的照明。主要工作室的照度宜为300勒克斯，对照度有特殊要求的生产部位可设置局部照明。洁净区照明灯具应为密封式，应易清洁、易更换、不变形、不易破碎，宜选择便于在顶棚下更换的由非玻璃材料制成的吸顶灯具。光源宜采用发热量少、发光效率高、光线柔和、接近自然光的荧光灯。荧光灯的发光效率为白炽灯的3~4倍。防爆区域照明灯具的选用和安装应符合国家有关规定；有防尘、防潮要求的区域应配置防尘、防潮灯具。灯具与天棚接缝处应密封，灯具开关应设在操作室外。洁净区域内应在每个操作室和通道内设置安装带自充电电池的应急照明灯具，通道内应设置安全出口指示灯箱。洁净区安装的电话应采用洁净室专用无话筒平板封闭电话。

2. 供排水设施　排水设施应当大小适宜，并安装防止倒灌的装置。应当尽可能避免明沟排水；不可避免时，明沟宜浅，以方便清洁和消毒。

洁净区内的供排水应铺设在技术夹层、技术夹道内或地下埋藏。洁净区内应尽量不敷设管道，除物料管和工艺用水管明敷外，其他引入洁净室内的支管宜暗装。洁净区内的冷管外表面应采取有效保温并防止结露。管材应选用316L不锈钢或PVC复合管。生产厂房的排水系统设计，应根据生产的废水性质、浓度、水量等特点来确定；根据排水不同情况、不同条件确定对排水综合利用或作废水处理。洁净区内的排水设备以及与重力回水管道相连的设备，必须在其排出口以下部位设水封装置。排水竖管应暗敷且不可穿越洁净室。洁净区内安装的水池、地漏不得对药品产生污染。洁净室应采用不锈钢洁净地漏，地漏的内表面应光洁、不易结垢，且配有螺纹密封盖，便于开启和消毒处理，又能防止废水、废气倒灌。设备排水管应能入地面，连接处应采用密封胶封闭，不得留有缝隙。

二、仓储区

仓储区应当有足够的空间，确保有序存放待验、合格、不合格、退货或召回的原辅料、包装材料、中间产品、待包装产品和成品等各类物料和产品。这就要求对这些物料和产品要有序存放，有明显的标志，以防止混淆事故的发生。

仓储区的设计和建造应当确保良好的仓储条件，并有通风和照明设施。仓储区应当能够满足物料或产品的贮存条件（如温湿度、避光）和安全贮存的要求，并进行检查和监控。现代制药企业的仓库已发展到高位仓库，运货方式则有堆垛机式和高位铲车式。仓库的设置应根据物料和产品的稳定性、种类（原料、辅料、包装材料、中间品、成品等）、状态（待检、合格、不合格、退货）来分类。一般地说，物料的保管条件应与生产条件保持一致，通常为温度 <30℃、相对湿度 <60%，有的厂房要求温度 <25℃、相对湿度 50%。有的物品需低温 2~10℃，有的甚至要求冷藏（如 -20℃冷藏）。因此，仓库应有必要的通风系统。仓储区的设计应考虑人流、物流分开。物流中应考虑进料、出料、进生产区等的通道分开，至少应有三个通道：人流通道、原辅料、包装材料进口和成品出口，此外应有生产车间及称量室 / 配料室通道。由于进库的原辅料和出厂的成品都需要质量检验，所以仓库内应考虑一个中间区，一是等待取样，二是等待发料。人流通道应有更衣室、厕所、浴室等设施，在原辅料、包装材料进口区应设有取样间。取样间为质量控制部门取样用区域；在取样间常常装有层流装置，取样环境的空气洁净度级别应与生产要求一致。取样间只允许放一个品种、一个批号的物料，以免混料，取过样的物料可转入待验区。在仓库内，应按原辅料、包装材料、成品来划分区域，在此基础上再分为合格、待验、不合格等区域。青霉素类和头孢类、激素类应分开放置，以免交叉污染，如混放在一个仓库中，因为很难保证包装不破损，若发生交叉污染后，后果严重。仓库与外界、仓库与生产区接界处都应有缓冲间，缓冲间两边均应有门，不允许两边门同时开启。仓库设计一般用全封闭式，而且采用灯光照，对光照有一定的要求；为了节省能源，有的仓库采用自然光。对这一点，需要做能量测算，因为自然采光节省了白天采光所需的能量，但由于仓库要求恒温恒湿，所以在炎热季节，自然光部分的散热还是比较严重的，需要根据不同地区的温湿度变化来决定采用封闭式还是自然采光式。一种解决办法是在自然采光区做活动遮光封闭结构，需要时可自然采光，不需要时可自动封闭。

高活性的物料或产品以及印刷包装材料应当贮存在安全的区域。生产企业应对印刷包装材料的供应商进行审计，对包材、标签进场严格控制，特别是对于有洁净级别要求的内包材供应商进行相应审计的同时，对其提供的包材要进行检验，出具质量检测报告。总之，质量和安全都应是第一位的。此外，接收、发放和发运区域应当能够保护物料、产品免受外界天气（如雨、雪）的影响。接收区的布局和设施应当能够确保到货物料在进入仓储区前可对外包装进行必要的清洁。如采用单独的隔离区域贮存待验物料，待验区应当有醒目的标识，只限于经批准的人员出入。不合格、退货或召回的物料或产品应当隔离存放，如果采用其他方法替代物理隔离，则该方法应当具有同等的安全性。

三、质量控制区

质量控制实验室通常应当与生产区分开。生物检定、微生物和放射性同位素的实验室还应当彼此分开，以避免相互干扰，降低差错的产生。

实验室的设计应当确保其适用于预定的用途，各个实验室严格按照预定的用途使用。实验室有足够的空间以避免混淆和交叉污染，有足够的区域用于样品处置、留样和稳定性考察样品的存放以及记录的保存。

具体来看，药品生产企业的质量控制实验室设有以下几个功能区。

1. 留样观察室　留样观察室的面积足够容纳企业所有留样产品至有效期后 1 年，并且留样观察室的留样条件与公司产品贮存条件保持一致。

2. 中药标本室　紧邻留样观察室，单独设立一间中药材标本室，面积能够陈列企业使用的中药材所做成的中药材标本。

3. 精密仪器室　远离洁具清洗间、配电房，并安装有舒适性空调和抽废气装置，可以使灵敏度高的仪器免受静电、震动、潮湿或其他外界因素的干扰。天平设有单独的天平室，并置于稳定的工作台上，避免阳光照射和气流流通。

4. 理化鉴别室　理化鉴别室应安装有通风橱，通风橱的风速在 0.4m/s 以上，且通风效果良好，并且排气不在室内循环。

5. 试剂间　能够通风避光，防止阳光照射及温度偏高造成试剂的变质、失效，并装有排风装置，靠近试剂间备有消防设施。毒品放置在保险柜中，实施双人双锁管理。

6. 微生物限度检测　微生物限度检测由一更、二更、微生物限度检测室、阳性对照菌室、传递窗（设有紫外线灭菌）等组成，并配有恒温恒湿箱。人流和物流进出能够互相分开，微生物限度检测室内空间广阔，光线明亮，能有效防止混淆和交叉污染。

有关实验室的设计应当确保其适用于预定的用途，并能够避免混淆和交叉污染，应当有足够的区域用于样品处置、留样和稳定性考察样品的存放以及记录的保存。要求其设计应当确保其适用于预定的用途，并能够避免混淆和交叉污染。实验室的设计规划首要的一条是绘制仪器布置图，然后对电气工程、照明工程、地面加固工程、通风及空调工程、给排水工程、房间间隔工程、防噪音工程、气体管线工程、电话工程等分别绘制出平面图；对实验室的内部设施，如实验台（桌）、通风橱、仪器橱和试剂柜要安排科学合理；特别是要做好废液处理设施的设计工作。

必要时，应当设置专门的仪器室，使灵敏度高的仪器免受静电、震动、潮湿或其他外界因素的干扰。处理生物样品或放射性样品等特殊物品的实验室应当符合国家的有关要求。这其中包括了对废液处理设施的要求，如符合国家有关放射环境法规的要求。

此外，实验动物房应当与其他区域严格分开，其设计、建造应当符合国家有关规定，并设有独立的空气处理设施以及动物的专用通道。用于药品检验、测试和监测的实验动物是一个“活仪器”和“活试剂”。实验动物的质量是药品生物检定和新药研究的基础，对判断药品质量有着直接的影响。在生命科学研究领域中所有科学实验都需要具备的最基本的研究条件，包括了实验动物（laboratory animal）、设备（equipment）、信息（information）和试剂（reagent），即“AEIR”要素；而实验动物位居四项条件之首，在于它是生命科学研究的基础和支撑条件，是衡量现代科学研究水平的标志。《实验动物管理条例》为实验动物的管理提供了法律依据，有关部局也颁发了实验动物管理办法，还有一系列的国家标准。这些有关实验动物管理的法规规章，为促进实验动物管理的科学化、规范化发挥了积极的作用。

四、辅助区

（一）生活用室

为方便员工的工作，厂房内需设置休息室、更衣室、盥洗室、淋浴室、厕所等生活用室。休息室的设置不应当对生产区、仓储区和质量控制区造成不良影响。更衣室和盥洗室的设置应当与使用人数相适应，并方便人员进出。盥洗室内的环境与外界相比要差得多，为了有效地控制药品质量，盥洗室不得与生产区和仓储区直接相通，以避免药品受到污染。

（二）维修间

企业的设施、设备等硬件维修一般由企业工程维护系统统一进行管理。维修区分为两种情况，一种是企业设施、设备等统一进行基础维修，如大规模的拆卸、检修、保养等的场所；一种是日常进行简单维修的场所。前者一般在企业专门的维修车间进行，由于在拆卸、检修等基础维护工作时会产生大量的污染，因此，维修车间应当远离企业生产区。如果是在洁净区里进行的日常维护，应当设置专门的房间存放生产区内的维修用备件和工具。

（张　雪）

第五章　设　备

在药品生产企业中，设备是药品生产中物料投入到转化成产品的工具或载体，因而是药品生产企业最重要的资源之一。生产药品使用的设备在药品生产企业的厂房里安装、运行和清洁，因此必然会对环境和药品生产的质量和效率产生直接的、至关重要的影响。因此，对设备的管理是药品生产质量管理中非常重要的内容，我国GMP(2010年修订)中第五章对其也有着严格而具体的规定。

第一节　设备管理概述

药品生产企业的设备即为制药设备，又称制药装备，可包括原料药机械及设备(如中药提取机、发酵罐等)、制剂机械及设备(如制粒机、压片机、制丸机等)、制药用水系统设备(如纯化水设备、离子水设备等)、药品检验设备(如溶出度测试仪、澄明度检测仪等)、药品包装设备(如中药液体包装机、铝箔封口机等)、药用粉碎机械(如超微粉碎机)等，与制药机械连用的计算机系统也包括在其中。其中与药品直接接触的设备为关键设备；制药用水设备也是制药工艺的重要组成部分及必要的技术支撑，也应视为关键设备。

一、设备管理方式

当前药品生产企业设备的设计和选型主要有两种方式：一是根据企业自行设计，二是委托设计。但无论何种方式，设备的设计和选型应结合本企业的产品、剂型、工艺要求与特点、生产方式与规模、可能的变化与发展、适应性与灵活性等多方面去综合考虑。一言以蔽之，制药设备的设计和安装应做到高效、节能、机电一体化，符合GMP的要求。制药企业在购买和安装设备的时候，首先要考虑设备的适用性，使之能达到药品生产质量管理的预期要求。

(一) 制药设备的设计

生产设备的设计需要满足以下特点：

1. 适用性　即设备应满足生产活动的要求。药品生产设备的制造者在设计时应该充分考虑到所设计的设备在特定的药品生产过程中的特点与要求，做到具有适用性。设备的设计应该从制备的角度考虑，能够对所生产的药品提供质量均一性以及最佳纯度等方面的保证。比如说，设备的均质能力、加工全过程的精度稳定、工艺参数的灵敏反应、控制与调节的准确实现等。

2. 洁净性　即设备应满足洁净要求。药品生产设备的设计能够从自身清洁和对环境清洁的角度去考虑如何方便、有效地进行，减少和不产生对药品生产环境的污染(交叉污染)。比如说，与药品和物料直接接触的部位能够方便、安全、有效地拆洗或清洗；尽量减少或消除加工时药品(物料)的暴露，增加密闭性；尽量减少加工的流转环节，增加联动作用；尽量提高设备暴露部分的光洁度，尤其是要提高和保证与药品（物料）直接接触部位的光洁度和完整性；考虑如何减少不易清洁的部分；如何提高设备自身的清洁功能；尽量增加设备的可移动性等。GMP（2010年修订）还规定，药品生产企业应当选择适当的清洗、清洁设备，并防止这类设备成为污染源；设备所用的润滑剂、冷却剂等不得对药品或容器造成污染，应当尽可能使用食用级或级别相当的润滑剂。

3. 方便性 即设备应满足操作、维修、保养方便的要求。药品生产设备的设计要能够从自身的角度去考虑如何让使用者方便、安全地进行操作、维修和保养。比如说，操作简便、安全且又容易识别；保养快捷而又不产生污染，润滑部位与设备和药品（物料）所接触的部分隔离，润滑剂应尽量选用无毒的；维修便利而又安全，问题或状态易于识别，便于检查和判断，具有防止维修差错的设施等。

4. 抗污染性 即设备能确保不对药品或物料造成污染。GMP（2010年修订）规定：生产设备不得对药品质量产生任何不利影响；与药品直接接触的生产设备表面应当平整、光洁、易清洗或消毒、耐腐蚀，不得与药品发生化学反应、吸附药品或向药品中释放物质。因此，药品生产设备的设计要能够从制作材料的选择上去考虑如何预防材料自身对药品（物料）可能造成的污染。比如说，不得与所加工的药品（物料）发生反应；不得释放出可能影响药品生产质量的物质；尤其是与药品（物料）直接接触部位的材料和执行控制工艺条件部位的材料更应严格掌握，需经过验证；要从使用寿命、机械加工性能、物理化学的稳定性、价格等多方面去综合考虑材料的选择等。

根据以上特点，企业在设备选型时要符合以下要求：

(1) 设备内表面平整光滑无死角及砂眼，易清洗、消毒或灭菌。外表面光洁，易清洗。

(2) 凡与药物直接接触的设备部位应采用不与药物反应、不释放微粒、不吸附药物、消毒或灭菌后不变形、不变质的材料制作。凡与药物直接接触的容器、工具、器具应表面整洁，易清洗消毒，不易产生脱落物，不得使用竹、木、藤等材料。

(3) 所用润滑剂、冷却剂等不得对药品或容器造成污染。

(4) 生产中发尘量大的设备，如粉碎、过筛、混合、制粒、干燥、压片、包衣等设备，应设计或选用自身除尘能力强、密封性好的设备，必要时局部加设防尘、捕尘装置设施。

(5) 与药物直接接触、与内包装容器接触的压缩空气和洗瓶、分装、过滤用的压缩空气均应经除油、除水、过滤等净化处理。

(6) 灌装中填充的惰性气体应经净化。流化态制粒、干燥、气流输送、起模、泛丸、包衣等工艺设备所用空气均应净化，尾气应除尘后排空，出风口应有防止空气倒灌装置。

(7) 用于制剂生产的配料罐、混合槽、灭菌设备及其他机械和用于原料精制、干燥、包装的设备，其容量尽可能与批量相适应，以尽可能减少批次、换批号、清场、清洗设备等。

(8) 易燃、易爆、有毒、有害物质的生产，使用的设备、设施或生产中使用易燃、易爆、有毒、有害物质的设备、设施均应符合国家有关规定。

(9) 用于加工处理活生物体的生产设备应便于清洁和去除污染，能耐受熏蒸消毒。

(10) 灭菌柜宜采用双扉式，并具有对温度、压力、蒸汽自动监控、记录的装置，其容积应与生产规模相适应。

(11) 禁止使用含有石棉的过滤器材及易脱落纤维的过滤器材。过滤器材质不得吸附药液中的组分或向溶液释放异物而影响药品质量。

选用设备宜从实用、先进、经济和方便维修保养、清洁等方面综合考虑，切忌片面追求先进和大而全，以致加大投资与维护费用的负担。现在许多国产的制剂设备，其先进性可与进口设备媲美，但价格比进口设备便宜得多。进口设备维修若要另买零配件，因路途远手续麻烦，很费时日，且价格昂贵。在选用进口设备时，确需全面权衡。

（二）设备的安装

生产设备的安装也应以符合生产要求，易于清洗、消毒和灭菌，便于生产操作和维修保养，并能预防、减少污染和差错为基本要求，具体从以下几点展开：

1. 满足工艺流程　设备的安装布局要与生产工艺流程、生产区域的空气洁净级别相适应，做到整齐、流畅。与设备连接的管道要做到排列整齐、牢固，标识正确、鲜明，并指明内容物和流向。

2. 方便操作和维护　设备的安装应考虑操作人员使用和维护的保护，保持控制部分与设备的适当距离，应有利于工艺执行和生产过程的调节与控制，预防差错。设备的安装应考虑维修和保养的方式与位置。设备之间、设备与墙面之间、设备与地面之间、设备与顶面之间都要保持适当的距离。

3. 有利于洁净　同一台设备的安装如穿越不同的洁净区域，区域之间则应保证良好的密封性，并根据穿越部位的功能与运转方式进行保护、隔离，分段分级单独处理。需要包装的设备或管道，表面应光滑平整，不得有物质的脱落出现。设备的安装要考虑到清洁、消毒、灭菌的可操作性与效果，如合适的位置、相应的配套设施等。

4. 有利于人员严格按照规定的程序进行安装操作　设备的安装应严格按照规定好的程序进行，使安装有步骤、有序进行。GMP 还规定，生产用模具的采购、验收、保管、维护、发放及报废应当制定相应操作规程，设专人专柜保管，并有相应记录。

设备安装前应查看安装现场，对安装设备的承重地面、墙壁等进行实地测量，看是否符合安装要求。检查设备所要求的水、电、气、线及管道等的位置，看是否符合安装要求。检查设备要经过的出入口能否让设备通过，否则要进行拆除或采取其他措施，以使设备顺利到达安装位置。准备好设备安装时所需的工具和机械设施。此外，设备的安装还应考虑相关的安全、环保、消防等方面的要求。

在以上工作结束后，安装要在准备工作就绪后一次进行，避免拆箱后各部件不及时到位而造成丢失。设备安装应在设备生产企业有关技术人员现场指导下进行，由专人负责，统一指挥，保证设备安装的安全和质量。安装完毕后及时清理现场，并进行调试、安装确认、验收。

设备在安装后应进行调试，并进行安装确认等工作。调试时按技术指标逐项试验，先做空载运转，再做负荷试车，记录各项指标，其性能应完全符合设计要求，并能满足生产需要。调试验收后，填写安装调试验收单，验收人签字后归档。

（三）设备的验证

GMP 始终把验证作为重要的工作内容，验证时对设备的基本要求如下：

1. 有与生产相适应的设备能力；
2. 有满足制药工艺的完善功能和多种使用性；
3. 保证药品加工品质的一致性；
4. 易于操作和维修；
5. 易于设备的内外清洗；
6. 各种接口符合协调配套要求；
7. 易于安装、易移动，有组合的功能。

设备安装单位在企业设备主管部门指定的专人负责指导下，也可请设备制造厂家来人指导，按相关规程和质量标准进行现场安装。在安装设备的同时，必须建立该设备的验证小组并做设备安装验证。

（四）设备技术档案的建立

GMP 规定，药品生产企业应建立设备档案，用以保存设备采购、安装、确认和验证、维修和维护、使用、清洁的文件和记录。设备档案是指生产设备从规划、设计、制造、采购、安装、调试、确认和验证、使用、清洁、维修和维护、改造、更新直至报废的全过程中形成的有保存价值的图纸、文字说明、凭证、记录、声像等文件资料，通过收集、整理、鉴定等工作归档建立设备档案。它具体反映了设备全部的运转过程，是正确使用、维护和检修的主要依据。

设备技术档案由工程维护部门建立，并负责设备文件、材料的形成、收集、整理、鉴定、归档以及保管和使用设备档案。例如，某制药企业的设备档案主要包括以下内容：

1. 药品生产企业在投产前必须制定每类（台）设备的维护与保养规程、保养计划。它的目的是要能够做到定期对设备进行检查、保养、校正、更换、维护和评价，以支持对其运行安全性与可靠性的保障。每台设备都要定人操作，定人维护保养。每只仪表、每个阀门、每条管线落实到人。

2. 设备的维护与保养规程应明确责任人与实施人、内容与方法、要求与标准、时间与地点、记录与保存等。

3. 在设备维护与保养的过程中，应有可供识别的状态标志。

4. 设备的维护与保养不应对药品（物料）、正常的设备、相应的净化环境带来污染（交叉污染）。

主要生产设备必须坚持一机一档、统一分类、统一编号、建立目录，并由专人保管。设备技术档案的主要内容如下：

(1) 设备合格证；

(2) 设备使用的详细说明书；

(3) 设备结构图和易损件图；

(4) 设备装箱清单及开箱检验记录；

(5) 设备购置合同（副本）；

(6) 设备安装调试验证资料；

(7) 设备使用操作规程；

(8) 设备维护检修规程；

(9) 设备基础维护与日常维护等记录；

(10) 设备清洁操作规程与记录等。

二、设备管理原则

GMP（2010 年修订）规定的设备管理原则如下：

1. 设备的设计、选型、安装、改造和维护必须符合预定用途，应当尽可能降低产生污染、交叉污染、混淆和差错的风险，便于操作、清洁、维护，以及必要时进行的消毒或灭菌。

2. 应当建立设备使用、清洁、维护和维修的操作规程，并保存相应的操作记录。

3. 应当建立并保存设备采购、安装、确认的文件和记录。

根据 GMP 的有关规定，从设备与生产、设备与管理、设备自身的属性与药品质量的特点等方面去考虑，设备管理的基本原则应当体现在以下几个方面：

(1) 设备必须满足生产、物流、质量控制、工程维护等工艺或活动的要求，这个要求又和具体的药品品种以及围绕其展开的工艺等活动密切相关。设备的设计与安装都要从其在具体药品品种生产过程中的使用状况来考虑，能使具体品种生产工艺得到准确、及时、有效地执行与控制，并能预防各类污染与差错。

(2) 设备运行必须稳定、安全与可靠。直接与药品或药品生产所需的物料(或介质)接触的设备，其设计和安装都要从设备与所加工物料、设备与药品、设备与环境、设备与操作员工、设备与其他设备的关系等方面进行综合考虑。除设备运行正常、稳定外，必须在设备结构、材质等方面进行精心设计，确保设备不对药品、物料产生污染，不对环境产生不良影响，不对其他设备产生不良影响，方便操作员工进行各项操作等，使得整个生产现场满足 GMP 要求。

(3) 设备必须能被有效的清洁、灭菌与消毒。药品生产基本都是洁净生产，并且对洁净程度有规定要求。有的设备甚至对洁净有非常高的要求，这就要求生产设备能被方便的清洁、灭菌与消毒，并在进行这些工作的时候，不对设备、其他设备或环境等造成不良影响。因此，药品生产设备的设计与安装要考虑如何能有利于药品生产设备方便地得到清洁、维修与保养，预防、减少、清除可能产生的污染和交叉污染。

(4) 设备必须得到科学的维护与保养，确保设备在生产过程中(运转过程中)处于无维护的正常运行状态。由于药品质量要求的严格性，设备在生产过程中必须处于所设定好的正常的运行状态，不能发生停机等现象，这就需要对设备进行科学而又全面的维护，这样的维护必须是全过程的、全方位的。从维护方式来看，有工作现场进行的，有基础检修的等等。设备处于各种状态，如运行状态、存续(清洁或维护后等待生产)状态、维修状态等都要进行必要的维护与保养。因此，药品生产设备的设计与安装要考虑如何能有利于设备在什么场所、用什么样的方式、由什么样资质的人员进行维护与维修，确保设备正常运转。

第二节 设备使用管理

设备的设计、安装、维护等活动的最终目的都是为了设备的使用，但如果在设备的使用过程中，不按照规定好的规程进行使用，不但设备性能会受到不良影响甚至损坏，而且产品质量也会受到不良影响，甚至产生不合格产品。并且设备的使用者应从设备的使用过程中不断发现问题，总结经验，提高设备的管理水平。

一、使用要求

设备的使用实行定人定机制度，要严格执行岗位责任制，做到正确使用设备。单人使用的设备由操作人员负责；多人操作、集体使用的设备应有指定的负责人，操作人员要保持相对稳定，做到分工明确，责任到人。

GMP(2010 年修订)规定，主要生产和检验设备都应当有明确的操作规程。所有设备都要制定操作规程，贵重设备、技术水平要求较高的设备，其操作规程要制定得详细清楚。设备操作人员在上机前要进行设备的结构、性能、技术规范，维护知识和安全操作规程的理论教育及实际技能的培训，做到懂结构、懂原理、懂性能，能熟练使用、会进行日常维护等，并经质量管理部门和工程维护部门考试合格后方可上岗操作设备。

设备在使用前，首先要检查该设备的状态情况，状态标志是否与生产工艺相符，设备是否处于备用状态，也就是设备是否处于“已进行维护”、“已清洁”的存续状态。设备使用应严格按操作规程进行设备的启动、运行和停机，并及时悬挂或更换状态标识。主要生产设备要填写设备运行记录，两班以上连续运转的设备，要建立设备运行交接班制度。

设备使用应严格执行操作规程和巡回检查制度，按要求对设备情况（温度、压力、震动、异响、油位、泄漏等）进行巡回检查、调整并认真填写运行记录，数据要准确。生产设备应当在确认的参数范围内使用，严禁设备超压、超温、超速、超负荷运行。

操作人员发现设备出现异常情况时，应立即停机、查找原因并及时上报给质量管理部门和工程维护部门，及时查找原因，对设备进行必要的维护。只有设备维护完成后，才可以进行正常操作。

生产设备应当有明显的状态标识，标明设备编号和内容物（如名称、规格、批号）；没有内容物的应当标明清洁状态。与设备连接的主要固定管道应标明管内物料名称和流向。不合格的设备如有可能应当搬出生产和质量控制区，未搬出前，应当有醒目的状态标识。

用于药品生产或检验的设备和仪器，应当有使用日志。记录内容包括使用、清洁、维护和维修情况以及日期、时间、所生产及检验的药品名称、规格和批号等。专用设备的使用、清洁和维修情况可记录在批生产记录中。

二、清洁管理

由于药品生产是洁净生产，药品生产等设备的清洁是一项经常性的工作，在更换生产品种时，在更换生产批号时，在设备安装、维修等工作后都要进行。它不仅是预防、减少与消除污染（交叉污染）的重要举措，也利于设备使用效率的提高与寿命的延长。它也是设备维护的内容之一。

（一）清洁程序的制定

药品生产的设备必须制定严格的设备清洁标准操作规程，并按照详细规定的操作规程清洁生产设备。制定设备清洁标准操作规程的主要依据是：设备的类型与结构、用途，所加工产品（物料）的理化性能、生产工艺要求，使用环境的洁净级别与要求清洁的内容和方式等。

在生产设备的清洁操作规程中，应当规定具体且完整的清洁方法和清洁周期、清洁所用的设备或工具、清洁剂的名称和配制方法、去除前一批次标识的方法、保护已清洁设备在使用前免受污染的方法、已清洁设备最长的保存时限、使用前检查设备清洁状况的方法，使操作者能以可重现的、有效的方式对各类设备进行清洁。如需安装、拆装设备，还应规定设备的拆装顺序和方法。如需对设备消毒或灭菌，还应规定消毒和灭菌的具体方法，消毒剂的名称和配制方法。必要时，还应规定设备生产结束至清洁前的最长间隔时限。

（二）清洁方式的选择

设备的清洁内容一般为清洁、消毒、灭菌、干燥等。清洁的方式就清洁地点来看，通常可分为就地清洁、移动清洁和混合清洁。移动清洁又可分为整机移动清洁和拆卸式移动清洁。混合清洁就是指这两种方式混合进行。

清洁方式就清洗的自动程度来分，又可分为自动清洗、人工清洗与混合清洗。但无论采用哪种清洗方式，都必须考虑产品工艺要求、洁净环境要求、产品（物料）特性要求和清洗操作方便要求。

（三）清洁内容的完善

清洁规程内容特别要明确清洁后的检查与验证方法，清洁记录与记录保存的要求，有洁净要求设备的灭菌要求与灭菌后设备存续（存放）时间要求，设备清洁的实施和复核要有专人。清洁设备、容器、工具、区域应有明确的要求，从清洁设备、工具、容器等的材料、使用到其自身的清洁、干燥、存放等都应有明确的管理规程。如果生产设备更换品种（药品），设备的清洁操作规程必须重新制定，且需要做清洁验证。

设备使用后应立即清洁，并在设备上挂上“已清洁”标识，标识上应表明清洁人员、清洁日期和有效期。已清洁的生产设备应在与自身清洁、干燥条件一致的情况下存放。

无菌操作区域的设备，尤其是直接接触药品的部位和部件，清洗后应立即灭菌，灭菌后应存放在无菌区域，存放时间超过规定有效期，需重新按照设备的清洁卫生标准操作规程重新灭菌。

三、维护管理

药品生产设备在使用过程中会逐渐磨损，导致设备材质、性能等发生劣化，加工精度与功能也会受到影响，甚至产生故障。这种结果不但会导致生产能力下降，成本增加，安全性降低，也会造成药品质量的下降。所以，需要科学的、经常性的、有重点的对设备进行定期或不定期的维护与维修，制定设备的预防性维护计划和操作规程，确保设备在生产过程中处于良好的运行状态。设备的维护包括基础维护与日常维护，从维护形式上又分为在线维护与异地维护等。GMP 规定：设备的维护和维修不得影响产品质量；应当制定设备的预防性维护计划和操作规程，设备的维护和维修应当有相应的记录；经改造或重大维修的设备应当进行再确认，符合要求后方可用于生产。

1. 设备的基础维护　设备的基础维护是确保设备处于“无维护正常运转状态”的基础，主要由企业工程设备管理部门负责。基础维护的主要工作内容如下：

(1) 制定每类（台）设备的维修与保养规程、保养计划。定期对所有设备进行检查、保养、校正、更换、维修和评价，以支持对其运行安全性与可靠性的保障。经改造或重大维修的设备应当进行再确认，符合要求后方可用于生产。

(2) 制定设备的使用、日常维护的规程和方法，并对有关员工开展正确使用设备的知识和技能的培训和考核，包括设备结构、性能、安全知识、清洁要求、保养方法等。

(3) 在生产现场配备专职设备基础维护管理工作人员，负责对设备使用人员进行指导并处理疑难问题。

(4) 建立设备管理信息系统，开展对设备信息管理的研究。在设备运转与药品生产相结合的平台上，进行对设备一生各个阶段信息资料的收集、整理、分类、贮存和反馈，将设计、选型、安装、验证、使用、清洁维修保养构成一个有机的整体，将 GMP 的规范要点与原则切入到设备管理的环节与要素之中，构造药品生产企业的设备质量保证体系。

2. 设备的日常维护　设备的日常维护主要由设备使用员工负责进行，其主要工作如下：

(1) 生产和使用人员必须严格遵循设备的操作规程和安全守则。

(2) 设备的日常维护应明确责任人与实施人、内容与方法、要求与标准、时间与地点、记录与保存等。

(3) 建立设备的运行记录和状态标志，在设备保养与维修的过程中，应有可供识别的状态标志。做好交接班制度，做到安全交接。

(4) 主要设备应当在验证后并证明其性能与精度安全可靠、符合要求时方能投入使用。特殊设备的管理还应按有关的法律和专业要求执行,如压力容器类设备。

3. 设备的在线维护与非在线维护

(1) 在线维护:所谓在线维护,就是指设备在生产车间不进行移动的情况下进行的维护。在线维护应以不影响生产区域洁净度和不污染药品为前提,维修人员进入洁净区,应同该区域操作人员一样,遵守洁净区内的一切规章制度,按不同洁净等级要求,进行更鞋、更衣、戴帽和洗手消毒程序。

常用维修工具和易损配件、紧固件等可放置在洁净室内的专用柜子里,不要内外互用,以防止交叉污染。如需要带入工具和零配件,必须先清洁,再用75%酒精绸布将外表面擦洗干净。

设备维护结束后,先用注射用水(或纯化水)将设备外部进行清洗,然后用75%酒精绸布擦洗干净。此外,还必须完善设备维护记录。

(2) 非在线维护:所谓非在线维护,就是把生产设备移动到专门的维护区域所进行的维护。一般而言,非在线维护都是基础维护。非在线维护又分为两种情况,一是将设备移出洁净区维护,一是在洁净区其他房间进行维护。如果是前一种情况,设备维护后进入洁净区,必须进行必要的清洗和灭菌工作;如果是后一种情况,则不得影响其他药品的生产,也不得影响洁净区的环境。

第三节　计量器具管理

GMP(2010年修订)规定:药品生产企业应当配备有适当量程和精度的衡器、量具、仪器和仪表,这些衡器、量具、仪器和仪表就属于计量器具。从概念上讲,计量器具是指能用以直接或间接测出被测对象量值的装置、仪器仪表、量具和用于统一量值的标准物质。在药品生产的每个环节中,都离不开检测与检验,在检测与检验活动中都离不开计量设备与器具,这些计量器具与装备必须进行校准,才能准确测量生产实际状况。药品生产工艺的可靠与准确执行需要通过计量的准确方能完成。由此可见,不论是在质量的形成过程中,还是在质量结果的评判中,都离不开准确的计量。

一、计量器具的分类与特性

(一) 按结构特点分类

按结构特点分类,计量器具与设备可以分为以下三类:

1. 量具　即用固定形式复现量值的计量器具,如砝码、标准品、标准电池、线纹米尺等。

2. 计量仪器仪表　即将被测量的量转换成可直接观测的指标值等效信息的计量器具,如压力表、流量计、温度计、电流表等。

3. 计量装置　即为了确定被测量值所必需的计量器具和辅助设备的总体组合,如高效液相色谱仪、电导率仪等。

(二) 按管理标准进行分类

按管理标准进行分类,计量器具与设备可以分为以下三类:

1. A类计量器具　是企业的最高标准器,经政府计量行政部门认证授权的社会公用计量标准器,《计量法》规定的用于贸易结算(对外)、安全防护、环境监测等方面属于强制检定的计量器具等，如企业砝码、磅秤、电子天平、压力表、温度计等。

2. B类计量器具　即企业用于量值传递的工作标准计量器具，用于生产过程中带有控制生产线路回路和较重要检测参数的计量器具或施工过程中检测主要参数的计量器具，用于产品质量检验中主要的计量器具等，如流量表、压力表、酸度计、电导仪；精密仪器有旋光仪、可见光光度计、紫外光度计、气相色谱仪、高效液相色谱仪等。

3. C类计量器具　除A、B类外的其他类计量器均为C类计量器具，如普通指示性仪器，如风压表等。

（三）计量器具的特性

无论什么样的计量器具和设备都具有以下特性：

(1) 标称范围，即上下限；

(2) 测量不确定度，即测量结果的可信程度；

(3) 灵敏度，即器具响应的变化与被测量值的变化之比；

(4) 鉴别力，即器具对微小变化的响应能力；

(5) 鉴别力域，即对器具的响应而言被测量的最小变化值；

(6) 分辨力，即能够肯定区分的指示器示值的最邻近值；

(7) 作用速度，即单位时间内测量的最大次数；

(8) 稳定度，即器具保持计量特性不变的能力。

因此，计量器具与设备的管理都是围绕着这些特性的判别、校验与维护等活动展开。

二、计量器具的校准

由于计量器具与设备的不断使用，性能会发生漂移。因此，必须对这些器具与设备进行科学、必要的校验，确保它们在生产等工作中能保持正常的工作状态。

（一）计量器具校准的原则规定

GMP（2010年修订）规定：

1. 在生产、包装、仓储过程中使用自动或电子设备的，应当按照操作规程定期进行校准和检查，确保其操作功能正常。

2. 应当按照操作规程和校准计划定期对生产和检验用衡器、量具、仪表、记录和控制设备以及仪器进行校准和检查，校准和检查应当有相应的记录，校准记录应当标明所用计量标准器具的名称、编号、校准有效期和计量合格证明编号，确保记录的可追溯性；

3. 校准的量程范围应当涵盖实际生产和检验的使用范围，应当确保生产和检验使用的关键衡器、量具、仪表、记录和控制设备以及仪器经过校准，所得出的数据准确、可靠。

4. 不得使用未经校准、超过校准有效期、失准的衡器、量具、仪表以及用于记录和控制的设备、仪器；应当使用计量标准器具进行校准，且所用计量标准器具应当符合国家有关规定。

5. 衡器、量具、仪表、用于记录和控制的设备以及仪器应当有明显的标识，标明其校准有效期。

（二）校准的具体要求

根据这些器具与设备的分类及重要性，对它们的校验分为强制性校验、第三方校验与企业自行的校验。

首先，一般而言，A类计量器具与设备应按国家检定规程要求向政府计量行政部门申请检定。对经政府计量行政部门授权开展自检的企业，也应严格按国家检定规程要求安排检定。暂无检定规程的计量器具，企业应依照国家有关规定自行制定校验或比对方法，并报当地计量行政主管部门备案。凡使用强制检定计量器具的企业，应设专职或兼职人员进行检验管理，以保证严格按规程实施周期检定，并监督检查使用情况。使用标准物质的企业，应严格加以保管和进行操作。

其次，对于B类计量器具和设备，一般都要经有资质的单位进行第三方校验，对于连续性运转装置上拆卸下来不使用的计量器具，根据有关检定规程，可随设备检修周期同步安排检定周期，但在日常运转中，必须严格监督检查。对准确度要求较高，但性能稳定，使用不频繁的计量器具检定周期可适当延长。所延长的时间应以保证计量器具可靠性为原则。对使用频次高和需确保使用精度的计量器具，应酌情缩短检定周期。通用计量器具专用时，按其实际使用需要，根据检定规程要求，可适当减少检定项目或只做部分项目的检定，但检定证书应注明准许使用范围和使用地点，并在计量器具的明显位置处标贴限用标志。

第三，对于C类计量器具和设备，一般企业可采用自行校验的办法，对一些准确度无严格要求，性能不易改变的低值易耗的或作为工具使用的计量器具，可实行一次性检定。非生产关键部位起指示作用、使用频率低、性能稳定而耐用以及连续运转设备上固定安装的计量器具，可以实行有效期管理，或延长检定周期，一般控制在2~4个周期内。用于非生产方面的计量器具严禁流入生产和其他领域使用。对列入C类管理范围的其余计量器具，可根据计量器具类别和使用情况实行监督性管理。

第四，计量器具的周期校验工作要有明确的测量范围、操作条件和允许误差范围，并在校验记录中加以确定，还要预先确定校验值、校验仪器和校验方法。校验用的标准品要经过校准并具有校准证书。根据对仪器仪表已有的经验来确定校验周期，并应随时根据最新的科研结果作相应的调整。

应根据国家计量检定规程和生产使用情况，制定各种计量器具的周期校准计划，应特别注意校准的量程范围与实际生产和检验用的量程范围相互一致性。企业内最高一级计量标准器具，由有关部门按规定校准周期及时送国家、省市计量管理部门进行周期校准，并由企业有关部门负责保管相关文件，如校准检定证书等。非国家强检、企业可自检的计量器具，如压力表、温度计等，企业可经国家、省市级检定员考核，获得检定员证书资质的人员，根据国家检定规程进行检定、校正、比正。校准所用校准计量器具应可以溯源到国际或国家校准器具的计量合格证明。校准记录应标明所用校准计量器具的名称、编号、校准效期和计量合格证明编号，确保记录的可追溯性。如检定不能恢复原准确等级的计量器具应予以降级。不合格的计量器具及时修理，经修理后仍不合格的应停用并报废。

三、计量器具与设备的使用管理

通过正确使用计量器具与设备，就能够对药品生产过程中经常遇到的温度、压力、流量、pH、重量、装量、含量等参数进行有效控制，对采购进厂的原料、辅料、包装材料、容器、半成品（或中间体）、成品等质量状况进行有效判断，从而控制药品质量。

（一）计量器具与设备的使用管理程序

药品生产企业计量器具与设备管理的程序、制度和计划必须以《计量法》等法律法规为依据，以提高药品质量为中心目标，保证计量器具与设备齐全、计量统一、量值准确可靠，校

验科学合理,使计量器具与设备处于完好状态。其主要内容有:

1. 贯彻执行计量法规,建立计量保证体系,并纳入质量保证体系。

2. 解决、提高与药品生产相适应的测量手段,配齐所需要的计量仪器设备,为药品质量的先进性和药品生产的高精度服务。

3. 规划、制定药品生产工艺过程中的计量管理制度。正确使用和维护计量仪器设备,建立操作规程与管理制度。

4. 按规定对本企业的计量器具与设备进行科学、合理的校验,在药品生产过程和质量检验中使用的计量器具,也应按要求进行检查、校验并有合格认证。决不允许没有经过校验的或不合格的计量器具和设备投入使用。

5. 做好计量管理的基础工作,如计量仪器设备的档案、使用与校验、检定记录,原始技术资料等方面内容的建立与保存。

6. 开展计量知识、计量技术、计量管理方面的人员培训工作,只有经过培训并考核合格的人员才能进行计量的技术和管理工作。

(二)计量器具与设备的使用行为规范

应当按照操作规程和校准计划定期对生产和检验用衡器、量具、仪表、记录和控制设备以及仪器进行校准和检查,并保存相关记录。校准的量程范围应当涵盖实际生产和检验的使用范围。

应当确保生产和检验使用的关键衡器、量具、仪表、记录和控制设备以及仪器经过校准,所得出的数据准确、可靠。应当使用计量标准器具进行校准,且所用计量标准器具应当符合国家有关规定。校准记录应当标明所用计量标准器具的名称、编号、校准有效期和计量合格证明编号,确保记录的可追溯性。衡器、量具、仪表、用于记录和控制的设备以及仪器应当有明显的标识,标明其校准有效期。不得使用未经校准、超过校准有效期、失准的衡器、量具、仪表以及用于记录和控制的设备、仪器。在生产、包装、仓储过程中使用自动或电子设备的,应当按照操作规程定期进行校准和检查,确保其操作功能正常。校准和检查应当有相应的记录。

(三)计量器具的维护

计量器具由企业工程维护部门根据生产检验等工作的需要,在质量管理部门监督与指导下,在对生产企业资质进行考核的基础上,进行统一采购。计量器具的入库由工程维护部门与仓库管理人员一起办理开箱验收手续,随机技术文件、说明书、合格证等应齐全,并由有关部门统一管理。

新购入的计量器具由工程维护部门负责建档,统一编号,建立台账、卡片,实行账、卡、物统一管理。计量器具必须有专人保管,保持计量器具的清洁卫生。各车间、部门领用计量器具时,须由质量管理部门审核和批准。计量器具使用人员必须熟悉使用说明,熟悉其性能、使用和维护保养方法。

第四节 制药用水

药品的制备离不开水,生产工艺过程需要用大量的水和高质量的水。制药用水质量的高低直接影响药品质量优劣,因此,必须对制药用水的制备、储存、分配和使用进行严格管理,确保制药用水的质量。

一、制药用水的有关概念及分类

水是药品生产过程中使用最为广泛和用量最大的。一般而言，药品生产过程中所用到的水，就是制药用水，也可称之为工艺用水。

就目前我国的药品生产企业而言，工艺用水包括自来水、饮用水、纯化水和注射用水。其中，饮用水、纯化水和注射用水都有明确的标准。自来水一般用于冷却用水、原料药生产过程中没有洁净要求的洗涤用水等；饮用水通常用作纯化水的原料和洗涤直接与药品接触的设备、容器的初级用水，饮用水并不直接与药品接触，也不作为工艺用水参与药品直接制造过程；纯化水为饮用水经蒸馏法、离子交换法、反渗透法或其他适宜的方法制得的制药用水，不含任何添加剂，水中的电解质几乎已完全被去除，水中不溶解的胶体物质与微生物微粒、溶解气体、有机物等已降至很低并在规定标准限度以下，并在使用前于终端进行精制处理的高纯度水。注射用水系指在纯化水的基础上，经过进一步处理，不含微生物和热原物质的水。注射用水虽然我国 GMP（2010 年修订）中没有给出明确的定义，但在一般的情况下是指以纯化水为水源或在纯化水质量的基础上而制备，并符合《中国药典》注射用水项目规定的水。

GMP（2010 年修订）规定：制药用水应当适合其用途，并符合《中国药典》的质量标准及相关要求；制药用水至少应当采用饮用水。制药用水主要有饮用水、纯化水和注射用水三种类别，其基本应用如下：

（1）饮用水：用于制备纯化水的水源；口服制剂瓶的初洗；设备、容器的初洗；中药材、中药饮片的清洗、浸润和提取。饮用水水质必须符合国家生活饮用水卫生标准（GB 5749-85）。

（2）纯化水：用于制备注射用水、纯蒸汽的水源；非无菌药品直接接触药品的设备、器具和包装材料最后一次洗涤用水；注射剂、无菌药品瓶的初洗；非无菌原料药精制。

（3）注射用水：用于无菌产品直接接触药品的包装材料，最后一次精洗用水；注射剂；无菌冲洗剂配料；无菌原料药精制；无菌原料药直接接触无菌原料的包装材料的最后洗涤用水。

《中国药典》（2010 年版）对纯化水、注射用水的标准规定如表 5-1 所示。

表 5-1 《中国药典》（2010 年版）纯化水、注射用水各项指标

检测项目	纯化水	注射用水
来源	本品为饮用水经蒸馏法、离子交换法、反渗透法或其他适宜方法制得的制药用水	本品为纯化水经蒸馏所得的水
性状	无色澄明液体，无臭，无味	无色澄明液体，无臭，无味
酸碱度	符合规定	—
pH	—	5.0~7.0
氨	0.3×10^{-6}	0.2×10^{-6}
硝酸盐	0.06×10^{-6}	0.06×10^{-6}
亚硝酸盐	0.02×10^{-6}	0.02×10^{-6}
电导率	符合规定	符合规定
总有机碳	≤0.50mg/L	≤0.50mg/L
重金属	0.3×10^{-6}	0.3×10^{-6}
易氧化物	符合规定	—
不挥发物	符合规定	符合规定
细菌内毒素（EU/ml）	—	小于 0.25EU
微生物限度	≤100 个 /ml	≤10 个 /100ml

二、制药用水管理

对制药用水管理的主要原则是:从制药用水制备、贮存、分配及使用的全部系统和过程都能够使制药用水符合相应的水质标准,纯化水、注射用水的制备、贮存和分配应当能够防止微生物的滋生,并对其进行全方位的质量监测,以保证其使用的安全。

GMP(2010年修订)规定:水处理设备及其输送系统的设计、安装、运行和维护应当确保制药用水达到设定的质量标准;水处理设备的运行不得超出其设计能力。

(一)制备

1. 原水(进料水)的处理 我国药品生产企业一般用自来水作为制药用水制备的最基础用水。自来水虽经由自来水厂进行沉淀、沙滤和氯离子处理,但由于水中的杂质相当多,所以还必须进行过滤,如碳滤,并根据需要加入凝结剂、软化剂、氧化剂、杀菌剂等处理,直至达到我国对饮用水的卫生标准。

需要注意的是,水源、水处理设备及处理后的水均应对化学污染、生物污染进行定期(一般以年为时间单位)监测,必要时还应对内毒素污染进行监测,并记录。

2. 纯化水的制备 纯化水的制备有多种方法,重要的是在了解这些方法的基础上,针对不同的药品(剂型)生产工艺的具体要求,结合本企业的生产设备和水源(进料水)质量、药品的质量目标选用合适的水处理方法与流程,以获得符合药品生产质量要求的纯化水。通常,在饮用水的基础上,纯化水的制备可以有以下几种方法。

(1) 离子交换法:该法使用带电荷的树脂,利用正负电荷相互吸引的原理,除去水中的金属离子。

(2) 电法去离子法:这也是一种离子交换系统,它使用一个混合树脂床,采用选择性渗透膜及电极来进行水的连续处理和树脂的连续再生。

(3) 电渗析法:该方法的特点是仅用静电及选择性渗透膜进行分离溶缩,并将金属离子除去。

(4) 反渗透法:这是一个制备质量与效率都较高而且用途较广、经济性较好的方法。它的原理是采用一个半透膜并用高压使水通过半透膜来改善水的化学、微生物、内毒素方面的质量指标。

(5) 大孔树脂法:它是采用阴离子大孔交换树脂来除去水中的有机物质和细菌、内毒素等。

(6) 过滤法:利用透过膜的超滤或利用其他过滤介质来除去有机物、固态杂质、细菌、内毒素等。

(7) 化学方法:它是利用一些化学物质(如添加剂、软化剂等)来去除悬浮物、微生物、金属离子、盐类杂质等。

这里需要指出的是,纯化水的制备是以饮用水为原料逐级处理而完成的。一种方法经常和另外一种(或几种)方法联用,方能达到目的或效果更好、更方便、更合理、更经济。

3. 注射用水的制备 注射用水与纯化水的区别主要在于内毒素的限制要求,药典对后者没有要求。一般来说,注射用水的制备水源是纯化水,由它或在它的基础上通过蒸馏方法而获得,水质应符合《中国药典》(2010年版)的注射用水标准。

蒸馏是通过加热蒸发、汽液分离和冷凝等过程,达到水中化学物质与微生物的进一步净化而控制内毒素的限度并符合质量要求。蒸馏水机的结构、性能、金属材料、操作方法以及原水水质等因素均会影响注射用水的质量。多效蒸馏水机的“多效”主要是节能,可将热能多次合理使用。

(二) 储存与分配

不论是纯化水还是注射用水,在制备后有可能是立即使用,也有可能是放置后使用;有可能是连续使用,也有可能是间隔使用。同时,还存在着不同的使用点和不同的使用距离,加之纯化水与注射用水的质量特性,易受污染而变质,且要求严格等,所以在储存与分配的环节上应从设计、材料、布局、安装、使用、管理等方面严格管理、科学要求、有效监控。

1. 储存与分配的设施　储存与分配的设施通常指储罐、水泵、管道、阀门等。设施的材料应无毒、耐腐蚀。设施的设计、安装、连接应尽量考虑缩短距离、避免死角、排除盲管、保持密封。选择设施容量既要满足生产、考虑发展,又要尽量有利于减少储存与停留时间,方便清洁、消毒与灭菌。

纯化水、注射用水储罐和输送管道所用材料应当无毒、耐腐蚀;储罐的通气口应当安装不脱落纤维的疏水性除菌滤器;管道的设计和安装应当避免死角、盲管。

2. 储存与分配的管理

(1) 保鲜:纯化水和注射用水水源的储罐和输送管道所用材料应无毒、耐腐蚀,其管道不应有不循环的静止角落,并规定灭菌、清洁周期,至少每周清洗灭菌一次。储罐的通气口应安装不脱落纤维的疏水性除菌滤器。注射用水应密闭储存,制备出来的水应在 8 小时之内用完,储存时间不超过 12 小时。超过 12 小时纯化水可采用循环,注射用水可采用 70℃以上保温循环;如超过 24 小时一般只能用于洗涤用水。生物制品生产用注射用水的要求更加严格,在制备后 4 小时或者 6 小时内就必须灭菌,灭菌用蒸汽不得对产品、设备或其他生产用具产生污染。

(2) 规程的制订:储存与设施的清洁与灭菌、检查与验证、记录等必须建立规程。要定期检查水质和进行水质的中间测试,保证用水的新鲜程度与质量,为此,应制订符合本企业实际情况的规程。对设施要定期进行清洗和灭菌,并按规定进行微生物限度的检查;储水前、空缸后要进行清洁卫生与灭菌检查;灭菌通常可以采用紫外线、化学消毒、热消毒等方法;遵守 GMP 规定的储存温度等要求。整个系统要进行全面验证,安装竣工使用前需要验证,投入使用后每隔一定周期也应进行验证。要从水质制备、水质监护、储存分配、维护保养等方面建立工艺与操作规程、管理制度。应当按照操作规程对纯化水、注射用水管道进行清洗消毒,并有相关记录。发现制药用水微生物污染达到警戒限度、纠偏限度时应当按照操作规程处理。

三、水质监测和记录

GMP(2010 年修订)规定,应当对制药用水及原水的水质进行定期监测,并有相应的记录。要建立水质制备、水质监护操作规程、管理制度,做好记录、定期分析与评价、资料档案等方面的基础管理工作。

(颜久兴)

第六章　物料与产品

药品是通过对各种物料加工、生产而成的，为确保药品生产质量，必须对原辅料进厂到成品的销售乃至使用全过程中的各个环节进行严格的管理和控制。原料、辅料和包装材料是药品生产的基础物质，是药品生产过程的第一关，其质量状况将会直接影响最终产品的质量。对于物料应着重从三个方面加强管理：一是要制定物料管理制度，使物流各环节有章可循；二是要建立物料管理系统，使物流清晰，具有可追溯性，有据可查；三是要加强仓储管理，确保物料质量。

第一节　物料及其质量标准概述

一、药品生产物料

（一）物料的概念

物料（materials）就是指原料、辅料和包装材料等。例如：化学药品制剂的原料是指原料药；生物制品的原料是指原材料；中药制剂的原料是指中药材、中药饮片和外购中药提取物；原料药的原料是指用于原料药生产的除包装材料以外的其他物料。制药行业中所指的物料包括生产所用的原料、辅料、中间体、成品、包装材料（含标签、说明书）等。

1. 原辅料　原辅料（raw materials and accessories）是指除包装材料之外，药品生产中使用的任何物料。其中，原料一般指用来加工生产的物质。在药品生产中，是指药品生产过程中除辅料外使用的所有投入物，所以原料除了产品所含的主药外，还应包括生产过程中的挥发性液体、过滤用助剂以及其他不作为最后产品成分的中间控制用原料等。我国《药品管理法》（2001 年修订）对辅料的解释为："生产药品和调配处方时所用的赋形剂和附加剂。"辅料是构成药物制剂必不可少的组成部分，虽无疗效，但其与制剂的成型、稳定性及成品的质量和药物代谢动力学方面都有密切的联系。根据剂型的不同、医疗要求的不同以及加入的目的不同，辅料一般分为赋形剂和附加剂两大类：前者是作为药物的载体，赋予各种制剂以一定的形态与结构，如片剂生产中加入的淀粉、糊精；后者主要用以保持药物与剂型的质量稳定，如注射剂生产中加入调节 pH 的酸、碱等。

2. 产品　产品（product）包括中间产品、待包装产品和成品。

3. 中间产品　中间产品（intermediate product）是指完成部分加工步骤的产品，尚需进一步加工方可成为待包装产品。

4. 待包装产品　待包装产品（bulk product）是指未进行包装但已完成所有其他加工工序的产品。

5. 成品　成品（finished product）是指完成所有生产操作步骤和最终包装的产品。

6. 包装材料　包装材料(packaging material)是指包装所用的材料,包括与药品直接接触的包装材料和容器、印刷包装材料,但不包括发运用的外包装材料。

7. 印刷包装材料　印刷包装材料(printed packaging material)是指具有特定式样和印刷内容的包装材料,如印字铝箔、标签、说明书、纸盒等。

(二) 建立物料和产品的操作规程

应当建立物料和产品的操作规程,确保物料和产品的正确接收、贮存、发放、使用和发运,防止污染、交叉污染、混淆和差错。物料和产品的处理应当按照操作规程或工艺规程执行,并有记录。物料管理制度的执行,必须建立在良好的物料管理系统的基础之上。一个现代化的制药企业十分重视物料管理系统的运行,有力地控制物料需求计划(material requirements planning,MRP),是企业运行质量好坏的一个关键;MRP 的进一步发展为企业的全面生产管理系统,即制造资源计划(manufacturing resources planning Ⅱ,MRP Ⅱ)和准时化生产(just-in-time,JIT)创造条件,MRP 和 JIT 都与物料管理和生产管理有关。物料管理系统的组织机构,即物料管理部门,在药品生产中起着重要的作用。

药品的质量源于设计,质量是生产和管理出来的,这是经检验证实了的。为确保药品生产的质量,必须对原辅料从进厂到成品的销售乃至使用全过程中的各个环节进行严格的管理和控制。原料、辅料和包装材料是药品生产的基础物质,是药品生产过程的第一关,其质量状况将会直接影响最终产品的质量。实施药品 GMP,必须从生产药品的基础物质抓起,对物料流转过程进行全面质量管理。通过严格、科学、系统的管理,使原料、辅料及包装材料从采购、验收、入库、贮藏、发放等方面,做到管理有章可循,使用有标准可依,记录有据可查,从而保证合格、优质的原料、辅料及包装材料用于药品的生产。

二、物料质量标准

在制药企业的物料管理制度中,最核心的是要确保物料符合质量标准。

(一) 物料应符合相应的质量标准

药品生产所用的原辅料、与药品直接接触的包装材料应当符合相应的质量标准。药品上直接印字所用的油墨应当符合食用标准要求。进口原辅料应当符合国家相关的进口管理规定。

关于药品生产的原辅料、包装材料、直接印字油墨、进口原辅料的管理规定,WHO-GMP 的 14.1 条款指出,“制药企业的主要目的是使用物料(起始物料和包装材料)生产供患者使用的药品,因此,应特别注意物料管理”。物料管理的核心是要确保物料符合相应的质量标准。

起始物料(starting material)是指药品生产中使用的符合既定质量要求的任何物料,但不包括包装材料。这一条是在 GMP(1998 年修订)第 39 条基础上修改而成的,原文为:药品生产所用的物料,应符合药品标准、包装材料标准、生物制品规程或其他有关标准,不得对药品的质量产生不良影响。进口原料药应有口岸药品检验所的药品检验报告。

食品标准(food standards)是以食用安全卫生为核心的,以食品安全法为依据的标准,也可称为食用标准;当然,食品不仅要不具毒性,而且还要有一定的营养价值。

食品添加剂(food additives)是指在食品生产、加工、保藏过程中添加和使用的少量化学合成物质或天然物质。食品添加剂必须无害和不影响食品的营养价值。

食用色素分为天然和合成两大类。食用油墨是由食用色素和食用级原料生产的,含有多种成分，一般含有30多种有机化学成分，原料安全等级低、生产环境洁净度低、监管相对宽松，安全性相对药用油墨低，多用于食品外包装的印刷和没有药用油墨时的临时替代油墨使用。

药用油墨是由天然胶原、药用色素及药用溶剂等经特殊工艺在达到GMP标准的车间生产的。生产企业必须通过国家GMP认证，取得药用油墨的批件，专用于药品（如硬胶囊、软胶囊、片剂等）的印字或图案。

GMP（2010年修订）规定："药品上直接印字所用油墨应当符合食用标准要求"，这是基本的要求；当然，最好使用药用油墨。与药品直接接触的包装材料主要指SFDA颁布的《直接接触药品的包装材料和容器管理办法》所规定注册药包材产品目录所包含的若干个品种，也就是WHO文件所指的"一级包装材料"或150文件所指的"药品初包装材料"。初包装材料（primary packaging materials）定义为："药物包装所用的包装材料，包括那些容纳、密封药品或用于剂量的应用并与之直接接触的包装材料。"

药包材国家标准，是指国家为保证药包材质量、确保药包材的质量可控性而制定的质量指标、检验方法等技术要求。在美国，FDA对药品包装材料和容器进行审批，公布"一般认为安全"（generally recognized as Safe ，GRAS）的材料名单。

GMP（2010年修订）附则对"包装材料"解释为：药品包装所用的材料，包括与药品直接接触的包装材料和容器、印刷包装材料，但不包括发运用的外包装材料。ICH-Q7（原料药GMP）对"包装材料"（packaging material）定义为：是指储存和运输中保护中间体或原料药的任何物料。我国规定：进口原辅料应当符合国家相关的进口管理规定。

（二）物料标准类型

目前，我国原辅料及包装材料采用的质量标准可以分为法定标准、行业标准、企业标准（执行标准）。

1. 法定标准　法定标准是国家颁布的对产品质量的最基本要求，是药品生产中必须达到的质量标准。目前我国在药品生产中执行的法定标准有：

（1）《中华人民共和国药典》：新中国成立后，《中华人民共和国药典》已经颁布了9版，即1953年版、1963年版、1977年版、1985年版、1990年版、1995年版、2000年版、2005年版、2010年版。现行版本是2010年版《中国药典》，其分为三部出版，一部为中药，二部为化学药，三部为生物制品，共收载品种4600余种。

（2）《中华人民共和国卫生部药品标准》和《国家食品药品监督管理局国家药品标准》：除《中国药典》规定的全国药品标准外，尚有《中华人民共和国卫生部药品标准》（简称《部颁药品标准》）、《国家食品药品监督管理局国家药品标准》（简称《局颁药品标准》），收载了国内已生产、疗效较好，需要统一标准但尚未载入药典的品种。上述部颁标准和局颁标准，其性质与《中国药典》相似，亦具有法律约束力，可作为药品生产、供应、使用、监督等部门检验药品质量的法定依据。

（3）《中国生物制品规程》：《中国生物制品规程》（以下简称《规程》），是我国生物制品的国家标准，是监督上市生物制品的法定依据。2000年修订的《规程》，加强了对生产用起始材料、原辅料的质控要求，规范了原液、半成品及成品的制造及检定要求，收载的生物制品种类达190种，各类生物制品的主要技术标准已达到WHO现行生物制品规程的标准，是监督生物制品生产、质控、经营和使用的有力武器。它的实施将促进我国生物制品技术的进步和质量提高，缩小与国外同类产品的差别，对中国的生物制品走向世界起到积极的推动作用。

(4) 进口药品标准：对于进口药品及原辅料，《进口药品管理办法》规定，国家对进口药品及原料实行注册审批制度。进口药品必须取得我国国家药品监督管理局核心发的《进口药品注册证》，并经国家药品监督管理局授权的口岸药品检验所检验合格。检验标准为现行版的《中国药典》、《部颁标准》、《局颁标准》或国际上通用的药典，对于上述药典或标准未收载的，应采用国家药监局核发《进口药品注册证》时核准的质量标准。

(5) 包装材料标准：我国 2004 年起施行的《直接接触药品的包装材料和容器管理办法》规定，生产、进口和使用药包材，必须符合药包材国家标准，药包材国家标准是指国家为保证药包材质量、确保药包材的质量可控性而制定的质量指标、检验方法等技术要求。它是由国家食品药品监督管理总局制定和颁布的。国家食品药品监督管理总局制定注册药包材产品目录，并对目录中的产品实行注册管理。对于不能确保药品质量的药包材，国家食品药品监督管理总局将公布淘汰的药包材产品目录。新型药包材应当按照规定申请注册，经批准后方可生产、进口和使用。《直接接触药品的包装材料和容器管理办法》规定，我国实施注册管理的药包材产品目录有：(a) 输液瓶（袋、膜及配件）；(b) 安瓿；(c) 药用（注射剂、口服或者外用剂型）瓶（管、盖）；(d) 药用胶塞；(e) 药用预灌封注射器；(f) 药用滴眼（鼻、耳）剂瓶（管）；(g) 药用硬片（膜）；(h) 药用铝箔；(i) 药用软膏管（盒）；(j) 药用喷（气）雾剂泵（阀门、罐、筒）；(k) 药用干燥剂。

总之，在药品生产中，除了原料药标准较为完善外，辅料及包装材料的药用规格标准尚不完善，在生产使用中，在本着安全无毒、性质稳定、不与药品反应、不影响药品质量的前提下，可采用其他国家标准。需要注意的是，在使用无法定标准的物料时应按规定向有关药品监督管理部门备案。

2. 行业标准　除了法定标准外还有行业标准和企业标准。行业标准是药品生产企业系统内部制订的，一般情况下高于法定标准，多用于开展同品种的评比、考核，或考察各个企业之间的质量、生产水平等，如大输液优级品标准。

3. 企业标准（执行标准）　是企业依据法定标准、行业标准和企业自身的生产技术水平、用户要求等制订的高于法定、行业标准的内控标准，目的是保证药品出厂后，确保其在规定期限内的质量，并对无法定标准的物料进行质量控制。

药品生产过程中所使用的原料、辅料、薄膜包衣预混材料及内包装材料等绝大部分为药用级并具批准文号，但执行标准较多，有药典标准、部颁标准、局颁标准和国际药典等。某些质量标准不能较好地适应于物料质量控制，如辅料的法定标准项目内容大多为通则形式，无规格指标，较难适用于对辅料的规格范围和性能具有特殊要求的产品使用；内包装材料的质量标准大多没有材料厚度、张力及规格内容，不同厂家的同类产品性能差异较大；薄膜包衣材料（预混剂）多为地方标准，均不注明材质配比，其处方配比具有较强的产品个体化特性。

在生产物料管理中，应针对每个产品的质量要求和工艺特点来选择生产物料的供应商。在执行法定标准的同时还必须根据这些物料对产品质量的影响程度来适当增加检测项目。就药用辅料而言，用于缓释制剂骨架材料的羟丙甲纤维素黏度规格较多并呈不同释放特性，不同型号的进口微晶纤维素与国产微晶纤维素在呈现黏合及促进溶出等性能方面差异较大，进口乳糖与国产乳糖粒径目数均匀性相差较大等，均应根据产品质量控制和生产工艺需要选择合适的物料供应商并合理增定相应的检测项目指标。对于药用 PVC 或铝箔等内包装材料而言，不同包装设备（如进口设备、国产设备以及不同机械结构设备）对包装材料适用性差异较大,应分别选择能够适应本企业不同包装设备的包材供应商,详细确定规格、尺寸、厚度等质量标准。用于薄膜包衣的预混剂应根据薄膜包衣产品的胃溶、肠溶、防潮、避光以及色彩等不同需求,通过试验来选择并固定供应商及相应产品。当供应商变化或供应商的原料、工艺等变更时,必须要做变更验证,并与供应商及时沟通。在生产实践中,供应商的变化,包括其原料、工艺等的改变,往往会造成成品质量的异动。

总之,物料质量标准是物料管理的基准,物料管理应从质量标准的审定及控制入手。生产技术部门应会同质量保证和质量检验部门,对每个物料供应商的质量标准进行详细研究,如法定标准无法有效地适用于物料质量控制(尤其是辅料和内包装材料),应合理增加控制项目或修订检测指标,形成具有个体化的执行标准(或内控标准),以适应药品的生产工艺和质量控制,确保药品生产质量的均一性和稳定性。

第二节 物料采购管理

物料管理的实质是企业供应链的管理。其基本思想是用系统的方法来进行管理,起始于原材料的供应商,经由工厂和仓库,止于最终顾客的信息流。供应链上任意一个环节的决策都会影响其他环节。这种供应协调默契不会自动形成,而需要通过对人、对原材料和时间的准确计划来实现。物料的采购不仅需要根据药厂对物料的实际使用数量与库存情况作出科学分析,还要与药厂的生产计划结合起来综合判断。

一、物料采购与生产计划制订的关系

对于一个生产型企业,要想生产出顾客需要的产品,就要制订出一套完整、适宜的生产计划,并按其计划组织实施。

计划是事先对未来应采取的行动所作出的规划和安排。计划既涉及目标,也涉及达到目标的方法。有效的计划是企业取得竞争优势的一个重要因素。在企业中,生产计划的编制相对于其他各项计划占有至关重要的地位,它包含了企业对产品、服务在未来一年间所作出的总体规划,包括经营目标、资金需求、采购需求、时程安排等,是企业财务资金计划的重要制定依据,企业的各项计划均围绕于生产计划进行。生产计划包含了年度综合计划、年度生产计划、半年度生产计划或季度生产计划、月度生产计划和作业计划。

年度生产计划是依据企业发展规划及年度综合计划进行编制的,由企业生产主管部门的中层管理人员根据市场预测和订货合同信息制订。其主要指标有产品品种、规格、产品质量指标、产量、产值、生产能力等内容。

在制药企业中,日生产计划的下达往往是以生产指令的形式下达,即一批药品的生产起始于该批产品指令的正式下达,以配制混合或物料管理部门确定生产批号,下达批生产文件为标志。由指定人员负责接收下达的批生产文件,核对无误后,开始执行生产指令。

二、供应商质量评估与确定

(一)供应商的质量评估

GMP(2010 年修订)规定:物料供应商的确定及变更应当进行质量评估,并经质量管理部门批准后方可采购。这一条是有关物料供应商及采购物料的规定。这一条是在 GMP(1998 年修订)第 41 条基础上修改而成的,原文为:药品生产所用物料应从符合规定的单位购进,

并按规定入库。WHO-GMP 第 14.8 条款规定：起始物料只能从经过批准的供应商采购，并应尽可能直接向制造商购买。建议药品生产企业与供应商讨论确定起始物料的质量标准。药品生产企业最好与供应商在起始物料生产和控制的所有关键方面达成协议，如生产加工、贴签、包装要求、投诉以及产品不合格的判定程序等。ICH-Q7 的 7.12 条款要求：应当从质量部门批准的一个或多个供应商按标准采购物料。GMP（1998 年修订）规定：质量管理部门应会同有关部门对主要物料供应商质量体系进行评估。GMP（2010 年修订）第十章第七节专门对“供应商的评估和批准”作出规定。

（二）供应商的确定

1. 初步选择　药品的质量与生产中所选用的原辅材料的质量有着极为密切的关系，从某种程度上来说，原辅材料质量一旦确定，成品的质量也就随之确定了，而且成品的质量绝对超不过原辅材料的质量水平。因此采购原辅材料时，必须对生产企业有无法定的生产资格进行确认，对生产企业的产品质量和质量保证体系进行考察、审计或认证，然后对生产企业的生产能力、市场信誉进行深入地调查。

在供货单位确认后，实施定点采购。一般情况下，不要对供货企业进行经常性的变更，一是便于供货单位熟练掌握所提供原辅材料的生产工艺，确保提供高质量的原辅材料；二是便于本企业及时发现和帮助解决供货单位在生产过程中出现的问题和遇到的困难，共同提高原辅材料的质量，保证生产需要。

药品生产所用的物料，应符合国家药品标准、包装材料标准及其他有关标准的要求，不得对药品的质量产生不良影响。物料采购部门以企业制订的原辅料及包装材料标准作为寻求供货单位的依据，同时注意收集供货单位的质量标准及检验方法，以便质量管理部门进行比较和核对。

物料采购部门将企业制订的质量标准与供货单位能达到的质量标准进行对照，如能达到或基本达到企业制订的质量标准，则应进一步了解供货单位的情况，包括人员、证照、产品生产设备、产品工艺流程图、工艺卫生状况、质量管理机构及工厂资质信誉等，并根据这些基本情况对供货单位进行初步选择。

2. 索样检验　根据我国法律规定，出售产品必须符合有关产品质量的法律、法规的规定，符合标准或合同约定的技术要求，并有检验合格证。禁止生产、经销没有产品检验合格证的产品。因此，采购原辅材料时应向销售单位索取产品检验合格证、检验证书。向初选合格的工厂索取小样，送质量管理部门检验。同时，将本企业的质量标准交给对方，让对方按标准进行检验，看是否能够达到质量标准要求。

需要对供应商提供的样品进行检验，判断其质量水平。检验结果符合企业物料的执行标准之后，才可以将供应商定为初步合格供应商。如果是主要物料供应商，接下来要购买其足够生产三批产品的物料，三批产品进行稳定性考察合格之后，才能定为合格供应商。

3. 质量审计　小样检验合格后，初选过程中收集的资料又表明供货单位很可能成为本企业值得信赖的供应商时，质量管理部门应会同物料采购部门按质量审计的要求对供货单位进行正式调查，即质量审计。

供货单位应具备的条件是：

(1) 证照齐全，并且有主管部门批准的允许生产该产品的法律文件。

(2) 厂房设施与设备能符合物料生产质量要求。

(3) 质量保证体系完善,其生产过程能得到有效控制。

(4) 产品包装符合要求,质量稳定,信誉良好。

(5) 各种文件及记录规范、科学、合理。

(6) 人员素质高,技术力量雄厚。

4. 工艺验证与合同 从质量审计结果满意的单位采购少量物料,例如:采购 1~3 批成品相应量的原辅料或包装材料,生产 1~3 批成品,进行工艺验证,注意观察生产过程中可能出现的偏差。然后将成品与正常生产的产品进行对照检查,并比较结果。必要时应进行产品贮藏稳定性的考查,符合质量要求者可判为合格。该单位即可成为本企业认可的供货单位。质量管理部门应将审计结果及时向物料采购部门通报。

物料采购部门从质量管理部门审计合格的单位采购原辅料和包装材料。同时,在签订经济合同时,除了按合同规定要求,如买卖双方、标的、数量、价格、规格、交货地点、违约责任等一般内容外,应特别要注明原辅材料质量标准要求和卫生要求。

(1) 供货单位再审查:供货单位的质量审查应定期进行,通常为 1~2 年审查一次。当供货单位与产品质量有关的重要因素发生变动,有可能对本企业的产品造成影响时,可随时进行再审查。

(2) 供货单位的更换:每种物料均应选择 2~3 家质量审计合格的供货单位。

供应商确定后,一般不轻易更换,但如果对供货单位提供的物料出现两次以上的投诉(质量原因、交货原因、财务原因等)或者市场变化有更合适的供货单位出现时,质量管理部门或物料采购部门可以提出更换供货单位的要求,但必须按供货单位质量审计程序,由质量管理部门会同物料采购部门,重新确认新的供货单位。中药材的产地要相对固定。采购进口原料药应有口岸药品检验所的检验报告。

三、物料采购管理

(一) 采购的基本任务

1. 保证本企业物料的正常供应,支持生产经营活动的顺利运作;

2. 持续改进采购过程和供应商的管理过程;

3. 控制、减少所有与采购相关的成本;

4. 建立可靠、安全、最优的供应配套体系,既要使采购活动尽量集中,降低费用,又要避免独家供应商,防止垄断供应的风险;

5. 建立供应商审核、认可、评估体系。

(二) 采购管理

供应商一旦确定,企业即将进行生产,此时采购计划也就提上了议事日程。现代制药企业,一般由生产部门根据销售计划来确定生产计划,并进而计算确定物料的采购需求计划。目前,很多制药企业还实施了制造资源计划(manufacturing resource planning Ⅱ,MRP Ⅱ),或企业资源计划(enterprise resource planning,ERP),根据该系统作出最后的采购计划。

采购计划一旦制定,应严格按照其进行采购。如果确实因为生产计划改变,应及时调整采购计划,并及时进行采购。

第三节　物料仓储管理

一、物料仓储管理的一般要求

(一) 验收

原辅材料进厂后，由仓储部门派专人按规定程序进行验收。验收时应注意以下几点，这也是必须在验收程序中重点强调的：①审查书面凭证：原辅材料到货后，验收人员对随货到达的书面凭证，如合同、订单、发票、产品合格证等进行逐项审查，确定这些单据的真实性、规范性和所到货物的一致性。②外观目验：审查完书面凭证之后，如没有问题，对照书面凭证从外观上逐项核对所到原辅材料的品名、批号、厂家、商标、包装有无破损、原辅材料有无受到污染等情况，大致判断所到货物的品质；填写到货记录。③根据上述审查和目验的实际情况，记录到货原辅材料的一般情况，如品名、规格等；收料情况，如收料日期、数量及收料人等；供货方情况，如厂名、厂址等；外观情况，如包装容器、封闭、破损情况等。填写记录要真实准确，要有验收人员和负责人的签名。收货记录单见表 6-1。

表 6-1　收货记录单

编号：

<table>
<tr><td>材料名称</td><td></td><td>代号</td><td></td><td>批号</td><td></td></tr>
<tr><td>订购单号</td><td></td><td>订购数量</td><td></td><td>供应商 / 生产单位</td><td></td></tr>
<tr><td>收料日期</td><td></td><td>收料数量</td><td></td><td>收料总数量</td><td></td></tr>
<tr><td>包装件数</td><td></td><td>单位包装量</td><td></td><td>包装形式</td><td></td></tr>
<tr><td>材料接收人</td><td></td><td></td><td>供应单位批号</td><td colspan="2"></td></tr>
<tr><td colspan="2">实际单价</td><td colspan="2">总价</td><td>记账人</td><td></td></tr>
<tr><td>外汇</td><td>人民币</td><td>外汇</td><td>人民币</td><td rowspan="2">仓库主管</td><td rowspan="2"></td></tr>
<tr><td></td><td></td><td></td><td></td></tr>
<tr><td colspan="6">备注：</td></tr>
</table>

原辅料接收具体工作如下：

(1) 按照采购部下达的原材物料入库计划或到货通知所注明的材料名称、规格、数量及到货日期，按不同物资的类别提前准备好待验货位。

(2) 由供应厂商送货或采购部派车自提来的原材物料，仓库管理人负责按规定进行初步验收。要对照入库计划和对方的送货单核对、验收、清点实物。原辅料上所标示的品名、规格、数量、批号、供货单位等内容应与购货合同及供货单位所提供的检验报告单上的内容一致。查明品种、规格、数量、包装、批号无误后方可签发对方的送货回执或派车完工单。

初检后同意收货的原辅料由仓库根据企业的编号原则进行统一编号，以避免发生混药现象。然后填写原辅料收料记录、原辅料总账及原辅料库卡。

(3) 在验收过程中若发现品种、规格、数量、批号与送货单、生产厂商来料化验单或入库计划不相符或未附有生产厂商检验单应立即通知仓库工段长和主管采购员以便及时妥善解决。

(4) 物料的包装应无受潮、破损、虫蛀等现象。物料的标签应完好,标示内容应规范齐全。凡不符合上述要求的,仓库有权利予以拒收。在验收过程中若发现个别外包装由于运输略有损坏,但不影响内包装的原辅料,在入库后要进行整理。对严重损坏的以不合格品处理。

(5) 将验收无误的原材物料,首先置于外包装清洁区清洁外包装,按规定分区存放,然后逐件贴上待验证(除袋装及包装材料按货盘挂上待验证),再按类别分批号码放整齐,用叉车放入待验货位。码放时不得高于两个货盘,贴有货物标签的部位必须向外以便于识别,码在货盘上的原材物料不得宽出货盘。

(6) 按照实际验收的情况详细填写收料单。注明品名、规格、数量、批号、外包装状况等。收料单一式四份,第一联仓库留底待查,第二、三联转主管采购员以便结算付款及留存使用,第四联交财务留存,并记录总账内。

(7) 及时填写原辅料请验单(表 6-2),连同供货单位或口岸药检所的检验报告单一起交质量管理部门抽样检验。凡入库的原材物料,若上午进库应在 4 小时之内,若下午进库最晚在第二天上午 9∶30 以前将送验单送交 QA 主管人员。遇特殊情况须经储运部、采购部及 QC 主任签字后办理加急化验。

表 6-2 原辅料请验单

编号:

<table>
<tr><td>样品名称</td><td></td><td>请验部门</td><td></td></tr>
<tr><td>编号</td><td></td><td>批号</td><td></td></tr>
<tr><td>供货单位</td><td></td><td>请验日期</td><td>年 月 日</td></tr>
<tr><td colspan="4">规格: 件数: 总量:</td></tr>
<tr><td colspan="4">备注:</td></tr>
</table>

(8) 根据库存原材料的使用情况应及时与 QA 或 QC 联系检(化)验结果,仓库人员每周一次填写待验材料报表。

(9) 仓库保管员将贴有合格证的原材料做必要的库位转移。

(10) 收到原材料不合格通知单后,应将已贴不合格红色标签的不合格材料转到“不合格区域”进行登记,通知主管采购员,并经采购部经理批准后,办理退货,换货或由厂商挑选后再行使用,返回的原材料需重新申请检(化)验。

(11) 不合格的原材料需出库退货或换货时,应由采购员办理出库手续,方可放行,换回的原材料仍按正常程序验收并将原出库手续退还采购员。

(二) 入库检验

(1) 质管部门接到原辅料请验单后,派取样员按取样规则取样,取样后重新封好,做好清洁工作,贴上取样证,并填写原辅料取样记录。

(2) 原辅料的取样宜在取样室或取样区进行,其环境洁净级别宜与配料室相同。原辅料送到取样室前,应用适当的方法对原辅料的外包装进行清洁,在取样区内,同一时间只能对同一批号进行取样,所用容器及取样器具要保持清洁,要有适当的防止交叉污染的措施。

(3) 取样员负责将样品分成三份,分别贴上取样标签,内容应包括品名、规格、数量、批号、供货单位等,将样品及请验单、供货方提供的检验报告单交质量检验人员,分别做原辅料留样、化学分析等,并做好留样记录。留样应保存至药品质量负责期后一年。

(4) 根据检验结果,质管部门向仓库下达原辅材料检验报告单,并按货物的件数发放合格证或不合格证,由仓库人员负责将其粘贴或悬挂在适当的位置。

(三) 储存与养护

仓储保管和养护人员应对原辅料和包装材料的性质以及影响原辅材料和包装材料质量的各种因素有一个充分地了解,在此基础上,对其进行保管和养护。

(1) 仓库管理员根据检验结果,将货物移入相应合格品区或不合格品区,亦可解除待检标志,将货物标上合格与否的状态标志。

物料状态标识包括物料质量情况状态标识和物料信息标识两类。物料的质量情况状态标识分为三类,分别为“待验”、“合格”、“不合格”,并分别采用黄、绿、红三种不同色标来进行醒目区分。状态标识的内容及格式如图 6-1 所示。

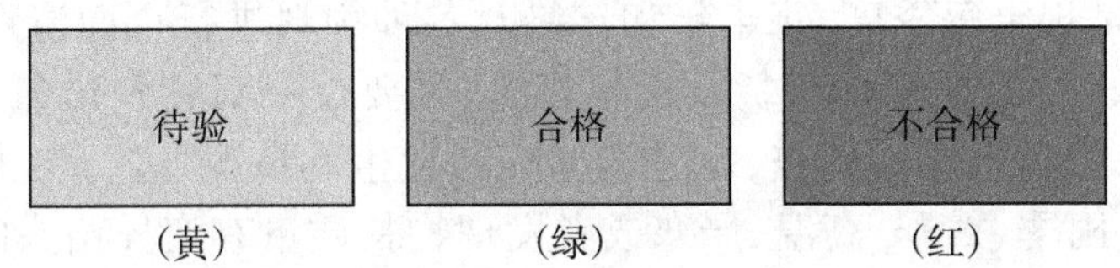

图 6-1　物料状态标识图

待验:黄色色标,其中印有“待验”字样。其含义为物料在允许投料或出厂前所处的搁置、等待检验结果的状态。

合格:绿色色标,其中印有“合格”字样。其含义为物料、中间产品或成品可允许使用或批准放行的状态。

不合格:红色色标,其中印有“不合格”字样。其含义为物料、中间产品或成品不能使用或不准放行的状态。

(2) 检验合格的原辅料,入库后填写库存原辅材料货位卡和分类账,记录收发结存情况。

(3) 存放待验、合格、不合格原辅材料时要严格分开,按批次存放。不合格原辅料,要按不合格原辅料处理程序妥善处理,由质量管理部门做出限定性使用或退货处理的决定,并建立不合格产品台账。

(4) 原辅料不得露天存放,露天堆放易受阳光、水、空气、风、虫、鼠等自然条件的侵蚀,使原辅料霉变变质。

(5) 原辅料要与包装材料、成品分库或分区存放。固体和液体原料要分库存放;挥发性物料要有防止污染其他物料的措施;对易燃易爆、毒性大、腐蚀性强的危险品,应设置危险品库,并严格执行国家有关危险品的运输、贮存、使用的安全管理规定;麻醉药品、精神药品、毒性药品(包括药材)、贵细药材、放射性药品的验收、贮存、保管、发放、使用、销毁,要严格执行国家有关规定;菌毒种的验收、储存、保管、使用、销毁应执行国家有关医学微生物菌毒种保管的规定。

(6) 对温、湿度或其他条件有特殊要求的物料、中间产品和成品,应按规定条件贮存,并做好仓库温、湿度记录。

(7) 不同的原辅料应根据其稳定性情况,分别制定贮存期,一般不超过三年,期满后应按质量标准全项复检,合格者方能使用,并执行复检后贮存期限的规定。原料在贮存期间,可以定期抽样检验,视具体情况可三个月、六个月或十二个月抽检一次。

(8) 存放区应照明、通风良好，无鼠、无虫、无霉，保持整洁、干燥。货物的堆放离墙、离地、货行间都必须留有一定距离，以便于运输和消防，便于执行“先进先出、先产先出、易变先出、近期先出”的发货原则，以确保库存物料自身的质量始终保持在较为新鲜的良好状态。高位货架的货区、货巷、货架应用不同颜色、数字清晰表示。

(9) 按规定的物料使用期限储存，无规定使用期限的，其储存期一般不超过三年，期满后应复验。储存期内如有特殊情况应及时复验。

(10) 仓库应保持清洁卫生和干燥，应按库房清洁规程定期清洁。通道要畅通，垛码要井然有序，整齐美观。加强安全措施，确保仓库物料的安全。

(11) 仓库应有防虫、防鼠、防霉等措施。

(12) 要实行定期盘点与不定期检查结合，数量核对与质量检查相结合的储存方法。所谓定期盘存，一般是规定每季度、每半年和年终对各种物料进行全面清点，在清点过程中，既要核对物料的数量，保证账、卡、货及货位相符，又要逐一对物料质量进行检查，对不合格的应及时处理。所谓不定期检查，就是根据临时发生的情况，进行突击全面检查或局部抽查，一般是风期、雨季、霉季、高温、严寒或者发现物料质量有变异苗头的时候，仓储人员应安排好这一工作，以便做到及时发现问题及时处理问题，并做好质量检查登记处理记录。

(四) 发放

GMP(2010 年修订)规定：物料和产品应当根据其性质有序分批贮存和周转，发放及发运应当符合先进先出和近效期先出的原则。

这一条是有关物料和产品的贮存和周转，以及发放及发运的规定。WHO-GMP 的 14.5 条款规定：所有物料和产品应在企业所规定的条件下有序地分批储存，并按照先进先出的原则周转。物料仓储管理的核心是保证物料的质量不发生变化，不发生差错。科学的仓储管理要做到：安全储存，降低损耗，科学养护，保证质量，收发迅速，避免事故。物料发放及发运应当符合先进先出(first in ,first out, FIFO)和近效期先出的原则。

(1) 发料原则：“三查六对”原则，“三查”是指：查核生产或领用部门、领料凭证或批生产指令、领用器具是否符合要求；“六对”是指：对“货号、品名、规格、单位、数量、包装”。仓库按生产指令或生产部门领料单计量发放。所发原辅料必须是合格品，不合格原辅料不得发放。

(2) 仓库按车间填写的需料送料单备料。仓库所发原辅料必须包装完好，有合格标志，有原辅料检验报告单。物料的标签与标志应与物料一致。送发料时要按“四先出”原则，即：“先产先出、先进先出、易变先出、近期先出”，按规定要求称量计量，并填写仓库称量记录表。

(3) 送料员与仓库管理员核对实物后，把原辅料送到生产部门指定地点，送料员与生产部门收料员根据生产文件核对原辅料品名、规格、批号、数量及检验合格证等，发料、送料、收料人均应在需料送料单上签名。

液体贮料的发料，按需料送料单将原辅料送至生产部门。发料、收料人以体积换算成重量后在需料送料单上签名。运输过程中，物料外面要加保护罩。

(4) 每次发料后，仓库管理员要在库存货位卡和台账上填清货物去向，包括所生产的制剂品种、批号等，以便追溯。库存原辅料应定期盘存，填写原辅材料盘存报表。

(5) 装在容器内的原辅料如分数次领用时，发料人应在容器上标以领发料清单，发料时要复核存量，如有差错，应查明原因。

为了避免在多次打开包装的情况下造成污染，应要求药品生产企业在与生产车间洁净级别相同的环境下进行称量。

(6) 易变质、易受微生物污染的原辅料在使用前，超过规定贮存期的原辅料，未规定使用期限但已贮存三年的原辅料都必须抽样复检，合格后方可发放。复检合格的原辅料，应执行复检后的贮存期规定。贮存期内如有特殊情况应及时复检。

(7) 麻醉药品、精神药品、毒性药品、放射性药品的发放、使用，应执行双人双锁、专人管理，并及时做好记录，记录至少应有两人签字。

（五）运输

GMP（2010 年修订）规定：物料和产品的运输应当能够满足其保证质量的要求，对运输有特殊要求的，其运输条件应当予以确认。

这一条是对物料和产品运输的质量保证要求。对运输有特殊要求的包括：如需用冷藏设备的，就要对运输条件予以确认；而对于危险化学品的物料和产品的运输，必须注重安全，因为危险化学品的物料多数具有易燃、易爆的特征，运输中还会受到气候、地势及环境等的影响，因此危险化学品的物料和产品的运输安全要求较高，运输资质要依法经过认定。当然，对于麻醉药品等特殊管理的药品及其物料的运输也应按相关规定执行。

二、物料仓储管理的其他规定

（一）退货管理

1. 有关退货建立操作规程的规定　GMP（2010 年修订）规定：企业应当建立药品退货的操作规程，并有相应的记录，内容至少应当包括：产品名称、批号、规格、数量、退货单位及地址、退货原因及日期、最终处理意见。同一产品同一批号不同渠道的退货应当分别记录、存放和处理。

GMP（1998 年修订）规定：药品生产企业应建立药品退货和收回的书面程序，并有记录。药品退货和收回记录内容应包括：品名、批号、规格、数量、退货和收回单位及地址、退货和收回原因及日期、处理意见。因质量原因退货和收回的药品制剂，应在质量管理部门监督下销毁，涉及其他批号时，应同时处理。

2. 有关退货管理的规定　GMP（2010 年修订）规定：只有经检查、检验和调查，有证据证明退货质量未受影响，且经质量管理部门根据操作规程评价后，方可考虑将退货重新包装、重新发运销售。评价考虑的因素至少应当包括药品的性质、所需的贮存条件、药品的现状、历史，以及发运与退货之间的间隔时间等因素。不符合贮存和运输要求的退货，应当在质量管理部门监督下予以销毁。对退货质量存有怀疑时，不得重新发运。对退货进行回收处理的，回收后的产品应当符合预定的质量标准和相关要求。退货处理的过程和结果应当有相应记录。

WH0-GMP 的 14.33 条款和 EU-GMP 的 5.65 条款均有相同的规定。

（二）产品回收的规定

GMP（2010 年修订）规定：产品回收需经预先批准，并对相关的质量风险进行充分评估，根据评估结论决定是否回收。回收应当按照预定的操作规程进行，并有相应记录。回收处理后的产品应当按照回收处理中最早批次产品的生产日期确定有效期。

WHO-GMP 的 14.29 与 14.30 条款都涉及产品回收。EU-GMP 的 5.63 条款规定：只有经预先批准，方可将以前生产的所有或部分批次的合格产品，在某一确定的生产工序合并到同一产品的一个批次中予以回收。应对相关的质量风险（包括可能对产品有效期的影响）进行适当评估后，方可按预定的规程进行回收处理。回收应有相应记录。

（三）不合格物料管理

1. 有关不合格的物料、中间产品、待包装产品和成品标志与保存的规定 GMP（2010年修订）规定：不合格的物料、中间产品、待包装产品和成品的每个包装容器上均应当有清晰醒目的标志，并在隔离区内妥善保存。

WHO-GMP 的 14.28 条款和 EU-GMP 的 5.61 条款均有明确的规定，即：不合格的物料和产品均应有清晰醒目的标志，并存放在单独的控制区内，既可退回给供应商，也可在一定条件下返工，或作报废处理。不管采用哪种方式处理，均应经受权人员批准并有相应记录。ICH-Q7 的 7.44 条款规定：拒收物料应当进行标识并在隔离系统下进行控制，以防止未经许可而用于生产。ICH-Q7 的 14.50 条款规定：应当对所退回的中间体或原料药进行标识并隔离。

2. 有关不合格的物料、中间产品、待包装产品和成品处理的规定 GMP（2010年修订）规定：不合格的物料、中间产品、待包装产品和成品的处理应当经质量管理负责人批准，并有记录。

对不合格的物料、中间产品、待包装产品和成品的处理要求应当经过质量管理负责人批准，并有记录。WHO-GMP 的 14.28 条款和 EU-GMP 的 5.61 条款表述为受权人员，与质量管理负责人并无矛盾之处。这要根据我国现行 GMP 以及企业的授权或职责来定。ICH-Q7 的 14.52 条款规定：应当有中间体或原料药退货记录。每次退货应记录如下内容：

（1）收货人的名称和地址；

（2）中间体或原料药的批号，以及退货数量；

（3）退货原因；

（4）中间体或原料药退货的用途或处理。

（四）有关返工的规定

1. 返工处理规定 GMP（2010年修订）规定：制剂产品不得进行重新加工。不合格的制剂中间产品、待包装产品和成品一般不得进行返工。只有不影响产品质量、符合相应质量标准，且根据预定、经批准的操作规程以及对相关风险充分评估后，才允许返工处理。返工应当有相应记录。

ICH-Q7 原料药 GMP20 “术语”中将“返工（reprocessing ）”定义为：是将不符合标准或规格的中间体或原料药返回工艺过程，重复已规定的生产工艺中的某一结晶处理步骤或其他恰当的物理或化学处理步骤（如蒸馏、过滤、层析、磨粉）。中间控制测试表明某一工艺步骤未完成而继续该工艺步骤，这被认为是正常工艺的一部分，而不是返工。

将“重新加工（reworking ）”定义为：是将不符合标准或规格的中间体或原料药用一个或多个不同于已制订的生产工艺步骤进行处理以使其质量符合要求（如：用不同溶剂进行再结晶）。ICH-Q7 的 14.2 “返工”有 14.20、14.21、14.22 三个条款；14.2 “重新加工”有 14.30、14.31、14.32 三个条款，可供参考。

欧盟 GMP 的 5.62 条款规定：不合格产品的返工应属例外。只有不影响最终产品质量、符合质量标准，且根据预定、经批准的规程对相关风险评估后，才允许返工处理。返工应有相应记录。

2. 再加工后稳定性考察规定　是有关返工或重新加工或回收合并后生产的成品检验和稳定性考察的规定。GMP(2010 年修订)规定:对返工或重新加工或回收合并后生产的成品,质量管理部门应当考虑需要进行额外相关项目的检验和稳定性考察。

这一条是关于返工或重新加工或回收合并后生产的成品检验和稳定性考察的规定。WHO-GMP 的 14.31 条款规定:质量控制部门应考虑对返工处理后的产品或回收处理合并的成品进行附加检验。EU-GMP 的 5.64 条款也有相同的规定。ICH-Q7 的 8.17 条款规定:对需要返工或重新加工的物料应当有恰当的控制,以防止未经批准而使用。

(五) 关于特殊管理药品验收、贮存、管理的规定

GMP(2010 年修订)规定:麻醉药品、精神药品、医疗用毒性药品(包括药材)、放射性药品、药品类易制毒化学品及易燃、易爆和其他危险品的验收、贮存、管理应当执行国家有关的规定。

这一条是在 GMP(1998 年修订)基础上修改而成的,原文是:麻醉药品、精神药品、毒性药品(包括药材)、放射性药品及易燃、易爆和其他危险品的验收、储存、保管要严格执行国家有关的规定。菌毒种的验收、储存、保管、使用、销毁应执行国家有关医学微生物菌种保管的规定。

三、仓储设施管理

(一) 有关使用计算机化仓储管理的规定

GMP(2010 年修订)规定:使用计算机化仓储管理的,应当有相应的操作规程,防止因系统故障、停机等特殊情况而造成物料和产品的混淆和差错。使用完全计算机化仓储管理系统进行识别的,物料、产品等相关信息可不必以书面可读的方式标出。

WHO-GMP 的 14.13 条款最后一段落与这一条的第二款相同。EU-GMP 基本要求附录 11 将“计算机系统(computer System)”定义为:为完成某一功能或一组功能而由硬件、设计的相关软件组成的组合体。将“计算机化系统(computerized System)”定义为:与计算机系统组成一体的一种工艺或一种操作。药品生产及仓储管理中应用计算机已是十分普遍的事情。计算机化药品生产已有规范化文件进行指导,例如,美国 FDA 的《药品生产过程计算机系统检查指南》。计算机化系统是包括计算机系统在内的系统,计算机化系统是指受控系统、计算机控制系统,以及人机接口的组合体系。

(二) 仓储养护设施

1. 避光设施　有些药物对光敏感,在保管过程中必须采取相应的避光设施。除包装必须采用避光容器或其他避光材料包装外,物料在库贮存期间应尽量置于阴暗处,对门、窗、灯具等可采取相应的措施进行避光,特别是一些大包装物料,在拆开使用后剩余部分应及时避光密闭,防止漏光,造成物料氧化分解、变质失效。

2. 保温和降温设施　温度过高,会使许多物料变质,特别是生物制品、疫苗、血液制品等对温度要求更加严格。为使在库药品温度不会造成药品质量影响,仓库应备置排气扇、空调机、冰箱或冷藏库等设施。

3. 降湿和升湿设施　湿度与温度一样,过高或过低同样会对药品质量造成影响,亦需要购买一些降湿或升湿的设施,如钙镁吸湿剂、硅胶或吸湿机等降湿,喷雾设备、盛水容器等升湿。

4. 防鼠防虫设施　库房内物料堆集,虫鼠容易侵入,造成损失。可采用电猫、鼠夹、鼠笼等工具加强库内灭鼠,也可以采用灭虫灯、杀虫药物等杀灭各类昆虫。

第四节 包装材料管理

一、药品包装材料管理

(一) 对与药品直接接触的包装材料和印刷包装材料的管理及控制要求

GMP(2010年修订)规定:与药品直接接触的包装材料和印刷包装材料的管理和控制要求与原辅料相同。

包装(packaging)是药品不可缺少的组成部分,必须选择恰当的(药品)包装材料(packaging material),简称药包材,及合适的包装方式方法,才能够真正有效地保证药品质量;而直接接触药品的包装材料和印刷包装材料与药品质量密切相关。SFDA在2004年发布的《直接接触药品的包装材料和容器管理办法》正是体现了药品管理法律法规对公众用药安全有效的重视。该办法第68条明确定义"药包材"就是指药品生产企业生产的药品和医疗机构配制的制剂所使用的直接接触药品的包装材料和容器。WHO-GMP将"包装材料(packaging material)"定义为:任何用于药品包装的材料(包括印刷材料,但用于运输的外包装除外)一级包装材料是直接与产品接触的材料。这一条与WHO-GMP的14.19条款、EU-GMP的5.40条款类同,即:内包装材料和印刷包装材料的采购、管理和控制要求与原辅料相同。

(二) 有关药品包装材料发放操作规程的规定

GMP(2010年修订)规定:包装材料应当由专人按照操作规程发放,并采取措施避免混淆和差错,确保用于药品生产的包装材料正确无误。

WHO-GMP的14.20条款、EU-GMP的5.41条款的有关内容与这一条类同,即:只能由专人按照经批准的书面规程发放包装材料。

(三) 有关印刷包装材料设计、审核、批准的操作规程的规定

GMP(2010年修订)规定:应当建立印刷包装材料设计、审核、批准的操作规程,确保印刷包装材料印制的内容与药品监督管理部门核准的一致,并建立专门的文档,保存经签名批准的印刷包装材料原版实样。

该部分内容是在GMP(1998年修订)基础上修改而成的。原文是:药品的标签、使用说明书必须与药品监督管理部门批准的内容、式样、文字相一致。标签、使用说明书须经企业质量管理部门校对无误后印制、发放、使用。

WHO-GMP的4.20条款和EU-GMP的5.41条款强调:应特别注意印刷包装材料,它们应存放在足够安全的区域内,以免未经批准的人员进入。切割式标签或其他散装印刷材料应分别置于封闭容器内贮运,以防混淆。只能由专人按照经批准的书面规程发放包装材料。

(四) 有关印刷包装材料版本变更的规定

GMP(2010年修订)规定:印刷包装材料的版本变更时,应当采取措施,确保产品所用印刷包装材料的版本正确无误。宜收回作废的旧版印刷模板并予以销毁。

包括标签和说明书在内的印刷性包装材料是药品包装的重要组成部分,也是实物包装不可缺少的组成部分。SFDA在2006年3月发布的《药品说明书和标签管理规定》,进一步规范了药品说明书和标签,加强了药品名称使用的管理,指导公众健康科学合理用药,维护

公众健康利益。因此,应确保版本变更时要采取措施使产品所用印刷包装材料的版本正确无误,且要将收回作废的旧版印刷模板予以销毁。

（五）有关印刷包装材料、切割式标签储运的规定

GMP(2010 年修订)规定:印刷包装材料应当设置专门区域妥善存放,未经批准人员不得进入。切割式标签或其他散装印刷包装材料应当分别置于密闭容器内储运,以防混淆。

WHO-GMP 的 4.20 条款和 EU-GMP 的 5.41 条款的规定已如前述。

（六）有关印刷包装材料保管、发放的规定

GMP(2010 年修订)规定:印刷包装材料应当由专人保管,并按照操作规程和需求量发放。

这一条与第 121 条都是有关药包材发放的规定,只不过本条涉及的是印刷包装材料。

（七）有关批识别标志的规定

GMP(2010 年修订)规定:每批或每次发放的与药品直接接触的包装材料或印刷包装材料,均应当有识别标志,标明所用产品的名称和批号。

WHO-GMP 的 14.21 条款和 EU-GMP 的 5.42 条款有相同的规定,即:每次交付的或每一批的印刷包装材料或内包装材料应给予特定的代号或识别标志。

（八）有关印刷包装材料建立销毁记录的规定

GMP(2010 年修订)规定:过期或废弃的印刷包装材料应当予以销毁并记录。

该部分内容是在 GMP(1998 年修订)的基础上修改而成的。原文为:药品的标签、使用说明书应由专人保管、领用,其要求如下:①标签和使用说明书应按品种、规格由专柜或专库存放,凭批包装指令发放,按实际需要量领取;②标签要计数发放,领用人核对、签名,使用数、残损数及剩余数之和应与领用数相符,印有批号的残损或剩余标签应由专人负责计数销毁;③标签发放、使用、销毁应有记录。

WHO-GMP 的 4.22 条款和 EU-GMP 的 5.43 条款都有相同的规定,即:过期的或废弃的印刷包装材料,应予销毁并有相应记录。

二、标签和说明书管理

药品说明书和标签由 CFDA(原 SFDA)予以核准。药品包装必须按照规定印有或者贴有标签,药品的标签应当以说明书为依据,其内容不得超出说明书的范围,不得印有暗示疗效、误导使用和不适当宣传产品的文字和标识。药品生产企业生产供上市销售的最小包装必须附有说明书。

标签或者说明书上必须注明药品的通用名称、成份、规格、生产企业、批准文号、产品批号、生产日期、有效期、适应症或者功能主治、用法、用量、禁忌、不良反应和注意事项。麻醉药品、精神药品、医疗用毒性药品、放射性药品、外用药品和非处方药的标签,必须印有规定的标志。

（一）标签标示内容的比较

药品的标签分为内包装标签、中包装标签、大包装标签和原料药标签。药品标签内容不得超出国家药品监督管理总局批准的药品说明书所限定的内容,文字表达应与说明书保持一致。标签标示的内容如表 6-3 所示:

表 6-3 标签标示的内容

标签类型	标签标示的内容
药品内标签	药品通用名称、适应症或者功能主治、规格、用法用量、生产日期、产品批号、有效期、生产企业； 包装尺寸过小无法全部标明上述内容的，至少应当标注药品通用名称、规格、产品批号、有效期等内容
药品外标签	药品通用名称、成份、性状、适应症或者功能主治、规格、用法用量、不良反应、禁忌、注意事项、贮藏、生产日期、产品批号、有效期、批准文号、生产企业； 适应症或者功能主治、用法用量、不良反应、禁忌、注意事项不能全部注明的，应当标出主要内容并注明“详见说明书”字样
运输、储藏包装标签	药品通用名称、规格、贮藏、生产日期、产品批号、有效期、批准文号、生产企业，根据需要注明包装数量、运输注意事项
原料药标签	药品名称、贮藏、生产日期、产品批号、有效期、执行标准、批准文号、生产企业、包装数量、运输注意事项

（二）药品标签有效期表述形式

药品标签中的有效期应当按照年、月、日的顺序标注，年份用四位数字表示，月、日用两位数字表示。药品标签中有效期的表述形式包括：有效期至 ×××× 年 ×× 月、有效期至 ××××.××.、有效期至 ×××× 年 ×× 月 ×× 日、有效期至 ××××/××/××。

（三）药品标签的印制规定

同一药品生产企业生产的同一药品的标签，药品规格和包装规格均相同的，其标签的内容、格式及颜色必须一致；药品规格或者包装规格不同的，其标签应当明显区别或者在规格项明显标注。分别按处方药与非处方药管理的，两者的包装颜色应当明显区别。

（四）药品名称和注册商标的规定

1. 药品通用名称的管理　药品必须使用通用名称，药品说明书和标签中标注的药品通用名称应当符合《药品通用名称命名原则》的规定，并与药品批准证明文件的相应内容一致。

药品通用名称的书写要求：①药品通用名称应当显著、突出，其字体、字号和颜色必须一致。②对于横版标签，必须在上三分之一范围内显著位置标出；对于竖版标签，必须在右三分之一范围内显著位置标出。③除因包装尺寸的限制而无法同行书写的，药品通用名不得分行书写。④药品通用名不得选用草书、篆书等不易识别的字体，不得使用斜体、中空、阴影等形式对字体进行修饰。⑤药品通用名字体颜色应当使用黑色或者白色，浅黑、灰黑、亮白、乳白等黑、白色号均可使用，但要与其背景形成强烈反差。

2. 药品商品名称的管理　药品说明书和标签中标注的药品商品名称必须符合 CFDA 公布的药品商品名称的命名原则，得到 CFDA 批准后方可使用。药品商品名称不得有夸大宣传、暗示疗效作用。药品商品名称由汉字组成，不得使用图形、字母、数字、符号等标志。

药品商品名称不得使用的文字包括：①扩大或者暗示药品疗效的；②表示治疗部位的；③直接表示药品的剂型、质量、原料、功能、用途及其他特点的；④直接表示使用对象特点的；⑤涉及药理学、解剖学、生理学、病理学或者治疗学的；⑥使用国际非专利药名（INN）的中文译名及其主要字词的；⑦引用与药品通用名称音似或者形似的；⑧引用药品习用名称或者曾用名称的；⑨与他人使用的商品名称相同或者相似的；⑩人名、地名、药品生产企业名称或者其他有特定含义的词汇。

自2006年6月1日起可以申请使用商品名称的药品包括：①新化学结构、新活性成分且在保护期、过渡期或者监测期内的药品；②在我国具有化合物专利，且该专利在有效期内的药品。

2006年6月1日前批准使用的商品名称可以继续使用。同一药品生产企业生产的同一药品，成分相同但剂型或规格不同的，应当使用同一商品名称。

药品商品名称的书写要求：①药品商品名称不得与通用名称同行书写；②药品商品名称字体和颜色不得比通用名称更突出和显著，字体以单字面积计不得大于通用名称所用字体的二分之一。

3. 药品注册商标的管理　①药品说明书和标签中禁止使用未经注册的商标；②药品标签使用注册商标的，应当印刷在药品标签的边角；③注册商标含文字的，其字体以单字面积计不得大于通用名称所用字体的四分之一。

（刘佐仁）

第七章　确认与验证

在实施GMP的过程中，确认与验证是一个涉及药品生产全过程、涉及GMP各要素的系统工程，是药品生产企业将GMP原则切实具体地运用到生产过程中的重要科学手段和必由之路。验证是检验药品生产企业是否真正实施GMP的试金石，也是一面镜子；未经验证的GMP实施带有盲目性，缺乏依据，是不可靠的。确认与验证作为GMP的重要组成部分，确认是验证的一部分。本章主要介绍验证和确认的概念、程序、内容和文件。

第一节　概　　述

一、基本概念

（一）验证

验证（validation）的含义为证明任何操作规程（或方法）、生产工艺或系统能够达到预期结果的一系列活动。欧盟GMP中“验证”的含义为：确保某一特定的工艺、方法或系统始终如一地获得符合预定标准结果的书面计划和相关活动。WHO-GMP中“验证”的含义为：按照GMP的主要原则证明任何规程、工艺、设备、物料、活动或系统确实能导致预期结果的活动。

验证的对象应包括生产工艺、操作规程、检验方法和清洁方法等。GMP对计算机化系统进行了定义，其中虽未明确规定验证的要求，但在制药行业中通常认为计算机化系统也属于验证的范畴。

（二）确认

确认（qualification）的含义为证明厂房、设施、设备能正确运行并可达到预期结果的一系列活动；欧盟GMP中“确认”的含义为：证明设备或辅助系统安装正确，运行正常，事实上导致预期结果并有文件证明的一系列活动。确认是验证的一部分，但每个确认步骤不能独自构成工艺验证。WHO-GMP中“确认”的含义为：证明任何厂房、系统及设备能够正确运行并确实导致预期结果的活动；“验证”的词义有时可以扩展，使之包括“确认”的概念。

确认的对象应包括厂房、空气净化系统、工艺用水系统、生产、包装、清洁灭菌所用的设备以及用于质量控制（包括用于中间过程控制）的监测设备、分析仪器等。

（三）验证与确认的关系

厂房、设施、设备或工序可能会直接或间接影响到产品质量的方方面面，其重要变更都应当进行确认和验证。确认和验证的目的在于建立和提供如下这些方面的书面证据：①厂房、设施、设备和工序是根据GMP要求进行设计的，这通常就是设计确认（DQ）；②厂房、设施、设备和工序是根据GMP要求进行建造或安装的，这就是安装确认（IQ）；③厂房、设施、设备和工序是根据其设计标准进行操作的，这就是运行确认（OQ）；④一特定工艺能够持续地生产出符合已定质量标准和质量属性的产品，这就是工艺验证（PV），也被称为性能确认（PQ）；⑤公司有义务对药品生产中所用到的厂房、设施、设备、物料和工艺的变更进行控制，并确保对所涉及系统进行后续验证。

确认和验证之间的关系是：

设计确认—安装确认—运行确认—工艺验证（性能确认）—变更控制—后续验证。

（四）验证的原则

通常验证需要对工艺中的各个工序进行细致的准备和安排，应当根据正式批准的标准工作程序和管理程序来开展所有的工作。此外，验证还有如下特征：①多学科方法：验证具有一个特征就是验证工作需要各方面专家的合作，比如药剂人员、工艺人员、计量人员、分析人员、生物技术人员、工程人员及QA验证专家等；②严格的时间期限：一般来说，验证工作需要有严格的时间安排，通常这些研究是在将新的工艺带进常规操作之前的最后一个阶段进行的；③成本：验证研究是成本很高的，因为需要时间，专业人员和昂贵的技术。上述这些因素需要有一个经过组织的结构化的方法，验证方案（VMP）中应当对此进行足够详细地描述。

验证的基本原则是对工艺、系统等进行挑战。对于所有还未到达“最坏情况”的情形都要进行理由说明。为了对“最坏情况”进行验证，可以考虑对产品/工艺进行分组。当“最坏情况”不能被模拟时，则应当要确定所做分组的理由。

二、目的

确认和验证的目的就是证明有关操作的关键要素能够得到有效控制，以真实数据证实厂房设施、设备、硬件、操作规程（或方法）、生产工艺或系统达到标准和预定目标，即提供下列书面证据：

（1）厂房、设施、设备、工艺和检验方法设计符合预定用途和GMP规范；

（2）厂房、设施和设备的建造、安装符合设计标准；

（3）厂房、设施和设备的运行正常并符合设计标准；

（4）厂房、设施、设备在正常操作方法和工艺条件下能够持续符合标准；

（5）物料选择和采购符合GMP规范和标准；

（6）所有检验的方法可靠并符合GMP规范；

（7）能够按设计的工艺参数持续生产出符合预定用途和注册要求的产品。

具体来讲，确认和验证的目的是证明正在考查中的事项是否遵守下面的几种情况：

（1）符合或优于设计的标准规格；

（2）被适当的建造、运输、接收、储藏、安装、操作及维修；

（3）适于其所设想的应用范围；

（4）与科学界建立并广泛接受的原则相一致；

（5）符合现行GMP基本的设计标准；

（6）符合制定规章的机构所设定的要求；

（7）能够不断生产出适合需要的产品；

（8）能够达到一定的生产率、安全性和质量的目的。

三、意义

GMP的实施是一个动态的过程，产品的质量在动态的循环中得到提高，而验证在实施

GMP的循环中发挥着重要的作用,它是企业实施GMP的生命线。包括确认在内的验证,不仅是药品生产中及其重要的要素,也是每一个制药企业必须采用的药品质量体系(PQS)的一个组成部分,更主要的是一个个"验证方案"形成了GMP的基石。没有验证也就没有GMP的有效实施。

实施GMP的6步循环包括设计、验证、定标、生产、监控、再验证。当药厂完成土建,就要进行验证工作,包括厂房、设施和设备的安装确认、运行确认、性能确认,还有模拟性生产及试生产性的产品验证。当影响产品质量的主要因素,如工艺、质量控制方法、主要原辅料、主要生产设备等发生改变时,以及生产一定周期后,应进行再验证,由于生产经过一定周期后,原已验证过的平衡状态可能发生偏移,检查已验证过的状态是否出现偏移时,通过再验证来建立新的验证状态是再验证的使命。概括来讲,药品生产企业实施确认和验证,具有以下四个方面的意义:

(1) 保证和提高了工作质量和产品质量;

(2) 保证了厂房设施、设备、物料、程序、生产过程或系统处于最佳状态;

(3) 保证了新项目及其厂房设施、设备、工艺、物料、规程、生产过程、检验方法或系统等变更后的可靠性;

(4) 有利于消除隐患,降低质量风险。

四、状态维护

(一) 验证状态保持的主要手段

GMP(2010年修订)提出了验证状态保持的新理念,验证状态保持的主要手段有:

(1) 预防性维护保养(设备);

(2) 校验(设备);

(3) 变更控制(质量保证);

(4) 生产过程控制(物料采购、生产管理、质量检验);

(5) 产品质量回顾分析(质量保证);

(6) 再验证管理(质量保证、验证管理)。

(二) 需要进行确认和验证的情况

(1) 采用新的工艺、设备、公用设施和系统、生产工艺以及规程;

(2) 间隔一定生产周期;

(3) 需要验证的项目发生主要变更时。

第二节 方 法

一、验证的方法

按照验证在生产进程中的时间不同,可分为前验证、同步验证、回顾验证、再验证。验证的类型共分为四种,工艺验证通常应在药品上市前完成,即前验证,如果没有充分的理由,任何工艺、过程、设备或物料必须进行前验证。在例外情况下,如无法进行前验证时,则有必要在日常生产中进行同步验证。已运行了一段时间的工艺也需进行回顾性验证,同时,必须定期对设施、系统、设备和工艺,包括清洁进行评估,以确认它们处在经验证的受控状态。在经验证的状态没有重要变化条件下，一个对设施、系统、设备和工艺有满足预定要求证据的回顾审核，即可满足再验证的要求。

（一）前验证

前验证（prospective validation）又称预验证，前验证通常指厂房、设施、系统、设备、工艺、物料、操作和检验等项目投入使用前必须完成并达到预定要求的验证。这一方式通常用于产品要求高，但没有历史资料或缺乏历史资料，靠生产控制及成品检查不足以确保重现性及产品质量的生产工艺或过程。

无菌产品生产中所采用的灭菌工艺，如蒸汽灭菌、干热灭菌以及无菌过滤应当进行前验证，因为药品的无菌不能只靠最终成品无菌检查的结果来判断。对最终灭菌产品而言，我国和世界其他国家的药典一样，把成品的染菌率不得超过百万分之一作为标准；对不能最终灭菌的产品而言，当置信限设在95%时，产品污染的水平必须控制在千分之一以下。这类工艺过程是否达到设定的标准，必须通过前验证——以物理试验及生物指示剂试验来验证。

氨基酸以及葡萄糖类输液产品生产中采用的配制系统及灌装系统的在线灭菌程序应当前验证，因为企业必须有可靠的手段，在系统出现异常的微生物污染时使污染受控。冻干剂生产用的中小型配制设备的灭菌，灌装用具、工作服、手套、过滤器、玻璃瓶、胶塞的灭菌以及最终可以灭菌产品的灭菌，冻干制剂生产相应的无菌灌装工艺都属于前验证的类型。前验证是这类产品安全生产的先决条件，因此要求在有关工艺正式投入使用前完成前验证。

如果没有充分的理由，任何工艺、过程、设备或物料必须进行前验证。新产品、新型设备及其生产工艺的引入应采用前验证的方式，不管新产品属于哪一类剂型。前验证的成功是实现新工艺从开发部门向生产部门转移的必要条件，它是一个新产品开发计划的终点，也是常规生产的起点，前验证的流程见图7-1。

对于一个新产品及新工艺来说，应注意采用前验证方式的一些特殊条件。由于前验证的目标主要是考察并确认工艺的重现性及可靠性，而不是优选工艺条件，更不是优选处方。因此，前验证前必须有比较充分和完整的产品和工艺的开发资料。从现有资料的审查中应能确信：

(1) 配方的设计、筛选及优选确已完成；

(2) 中试性生产已经完成，关键的工艺及工艺变量已经确定，相应参数的控制限已经摸清；

(3) 已有生产工艺方面的详细技术资料，包括有文件记载的产品稳定性考察资料；

(4) 即使是比较简单的工艺，也必须至少完成了一个批号的试生产。

此外，从中试放大至试生产中应无明显的“数据漂移”或“工艺过程的因果关系发生畸变”现象。为了使前验证达到预计的结果，生产和管理人员在前验证之前进行必要的培训是至关重要的。其实，适当的培训是实施前验证的必要条件，因其是一项技术性很强的工作。实施前验证的人员应当清楚地了解所需验证的工艺及其要求，消除盲目性，否则前验证就有流于形式的可能。由于没有将影响质量的重要因素列入验证方案，或在验证中没有制订适当的合格标准，结果验证获得了一大堆所谓的验证文件，但最终并没有起到确立“运行标准”及保证质量作用的事例并不少见。

前验证应包括但不限于以下方面：

(1) 工艺的简短描述；

(2) 应验证的关键工艺步骤的摘要；

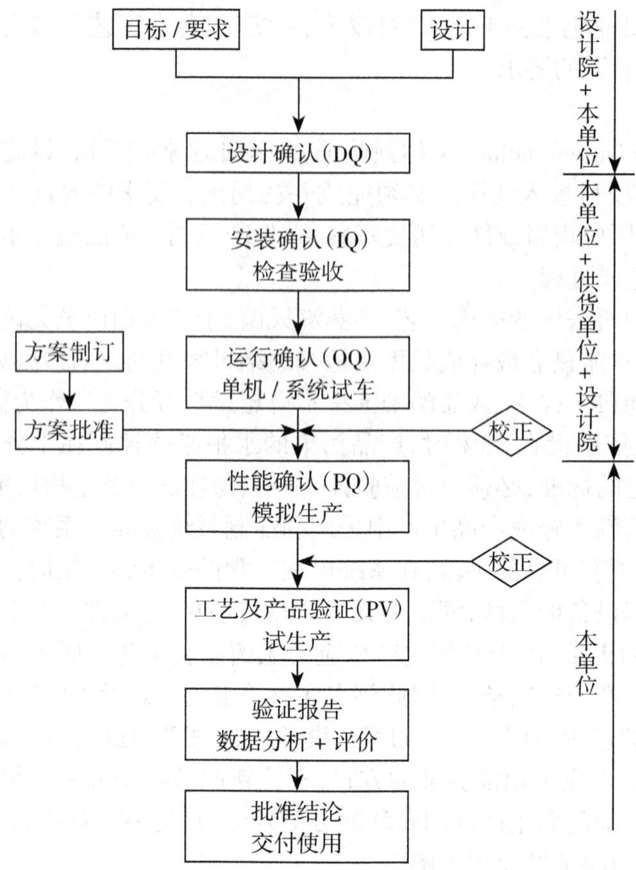

图 7-1 前验证流程图

(3) 所要使用的设备设施清单(包括称量设备、监控设备、记录设备)及其校验状态;
(4) 成品放行的质量标准;
(5) 相应的检验方法清单;
(6) 建立在线控制及合格标准;
(7) 拟进行的额外试验和合格标准,以及分析方法验证;
(8) 取样计划;
(9) 记录和评估结果的方法;
(10) 职能部门和职责;
(11) 建议的时间进度表。

(二) 同步验证

同步验证(concurrent validation)系指在系统或工艺等常规运行的同时进行的验证。也就是从活动进行过程中获得的数据作为分析和评价的依据,以证明系统或活动达到预计要求的活动。以泡腾片的生产为例,泡腾片的生产往往需要低于 20% 的相对湿度,而相对湿度受外界温度及湿度的影响,空调净化系统是否符合设定的要求,需要经过雨季的考验。这种条件下,同步验证成了理性的选择。如果同步验证的方式用于某种非无菌制剂生产工艺的验证,通常有以下先决条件:

(1) 应有完善的取样计划,即生产及工艺条件的监控比较充分;

(2) 有经过验证的检验方法，方法的灵敏度及选样性等比较好；

(3) 对所验证的产品或工艺已有相当的经验及把握。

在这种情况下，工艺验证的实际概念即是特殊监控条件下的试生产，而在试生产性的工艺验证过程中，可以同时获得两方面的结果：一是合格的产品；二是验证的结果，即“工艺重现性及可靠性”的证据。验证的客观结果往往能证实工艺条件的控制达到了预计的要求。这种验证方式的应用曾有过争议，争议的焦点是在什么条件下可以采用这种验证方式。在无菌药品生产工艺中采用这种验证方式风险太大，口服制剂中一些新产品及新工艺也比较复杂，采用这种验证方式也会存在质量的风险。当然，验证是一个技术性很强的工作，人员的素质及设备条件将直接影响验证的结果和可靠性。什么条件下采用何种验证方式，企业须根据自己的实际情况作出适当的选择。重要的问题是在制订验证方案并实施验证时，应当特别注意这种验证方式的先决条件，分析主客观的情况并预计验证结果对保证质量可靠性的风险程度。

（三）回顾验证

回顾验证(retrospective validation)系指利用对现有的历史数据进行统计分析、收集证据，以证明程序、生产过程、设备、物料、活动或系统达到预期要求的行为。同前验证的几个批或一个短时间运行获得的数据相比，回顾性验证所依托和积累的资料比较丰富；从对大量历史数据的回顾分析可以看出工艺控制状况的全貌，因而其可靠性也更好。

回顾性验证也应具备若干必要的条件，这些条件包括：

(1) 通常需要求有 20 个连续批号的数据，如回顾性验证的批次少于 20 批，应有充分理由并对进行回顾性验证的有效性作出评价。

(2) 检验方法经过验证，检验的结果可以用数值表示并可用于统计分析。

(3) 批记录符合 GMP 的要求，记录中有明确的工艺条件。没有明确工艺条件下的数据是无法用作回顾性验证的。以最终混合而言，如果没有设定转速，没有记录最终混合的时间，那么相应批的检验结果就不能用于统计分析。又如，成品的结果出现了明显的偏差，但批记录中没有任何对偏差的调查及说明，这类缺乏可追溯性的检验结果也不能用作回顾性验证。

(4) 有关的工艺变量必须是标准化的，并一直处于控制状态。如原料标准、生产工艺的洁净级别、分析方法、微生物控制等。

回顾验证的适用情况：

(1) 关键质量属性和关键工艺参数均已确定；

(2) 已确立了合适的中间控制和认可标准；

(3) 从来没有因为除了操作人员失误或设备故障这些与设备适应性无关的因素之外的原因而造成值得注意的生产过程或产品的不合格；

(4) 现有成品的杂质情况已确定。

同步验证、回顾性验证通常用于非无菌工艺的验证，一定条件下二者可结合使用。在移植一个现成的非无菌产品时，如已有一定的生产类似产品的经验，则可以以同步验证作为起点，运行一段时间，然后转入回顾性验证阶段。经过一个阶段的正常生产后，将生产中的各种数据汇总起来，进行统计及趋势分析。这些数据和资料包括：

(1) 批成品检验的结果；

(2) 批生产记录中的各种偏差的说明；

(3) 中间控制检查的结果；

(4) 各种偏差调查报告,甚至包括产品或中间体不合格的数据等。

系统的回顾及趋势分析常常可以揭示工艺运行的"最差条件",预示可能的"故障"前景。回顾性工艺验证还可能导致"再验证"方案的制订及实施。回顾性工艺验证通常不需要预先制订验证方案,但需要一个比较完整的生产及质量监控计划,以便能够收集足够的资料和数据对生产和质量进行回顾性总结。

(四) 再验证

所谓再验证(revalidation),系指一项生产工艺、一个系统或设备或者一种原材料经过验证并在使用一个阶段以后,旨在证实其"验证状态"没有发生漂移而进行的验证。

GMP(2010年修订)进一步强调定期进行再验证,结合验证状态维护的理念,强调通过产品质量回顾分析作为工艺再验证的发起时机。对于产品有风险的生产设备、工艺应定期进行再验证。

根据再验证的原因,可以将再验证分为下述三种类型:

1. 强制性再验证和检定 强制性再验证和检定包括下述几种情况:

(1) 无菌操作的培养基灌装试验;

(2) 计量器具的强制检定,包括:计量标准,用于贸易结算、监测方面并列入国家强制检定目录的工作计量器具。安全防护、医疗卫生、环境监测方面并列入国家强制检定目录的工作计量器具。此外,一年一次的高效过滤器检漏也正在成为验证的必查项目。

2. 改变性再验证 药品生产过程中,由于各种主观及客观的原因,需要对设备、系统、材料及管理或操作规程作某种变更。有些情况下,变更可能对产品质量造成重要的影响,因此,需要进行验证,这类验证称为改变性再验证。例如:

(1) 原料、包装材料质量标准的改变或产品包装形式(如将铝塑包装改为瓶装)的改变;

(2) 工艺参数的改变或工艺路线的变更;

(3) 设备的改变;

(4) 生产处方的修改或批量数量级的改变;

(5) 常规检测表明系统存在着影响质量的变迁迹象。

上述条件下,应根据运行和变更情况以及对质量影响的大小确定再验证对象,并对原来的验证方案进行回顾和修订,以确定再验证的范围、项目及合格标准等。重大变更条件下的再验证犹如前验证,不同之处是前者有现成的验证资料可供参考。

3. 定期再验证 由于有些关键设备和关键工艺对产品的质量和安全性起着决定性的作用,如无菌药品生产过程中使用的灭菌设备、关键洁净区的空调净化系统等。因此,即使是在设备及规程没有变更的情况下也应定期进行再验证。

二、确认的方法

确认与验证属同一范畴,验证在概念上包括确认。在工艺验证活动开始前,应完成关键设备和辅助系统的确认。确认一般有以下几项活动,可单独进行,也可组合起来实施。

(一) 设计确认

设计确认(design qualification,DQ)是确认厂房、辅助设施、公用设施、设备以及生产工艺的设计符合GMP要求的有文件及记录证据的相关活动。设计确认是书面确认该设备的设计能够满足用户需求。用户需求标准(URS)中描述的需求应该具有"SMART"特性,即①S(specification),指每个需求应该具有具体的标准;②M(measurable),指每个需求都能够通过测试或确认来证实该设备是否满足用户的需求；③A(achievable)，指每个需求都应该是能够实现的、清楚和明确的；④R(repeat)，即每个需求的测试结果可以重复测得；⑤T(traceability)，即每个需求都能够通过设计和测试进行追踪。

质量管理人员需要批准设计确认报告，报告批准后，对设计的任何变化需要提出正式的变更申请。

(二) 安装确认

安装确认(installation qualification，IQ)是为保证生产工艺所用的各种装置(如机器、测量设施、公用系统和生产区)按既定标准适当选择、正确安装并能运行而完成的各种检查和测试。安装确认方案应确认设计与实际安装相一致，安装确认方案必须在进行安装确认前批准，并由经过培训的人员执行安装确认。

安装确认是在工艺验证前所必须要完成的工作，它通常是由工程部门来实施完成的。须根据工程设计图、管路图和在项目规划阶段开发的工厂功能标准来进行设备、管路、服务和仪器的安装与核查。安装确认应当包括所有系统元件、管路和仪表的标识及所有安装好的设备符合既定要求的书面记录。

确定每个已安装设备的维护要求，并形成文件。收集和比较供应商的操作工作手册、维护和清洗要求，并对这些工作形成文件。这些都是一个合格的安装确认所必要的文件。

1. 安装确认的注意事项

(1) 设备的安装：无论是单个设备的安装，还是一组设备的安装，都应当要符合确定的规划。这个规划是根据一系列的设计阶段的进展而发展起来，并最终确定的。这个规划通常会被写成设备标准、工厂功能标准与管路和设备图。在设计阶段，应当有有效的变更管理程序。对原有的设计标准进行的任一更改，都应进行记录，并要对设备标准、工厂功能标准及管路和设备图做相应的更新。在设计阶段的后期，应当标明进行必要的校验所需的车间和设备。

(2) 校准要求：确认已根据合适的国家标准对校准设备进行了校准；对运行确认(OQ)阶段所用到的计量装置进行校准；对和已安装的设备有关的计量装置进行校准。将来设备使用过程中所用到的计量装置的校准要求需要确定。

(3) 供应商的核查：对于复杂的或是大件的设备，制药企业可能会选择去供应商的组装车间对设备进行发货前的核查，但发货前的核查并不能代替安装确认。然而，这个阶段所用的核查和整理的文件可能会和安装确认阶段所做的一些核查相同，因此，可以适当减少一些安装确认的核查工作。

(4) 用户的核查：安装确认需要根据设备供应商质量标准的用户采购标准对所用的已安装设备进行正式系统的核查。在安装确认时，所有的设备、仪表和维修设备都应当有标识号，并核查已安装的设备(或工厂)是按照现行已批准的设备图进行安装的。要有文件说明确认了已安装设备与工厂功能标准和工艺流程图之间的一致性。

(5) 安装确认：在安装确认阶段，公司应当将安装设备的预防性维护要求整理成文件。在这个阶段，应当将新设备和预防性维护要求添加到制药企业的预防性维护计划中去。应当根据设备供应商规格和操作规程草拟设备的清洗要求，包括消毒要求。经过运行确认的观察和性能确认阶段的确认之后，应将草拟的设备清洗要求正式确定。

2. 安装确认的工作内容　安装确认的具体工作通常包括但不限于以下内容：

(1) 技术资料检查归档：即资料档案化工作。通常由经过培训的人员检查审核供应商提供的图纸、设备清单、各类证书、说明书或手册(包括维护、操作及排除故障等);检查是否有证书,证书是否准确;检测流量、压力、温度、重量等关键仪器及其材质、压力容器、阀门的清洁、钝化、质量等是否有合格证明;仔细检查校验证书的内容,如有效期、范围、结果和校验证书编号。

(2) 图纸的核对:由经过培训的人员按照批准的图纸检查固定的管路上是否已经明确地表明介质的流向和介质名称、设备是否贴有唯一的编号、关键仪表是否贴有校验标签、与公用系统(如压缩空气)的连接是否符合图纸要求、主要部件是否按照图纸进行安装;所有由供应商提供的图纸必须精确地根据版本号控制和核实,所有图纸必须反映设备的装配情况。

(3) 润滑剂:确认所有对产品质量有潜在影响的润滑剂符合用户要求。

(4) 预防维护:应将设备的预防维护加入到企业预防维护管理系统中,并确认预防维护管理系统中输入的设备信息正确无误(如型号和规格)。

(5) 校验:应将该设备的校验加入到企业校验管理系统中,并确认校验管理系统中输入的设备信息正确无误(如型号和规格)。

(6) 电气:由专业技术人员按照电气安装图纸确认现场实际的电气安装是否符合图纸要求,常见的做法是对关键设备电路抽验10%,如果发现不一致,应在不一致的图纸上做上醒目的红色标记。签字并注明日期,直接记录并按照偏差程序进行调查。

(7) 清洁:在正式安装前的安装确认阶段,应考虑如何除去设备在制造过程中用到的添加剂并除去所有设备上的异物。

(8) 环保与安全检查:必须由专业的安全和环保人员对设备的安全和环保状况进行检查,并且签字确认。

3. 安装确认报告的内容 安装确认报告中至少包括以下内容:

(1) 根据方案中定义的接受标准对确认结果进行回顾;

(2) 提供符合/不符合接受标准的清晰描述;

(3) 详细阐述安装确认过程中所有的偏差和必要的补救措施。

4. 供应商代替用户进行安装确认的情形 某些情况下供应商可以代替用户进行安装确认,在此情况下用户必须:

(1) 审批所有的测试方案(包括相关技术人员和质量管理人员的批准);

(2) 确保所有方案符合本企业的要求;

(3) 确保从事测试的第三方人员具有相应资格/接受过培训;

(4) 在测试结束后获得的所有结果应在项目文件中归档。

在所有安装确认完成后,应由质量管理人员批准安装确认报告。

(三) 运行确认

运行确认(operational qualification,OQ)是确认所有可能影响产品质量的设备在各个方面都在预期的范围之内运行。

运行确认是项调整技术功能的工作,通常被称之为试运行(commissioning)。进行设备或系统操作的关键变量的研究,确定系统或子系统操作的关键性质。所用的检测设备在使用前都应进行标识和校验。批准和执行检测方法,并对检测结果进行收集和评估。在这个阶段,确保所有操作的检测结果符合预定的合格标准是很重要的。在运行确认阶段,期望生产厂家能草拟出设备和维护计划、清洗活动、维护要求和校验计划的标准操作规程。

在进行运行确认前,必须完成下面的工作:①发生在安装确认过程中影响产品质量的偏差已经关闭；②运行确认方案已经批准；③运行确认过程中使用的设备或仪表必须经过校正，并在校正期内。

所有质量关键部件必须根据预先审批的测试方案进行测试，测试的方法和范围将根据设备的类型和复杂程度以及设备的关键程度而定。

1. 运行确认的注意事项　运行确认应当按照已批准的方案进行。在运行确认阶段应当确认设备或工厂的关键变量。运行确认计划应当要确定这些内容：需对关键变量进行哪些研究，这些研究的先后顺序，要用到的测量设备，所要符合的合格标准。关键变量的研究应当要包括细节和检测及设备是如何工作的。

如果可行的话，在进行运行确认时应当采用模拟产品。关键变量的研究应当包括一系列条件，包括操作的上下限和环境，通常被称之为“最坏情况”条件。这些条件不能总是导致产品不合格或工艺失败。

成功完成运行确认之后应当可以确定设备的操作规程和操作者指南。这些资料是对操作者进行培训的基础，使操作者能成功的操作设备。

安装阶段所起草的清洗程序，在成功完成运行确认之后，也应当得以确定，成为正式的 SOP。如果可行的话，这些 SOP 都应当得到验证，作为性能确认（PQ）阶段的一部分工作。

在成功完成安装确认和运行确认工作之后，设备就可以准许正式进入下一个阶段的验证工作（工艺验证）了。在准许之前，应当完成校准、清洗、预防性维护和操作者培训要求。准许时应当有安装确认和运行确认的书面批准件。

2. 运行确认的工作内容　运行确认的具体工作通常包括但不限于以下内容：

(1) 设备的功能测试：设备的功能测试必须关注决定产品质量的关键参数，测试应证实设备的功能满足预定的运行范围。功能测试可分为局部测试和整体测试。

局部测试：指对质量产生关键影响的单个设备单元功能的测试。例如，对搅拌机转速和旋转方向的测试，以保证充分地混合。

整体测试：指多个单元组成一个整体进行的功能测试，以证实可独立运行的单元能够作为一个整体正常运行。

(2) 操作规程及培训：主要设备应制定相应的操作、清洁和维修等规程，这些规程一般由设备的使用部门或者所属的部门负责制定，并由质量管理人员在运行确认完成前批准。

3. 运行确认报告的内容　运行确认报告至少包括以下内容：

(1) 依据运行确认方案中的可接受标准对整个设备的运行确认进行总结；

(2) 提供符合 / 不符合接受标准的清晰陈述；

(3) 详细描述任何偏差及采取的相关补救措施，同时确认该措施已成功完成，所有 SOP 已经生效。

4. 供应商代替用户进行运行确认的情形　某些情况下，供应商可代替用户进行运行确认，在此情况下用户必须：

(1) 审批所有的测试方案（相关技术人员和质量管理人员）；

(2) 确保所有的方案符合本企业的要求；

(3) 确保从事测试的第三方人员具有相应的资格，接受过培训；

(4) 若没有测试完成的证据（如打印结果或报告），则应有复核人证实所有测试均依照运行确认方案完成并在相应的测试位置签名；

(5) 在测试结束后获得的所有结果应在项目文件中归档。

在所有运行确认完成后，应由质量管理人员批准运行确认报告。

(四) 性能确认

性能确认(performance qualification，PQ)是确认所有可能影响产品质量的设施、公用工程和设备的各个方面都满足可接受标准。性能确认应确保整合了操作规程、人员、设备和物料，通过性能确认证明公用工程、环境、设备或支持系统都满足可接受标准。

就生产设备而言，性能确认系指通过设备整体运行的方法，考察工艺设备运行的可靠性、主要运行参数的稳定性和运行结果的重现性的一系列活动。故其实际意义即指模拟生产或工艺验证，通常模拟生产或工艺验证须至少重复3次。对于比较简单、运行较为稳定、人员已有一定同类设备实际运行经验或基于风险评估风险不大的生产线，通常可跳过模拟生产直接进行工艺验证。

性能确认中应注意以下几点：

(1) 流量、压力和温度等监测仪器必须经过校验并在校验期内；

(2) 制定详细的取样计划、化验方法并得到相关部门的批准；

(3) 性能确认时至少应制定好空白批记录方案，按照方案的要求操作设备，观察、调试和取样并记录运行参数；

(4) 将确认数据和结果直接填入性能确认方案的空白记录部分，或作为其附件。人工记录和计算机打印的数据作为原始数据，数据资料必须注明日期和签名。

在完成性能确认后，需要准备性能确认报告。对使用新设备制造的产品必须进行严格控制直到整个验证结束。

质量管理人员必须批准性能确认方案和性能确认报告。

第三节　组织及程序

一、组织及职能

企业应根据本企业的具体情况及确认和验证的实际需要来确定适当的组织机构。制药企业有责任确定其内部人员和外部合作者在确认或验证项目中各自的责任，这应当成为验证项目的一部分。公司的质量保证部(QA)通常应起到对整个确认和验证进程进行监控的关键作用。例如，可以在质量管理部门内设验证职能管理机构负责验证管理工作，该机构的主管最好由具有仪表、计算机、制药、微生物学和数理统计知识，并有一定药品生产质量管理经验的人员担任，以适应验证管理工作的特殊需要。如将企业的技术、质检、计量、工艺开发合并为QA，那么，验证就应由QA来主管。主管验证的专职人员应当是熟悉工艺和设备的管理人员，有相当的实际工作经验。由于验证是一项经常性的工作，由专管部门及专人管理是必要的。现在国内外已有咨询公司提供验证服务，其作用不可否认，但企业日常的验证管理工作不能完全依赖外部资源。

(一) 组织

药品生产企业必须建立验证部门，负责公司的验证工作，对于一个全新的制药工厂或车间，或者一个大型的技术改进项目，因有大量的验证工作需在较短时间内完成，那么就需要成立一个临时的验证组织机构，该组织机构呈矩阵式结构见图7-2。

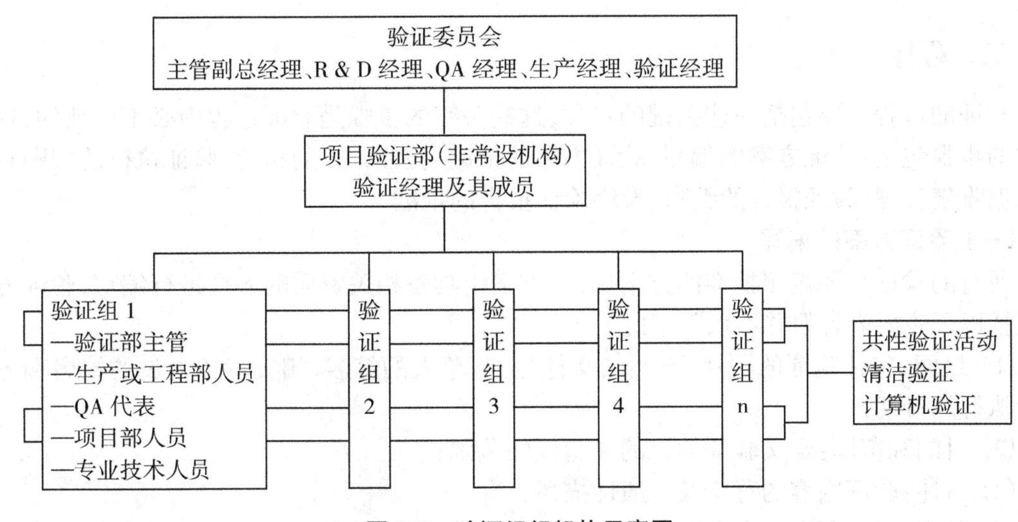

图 7-2 验证组织机构示意图

验证委员会由企业主管副总经理、验证经理以及来自质量、工程、研究与开发(R & D)、生产部门的经理组成。验证委员会主要负责验证的总体策划与协调、验证文件的审核批准,并为验证提供足够的资源。

验证作为项目的工作内容,项目验证部应设验证经理。项目验证部的验证经理以及来自各职能部门的代表组成验证部,负责验证文件的制订以及验证活动的协调。项目的验证经理在项目验证过程中起重要作用,负责掌握验证进度和所有验证工作的协调。

验证小组承担验证项目的具体实施工作,组长由验证经理指定验证部的某一成员担任,其他组员则来自各职能部门,主要来自被验证对象(设备或系统)的使用部门。项目的验证实际由数个不同的验证组共同实施完成,不同的验证小组负责不同的子系统或设备,其基本原则是系统或设备的接受者(交付常规生产后的使用者)必须在质量管理部门指导下直接参与甚至主管该系统或设备的前验证,以便在验证完成后有足够的能力来管好和用好设备。

企业如不设验证的专职机构,则须明确验证的日常工作由哪个职能部门主管,哪些部门协助,应有适当的管理程序阐明验证的组织及实施办法,以使验证这一重要的基础管理工作落到实处。

(二)职能

药品生产企业验证组织的职能应包括:

(1) 负责建立项目验证小组,指导和检查验证小组确认和验证工作;

(2) 制订和修订有关确认和验证管理标准及操作规程;

(3) 负责确认和验证所需的培训;

(4) 审核验证计划、确认和验证方案及验证计划的变更;

(5) 指导和监督实施确认和验证计划、验证方案;

(6) 负责实施企业的有关项目的确认和验证;

(7) 报告和文件的准备和控制;

(8) 确认和验证过程中每个阶段的具体确认和验证方案及报告的批准;

(9) 负责确认和验证文件的审批和管理。

二、程序

验证的过程主要包括一些关键的步骤,这些关键的步骤是验证过程中必不可缺的,这些关键的步骤包括:验证方案的编写、验证方案的批准、验证方案的执行、验证执行的回顾和原始数据收集整理、验证报告的编写、最终验证报告的批准。

(一)验证方案的编写

所有的验证都要按照批准的方案执行,方案由具备相关资质的人员进行编写,验证方案应包括以下主要内容但并不仅限于此:

(1)封面:包括验证的题目、方案的文件号、起草人的签名、相关审核人员的签名和方案预计执行的日期;

(2)目的和范围:定义验证的目的和验证的范围;

(3)概述:验证内容的背景及一般性描述;

(4)职责:确定所有和方案审批、方案执行、总结报告编写和审批有关的人员的职责;

(5)验证测试程序:确定验证项目的相关测试方法和程序,验证测试的程序应该包括测试的目的、测试所用的方法、可接受标准以及记录测试结果的数据表等;

(6)验证的参考文件:确定验证方案编写的标准依据以及其他的参考文件;

(7)附件:相关的表格记录,偏差记录汇总表等。

(二)验证方案的批准

所有新的验证方案都要提交方案封面,确定相关部门的人员审阅,这些人员是验证委员会的成员。审核人员对验证方案的内容进行审核,并根据各自专业的不同提出审核意见反馈给方案的起草者,方案的起草者根据这些审核的意见对原方案进行修改,并将修改后的方案再次提交给上述审核人员审核。最终的验证方案经由质量受权人批准生效。

经批准的验证方案在方案的执行过程中或执行前发现与实际情况不符或需要变更的,应按以上程序将变更内容提交给方案审核人审核并最终批准后执行。

(三)验证方案的执行

验证方案批准后,设备或系统确认测试后才可以执行。验证方案的执行必须严格按照方案中确定的程序和方法执行,方案执行过程中产生的原始数据应在第一时间详细记录,产生的数据图表等应标明时间和日期并由方案执行人签字确认。任何测试结果不符合预定的相关可接受标准时,方案执行人均应列出不符合项目或偏差。偏差包括但不限于:

(1)产生于批准的方案程序的偏差;

(2)不满足或超过方案中批准的可接受标准;

(3)实际的观察与方案不相符。

任何偏差都应有文件记录,所有观察到的偏差都应及时报告给验证部门和QA;任何偏差均应由质量管理部门组织偏差调查,并讨论决定其对于方案的影响。质量管理部门决定方案的继续或终止或重新修订方案后再执行。

(四)验证执行的回顾和原始数据的收集整理

验证过程中收集的所有数据都要审核并复核其准确性,所有的记录与测试结果都要经过复核,并由有资格的人员签字确认。所有支持验证结果的数据均应收集,并作为附件附于最终的验证报告中,这些数据和记录也要经过复核并由有资格的人员签字确认。所有收集的数据应与方案中确定的标准相一致。

（五）验证报告的编写

验证方案实施完成后，验证的协调者应检查验证是否按照计划进行，审阅方案执行以及工作表、偏差表、附件表和测试数据表中记录的数据的完整性，把实际的结果和可接受标准中描述的预定结果进行比较，在此基础上编写验证报告（VR）。该文件是一个对所有在验证方案内提到的与验证活动相关的验证工作的详细总结。验证报告的内容应涉及验证方案执行情况的概述、验证结果的综述和评价、验证的最终结论和建议。验证报告必须对所有的验证活动进行总结，以便对验证的完成和结论有清晰的理解。验证报告未批准前不能认为验证工作已经完成。

总结报告批准后，可能会出现变更或增加新信息的情况，在这些情况下，报告起草者要对验证方案或总结报告进行完善和补充批准。

（六）验证报告的批准

最终的验证报告需经报告封面确定的相关人员审核，这些人员是验证委员会的成员。最终验证报告要由验证委员会批准，验证委员会副主任（质量受权人）代表验证委员会签字批准验证结果。

第四节　内　　容

一、厂房设施确认

厂房与设施是药品生产的基本条件，涉及各种建筑物、给排水、HVAC(heating，ventilation and air conditioning，意为“供热、通风和空气调节”)、电气、安全消防等公用工程。我国与药品生产企业规范化厂房有关的设计技术法规主要有：《洁净厂房设计规范》、《建筑设计防火规范》、《厂矿道路设计规范》、《工业企业设计卫生标准》、《采暖通风空调设计规范》、《采光设计标准》、《照明设计标准》、《给水、排水设计规范》等，并且还在不断修订、更新。国际上比较权威的技术法规有：英国标准 BS 5295、美国联邦标准 209B（现已发展到 209E）、洁净室系列国际标准 ISO14644 等。

厂房与设施验证的主要内容就是与药品生产过程有直接联系的 HVAC 系统、水系统以及直接接触药品的工业气体等。

二、设备确认

设备确认是为确保设备及其系统的安装和运行符合要求而提供文字性根据，进行主要及关键设备确认是进行生产工艺验证的先决条件。“主要和关键”设备为在产品生产、工艺参数测量、生产过程中和成品质量的检测过程中使用的设备和仪器。

这些包括以下 5 个方面：

(1) 混合设备：混合容器（罐）、搅拌器，用于转移原料及产品的泵和管道；

(2) 填充设备：把产品装入容器，进行容器封口的机器；

(3) 包装设备：用于放置产品入箱，包装单一产品放入运输箱的机器；

(4) 测量：用于原料、批产品检验、包装产品称重的设备；

(5) 所有主要和关键的设备都要经过安装确认和运行确认，必要时，应对新安装设备进行试运转。

三、工艺验证

工艺验证常指与加工产品有关的工艺过程的验证。工艺验证与设备及系统的确认是一个不可分割的整体,尽管它更多地与生产设备相关。以生产注射剂使用的灭菌柜为例,灭菌柜在安装确认及运行确认后,需要进行性能确认,性能确认中需要对产品的灭菌程序进行验证,如 121℃ 10min,需进行热分布试验或热穿透试验,并在验证中考察装载方式给产品灭菌带来的影响。因此,灭菌柜性能确认中包括了灭菌工艺的验证内容。配制设备、灌装机、贴签机也都存在类似的情况需要验证。因此,除了清洁验证、无菌操作的培养基灌装试验外,许多工艺过程,如洗瓶、洗塞、配液、灌装、灭菌、贴签一般都不予单独验证,因为这类工艺过程的验证已在工艺设备确认的同时完成了。

四、清洁验证

清洁验证是有文件和记录证明所批准的清洁规程能使设备符合药品生产要求的试验及相关活动。为确认清洁规程的效力,应进行清洁验证。应根据所涉及的物料,合理地确定产品残留、清洁剂和微生物污染的限度标准。

清洁验证的重要性在于证明按照清洁标准操作程序清洁后,通过从目视、化学、微生物限度试验的验证,证明清洁后没有来自上批产品及清洗过程的污染,确保产品质量。清洁验证是一个单独的验证项目,为用最简洁的程序达到最好的效果(检测生产后设备或生产区域化学或微生物残留)提供证据。方法和效果确认涉及对表面清洁、消毒、产品残留、清洁剂残留和微生物污染的确认。

清洁设备和在线清洁系统的安装和性能描述应在设备的 IQ 和 OQ 中体现。清洁验证的项目在描述分析性调查以及随后的清洁过程或清洁周期中应用。清洁验证应当提及:①清洁的程序;②清洁剂及消毒剂;③最差条件的选择;④取样的方法及取样方法的研究;⑤检测方法,包括化学和微生物检测及检测方法的确认。

清洁验证是为确保设备清洗规程能持续有效地去除生产设备的产品、清洗剂、微生物残留而提供文字性根据,对于被典型产品污染的特定设备的一种清洗规程,要进行连续三批成功的验证研究。"连续三批成功"定义为三次研究都没有出现失败,除非这些失败是在标准清洗过程中被有意引入的,在总结报告中应说明其影响。

设备的清洁度由下列几项决定:①目测,术语为"目视干净";②下列残留物的标准:活性成分、使用的清洁剂;③微生物。

五、检验方法验证

药品的生产过程中,原料、中间体、成品均需进行检验,检验结果既是过程受控的依据,也是评价产品质量的重要依据,检验结果应具有准确可靠性。而检验方法的验证为检验结果的准确及可靠性提供了有力保障。

检验方法验证的目的是证明所采用的方法达到相应的检测要求。验证的内容主要包括准确度、回收率、精密度、专属性、检测限、定量限、线性范围、粗放性和耐用性 9 个方面。

方法验证有以下几个先决条件,在进行方法验证以前,必须逐条进行检查。

(1) 仪器:已经过校正且在有效期内。

(2) 人员:人员应经过充分的培训,熟悉方法及所使用的仪器。

(3) 参照品:参照品的来源一般有 3 个:购自法定机构(如中国生物制品检定所)的法定参照品;购自可靠的供应商;自备参照品,其纯度和性能可自行检测或由法定检验机构检测。

(4) 材料:所用材料,包括试剂、实验用容器等,均应符合试验要求,不给实验带来污染、误差。如进行高效液相色谱分析时,所用试剂应为色谱级;检查铁盐时使用的盐酸不得含有铁盐等。

(5) 稳定性:应在开始进行方法验证前考察试验溶液和试剂的稳定性,确保在检验周期内试验溶液和试剂是稳定的。使用自动进样器,一般是预先配制好一系列样品溶液置进样器中,依次进样。这时要确保进样周期内样品溶液是稳定的。

药典或其他标准出版物中出版的检验方法在出版前都经过验证,因此没有必要进行全部验证,仅进行系统的适用性确认就足够了。对于微生物限度的检测方法,无菌检查方法的验证,必须要根据企业自身的品种进行验证,涉及的内容有:培养基灵敏度及无菌性检查、一定浓度菌悬液的配制计数、缓冲液的选择、中和剂的选择、冲洗的次数等。

六、产品验证

产品验证指在特定监控条件下的试生产。在试生产期间,为了在正式投入常规生产时能确有把握地控制生产工艺,往往需要抽取较多的样品,包括半成品及环境监控(必要时)的样品,并需对试生产获得的产品进行必要的稳定性考察试验。

产品验证应注意以下各点:

(1) 新产品或新工艺有完善的研究开发资料,在工艺设备性能确认中能够拟订出能切合生产实际的验证方案。

(2) 产品 / 工艺开发部门、质量管理部门及生产部门至少应当制订出生产方法、批生产记录、标准操作规程的草案。

(3) 根据法定标准制定产品质量标准、中间控制标准。

(4) 制订好成品和中间控制取样计划,以确保样品的代表性并有足够的样品对有关工艺参数进行考察。

(5) 制订必要的产品稳定性考察计划,通过稳定性考察进一步确认工艺参数的合理性和可靠性。

(6) 为确认工艺的重现性,至少需要进行连续 3 批的试生产。

(7) 产品验证的批次量应尽可能与实际生产的批次量一致。

(8) 与产品生产相关的工艺,已在相关设备 / 系统的性能确认中通过验证。

(9) 产品验证试验如因故无法按预计验证方案进行,或验证结果达不到预计标准时,须调查原因,采取必要的纠正措施,对验证方案作适当修订后再继续进行。验证方案的重大修改,均需经质量管理部经理和生产部经理的共同批准。

(10) 只有验证总计划获得最终批准后,质量管理部门方有权批准通过稳定性考察并将符合法定标准的产品投放市场。

七、计算机系统验证

计算机系统是用来执行一种特定功能或一组功能的硬件、系统和应用软件及有关外围设施的系统。与 GMP 相关的计算机系统包括以下过程中所使用的计算机系统:

(1) 生产过程;

(2) 生产环境;

(3) 过程控制;

(4) 质量决断过程;

(5) 物料控制及管理。

计算机系统验证是通过建立文件来证明计算机系统的开发符合质量工程的原则,能够提供满足用户需求的功能并且能够稳定长期工作的过程。计算机系统验证可借助于工艺验证的概念来理解。工艺验证中的“工艺”相当于计算机的“输入”过程和“内部处理”过程(软件),工艺中用到的设备相当于计算机主机、外围设备(硬件)以及与其相关的生产设备或质量控制设备,工艺的“产品”相当于计算机的“输出”或对另一台设备的控制等。

计算机系统验证适用于制药企业被确定为与GMP相关的计算机系统,该系统包括以下内容:

(1) 物料控制及管理系统:如BPCS(业务计划及控制系统)、SAP系统(系统、应用及产品数据处理系统,一种具有材料控制、产品成本核算及需求管理功能的计算机控制系统)等;

(2) 实验室设备控制系统及信息管理系统:如LIMS(实验室信息管理系统)系统;

(3) 生产工艺及控制系统:如PLC(可编程序逻辑控制器)等;

(4) 公用设施控制系统。

在实施计算机系统验证之前,应首先对计算机系统进行评估及分类,以便针对不同类型的计算机系统实施不同程度的验证。应根据多种因素来决定计算机系统验证的必要范围,这些因素包括:计算机用在哪个系统,属于前验证还是回顾性验证,在系统中是否采用创新元件等。应当将验证看作计算机系统“整个生命周期”的组成环节,这个生命周期包括计划、设定标准、编程、测试、试运行、文档管理、运行、监控和修改更新等阶段。

第五节 文件管理

GMP(2010年修订)规定确认与验证工作要有文件和记录,并对确认或验证的文件和记录提出要求,文件和记录应能证明所进行的确认或验证能够达到预定的目标。突出了验证生命周期的概念和要求,验证生命周期分为以下六个阶段:计划和需求阶段、设计与建造阶段、开发测试阶段、确认阶段、使用阶段和报废阶段。强调了设计确认阶段的重要性,企业应制定用户需求标准(URS)的相关文件;强调了每个阶段都由相关的文件组成,企业应根据所要验证设备的复杂程度、对产品质量的影响和风险评估情况在验证方案中确定需要的验证文件。

一、验证文件基本内容

验证文件主要包括验证总计划、验证方案、验证原始记录、验证报告与小结、验证总结、验证实施过程中形成的其他相关文档资料。

(一) 验证总计划

验证总计划(validation master plan,VMP),也称项目验证规划,它是项目工程整个验证计划的概述。GMP(2010年修订)提出了验证总计划的概念。总计划是验证主计划,为公司整个验证工作的实施提供政策、导向以及公司生产、设施、系统和质量计划的总体情况。验证总计划适用于公司内所有与生产有关的公用设施、设备、生产工艺、实验室设备、清洁方法和检验方法的验证。

每个企业必须有验证总计划,该文件是指导企业进行验证的纲领性文件,企业的最高领导层和质量受权人需要批准该文件,而且该文件必须定期更新以反映该企业最新的验证状况。

1. 验证总计划的目的　验证总计划的目的包括:

(1) 保证验证方法的一致性和合理性;

(2) 界定工艺、设备,使其处于受控状态;

(3) 是制定验证程序、草案及报告的基础;

(4) 为验证的有效实施提供保证;

(5) 作为相关人员的培训工具。

2. 验证总计划包含的内容　验证总计划中所包含的所有验证活动都应当以矩阵的形式进行概述和编排。这样的矩阵应当提供一个概述,必须包括如下内容:①验证计划中所包含的所有项目,这些项目对验证所需的程序进行了描述,也就是IQ、OQ和(或)PQ。②它也应当包括那些用于确定工艺和系统的验证状态所用的分析技术的验证。验证方法,也就是前瞻性验证、回顾性验证和现行验证。③再验证活动实际状态和将来的安排。

验证总计划通常包括但不限于以下内容:

(1) 验证必须遵循的指导方针与指南;

(2) 详细说明验证活动中相关部门的职责;

(3) 验证的范围:已验证和需验证的厂房、设施、设备、检验仪器、生产工艺、操作规程和检验方法等的情况;

(4) 相关文件:列出项目验证活动所涉及的相关管理及操作规程的名称和代号;

(5) 项目进度计划和时间表;

(6) 变更控制;

(7) 附录:平面布置图、工艺流程图、系统图以及其他各种图表等。

验证总计划可分为年度计划或项目计划。

(二) 验证方案

验证方案是一个阐述如何进行验证并确定验证合格标准的书面计划。某一生产工艺的验证应说明所用的设备、关键工艺参数或运行参数的范围、产品的性状、取样计划、应当收集的数据、验证试验的次数和验证结果可以认可的标准。

GMP(2010年修订)规定在验证前增加审核批准的要求;强调规定各部门在验证工作中具体的职责。

确认和验证方案的内容应包括:

(1) 作者和批准人:验证方案遵循“谁用谁起草”的原则,如生产设备确认方案由生产车间起草,公用工程验证方案由工程部人员起草等,因此验证文件的作者通常为验证对象的使用者;批准人通常包括技术批准人和质量批准人,并且最后应该由质量批准人进行最终批准。技术批准人主要从技术角度保证验证对象的可用性,质量批准人需要确保文件的内容和验证对象必须符合法规和企业的要求。验证方案只有经过批准后才能正式执行,方案的任何变更应在变更实施前经过批准。

(2) 简介:简介一般包括对需要验证对象的简要介绍和起草该文件的目的。

(3) 验证的范围:该部分内容至关重要,该部分确定了验证的范围,对于设备整体性的确认需要详细地列出该设备唯一的编号和型号等内容,可以参考相关的图纸或在图纸上标出确认的范围。

(4) 职责:需要详细列出各个部门的职责,如工程部、生产部、质量部,也可以列出相关人员的姓名,但是对于复杂的设备建议按照部门进行分工,以减少人员变动对该文件的影响。

(5) 流程/过程/内容:该部分是文件的重点,各个文件根据文件的性质进行描述和起草。例如,验证方案需要详细描述该验证活动所需要的验证文件和遵循的法规,运行确认方案需要详细描述测试的步骤、测试的可接受标准和测试的方法。

(6) 相关文件:阐述应遵循的标准操作规程等。

(7) 漏项与偏差表。

(8) 附录。

从本质看,验证方案的起草是设计、检查及试验方案的过程,因此它是实施验证的工作依据,也是重要的技术标准。确认的每个阶段,如 IQ、OQ、PQ 等都应有各自的确认方案。实施验证活动以前,必须制订好相应的验证方案。

(三) 验证原始记录

验证按预先制订并批准的方案实施。验证方案包括指令及记录两大部分,即除了规定应当如何做、达到什么标准以外,还规定应当完成的记录。指令有时只有文件的编号,如清场的标准操作规程,内容需要从相应的规程中查阅。验证的记录应及时、清晰并有适当的说明。

验证过程中必然会出现一些没有预计到的问题、偏差,甚至出现无法实施的情况,这种情况称为漏项。它们均应作为原始记录在记录中详细说明。这部分的内容可作为验证方案的附件,附在验证报告中。

原始记录中还有一些是设备的自动记录。这类记录只有实施验证的人员在记录上作出必要的说明,签名并签注日期后,才能成为文件,进入原始记录。

(四) 验证报告及小结

验证报告就是指对验证方案及已完成验证试验的结果、漏项及发生的偏差等进行回顾、审核并作出评估的文件。某一系统所有验证活动完成后,应同时完成相应的验证报告。这同生产作业一样,每一工序生产作业完成了,就得到该工序的批生产记录。验证各个阶段的工作全部完成后,应准备一份验证小结,对所有相关的验证报告进行总结。验证报告及小结应包括以下内容:

(1) 简介:概述验证总结的内容和目的;

(2) 系统描述:对所验证的系统进行简要描述,包括其组成、功能以及在线的仪器仪表等情况;

(3) 相关的验证文件:将相关的验证计划、验证方案、验证报告列一索引,以便必要时进行追溯调查;

(4) 人员及职责:说明参加验证的人员及各自的职责,特别是外部资源的使用情况;

(5) 验证的实施情况:预计要进行哪些试验,实际实施情况如何;

(6) 验证合格的标准：可能的情况下标准应用数据表示，如系法定标准、药典标准或规范的通用标准（如洁净区的级别），应注明标准的出处，以便复核；

(7) 验证实施的结果：各种验证试验的主要结果；

(8) 偏差及措施：阐述验证实施过程中所发现的偏差情况以及所采取的措施；

(9) 验证的结论：明确说明被验证的子系统是否通过验证并能否交付使用。

（五）验证总结

在整个工程项目验证全部结束后，验证经理应对项目验证进行总结，对各验证小结作出评价，说明验证完成的情况、主要偏差、措施及综合评价意见。项目验证总结的内容一般包括：概述、背景，范围，验证小结报告的要点，结论意见和验证文件清单。

质量管理部的验证主管负责验证文件的文档管理。验证完成后，有关文件的复印件应交付有关设备的使用部门作为设备档案（历史文件）的重要组成部分。

二、验证文件标识

验证文件的标识是验证资料具备可追溯性的重要手段，同其他质量文件一样，每一文件都须用专一性的编号进行标识。标识的方法与标准操作规程或基准批生产记录相类似。具体方法可由企业根据自己的情况决定，基本要求是它的专一性、可追溯性及方便使用。现以标识 000-VMP-P1 为例说明，它由三部分组成，前面一组的三个数字是某一设备或系统的代号，可预先确定；中间的一组字母表示文件内容，如 VMP 表示 validation master plan，即验证总计划。运行确认、性能确认、工艺验证则可分别用 OQ、PQ、PV 表示。第三组代码的第一个字母表示文件的性质，如 P 表示计划（plan）或方案（protocol），R 表示报告（report），S 表示小结（summary），最后的阿拉伯数字表示文件的版本号。文件的编号由项目部或主管验证的机构统一制定。

三、文件审核批准

所有的验证文件必须由下述人员审核、批准并签注姓名和日期。

(1) 文件起草人：通常是验证组的人员，他 / 她将对文件的准确与否承担直接责任，包括文件中的数据、结论、陈述及参考标准。因此，文件起草人员往往是有一定资质的专业技术人员或管理人员。

(2) 质量管理部经理：文件须经过质量管理部经理签字批准，以保证验证方法、有关试验标准、验证实施过程及结果符合 GMP 规范和企业内控标准的要求。

(3) 主管副总经理：验证文件是重要的质量体系文件，它直接关系到验证活动的科学性、有效性以及将来的产品质量水平。因此，必须得到最高管理机构的认可和批准。

(4) 生产部或工程部经理：他们是日后生产运行的负责人。他们应当通过验证熟悉并掌握保持稳定生产的关键因素，以便履行各自的职责。此外，他们应提供验证所必需的资源、人员、材料、时间及服务。他们的会签意味着实施验证试验的可行性，或对验证报告和验证小结中的结果、建议及评估结论的认可。

(5) 验证实施人员：按文件要求实施验证，观察并做好验证原始记录，对实施验证的结果负责。

(6) 审核（项目部或合适的专职人员）：审核人员的签字确保文件准确可靠，并同意其中的内容与结论。审核人员通常是专业技术人员。

四、验证文件档案管理

由于验证文件是重要的GMP文件，所有的验证文件必须按照企业文件的管理规程进行管理（包括文件的生效、借阅、复印、报废等）。验证文件应具有可追溯性，应有相应的编号系统，以保证验证的各种资料可以互相查证。验证文件应由质量保证部门按文件要求归档。

（杨　悦）

第八章 文件管理

GMP的文件管理是制药企业GMP管理的核心，是一项十分重要而又复杂的工作。它涉及整个企业GMP文件编制、管理及实施。文件作为联系人和硬件的纽带，是GMP系统最为关键的部分之一。良好的文件管理系统是质量保证体系的重要组成部分，书面的文件能防止由口头交流可能引起的差错并使审批的历史具有可追溯性。因此，在药品质量管理活动中，制药企业必须建立良好的GMP文件管理系统，更为重要的是还必须使之有效地运作。GMP“文件管理”的目标就是使得文件的设计、制定、审核、批准、分发、培训、执行、归档和变更等成为一系列有计划、有步骤、按秩序进行的系统管理活动。

制药企业必须建立一个负责文件管理的组织机构，该机构可以是GMP办公室或质量管理部门等。组织机构的负责人必须有较高的综合素质，能把握该公司文件的总体规划，能使该组织机构的人员统一认识，按照总体规划进行文件的制定，保证GMP文件的完成。组织机构的其他人员应由相关部门的专业人员组成，这些专业人员必须具有相当的综合素质，对GMP的精神实质有深刻的认识，并具有丰富的实践经验，懂技术、善管理，且有较强的文字表达能力。

第一节 文件概述

文件是指一切涉及药品生产管理、质量管理等的书面管理标准、程序和制度以及它们在实施过程中所形成的有规定标准格式的标识和记录。文件是质量保证系统的基本要素，企业必须健全一个运转高效的文件体系，必须有内容正确的书面文件，文件是药品生产与质量管理活动稳定、有序的保证，使企业在遵循国家各种有关法规的原则下，一切活动有章可循、责任明确、照章办事、有案备查。

从药品生产企业文件使用实际情况来看，文件可分为程序类文件和记录类文件两大类。程序类文件又可分为管理标准（standard management procedure，SMP）、技术标准（standard technical procedure，STP）、操作规程（standard operating procedure，SOP）、记录标准（standard record procedure，SRP）等四大类文件。

管理标准：以工作为对象，为明确管理职能、划清工作范围和权限、规范管理过程而制定的制度、规定、方法等书面文件，强调“应该”怎么做。包括生产管理、质量管理、人员管理（人员培训、部门职能）、物料管理（物料进出、物料分类编号、取样室管理、实验室管理、不合格品管理程序、退货产品管理规程、化学危险品管理、在库保养、特殊物料、标识物、贮存期）、设备管理（设备、器具管理、厂房、公用工程）、计量管理、卫生管理（厂房设施、设备、环境、工艺、操作人员的卫生管理制度，生产区工作服质量规格）、验证管理（厂房、设备、工艺再验证管理）、文件管理、辅助部门管理规程等。

技术标准:生产和质量管理所需要遵循的含有技术指标的文件。包括工艺规程、质量标准(原料、辅料、包装材料、工艺用水、半成品、中间体、成品、企业内控标准)、验证方案(工艺验证、设备验证、厂房验证,清洁验证、检验方法验证)等。

操作规程:以人为对象,为明确工作方法及内容、操作要求及步骤而制定的规程、程序方法等书面文件,突出"如何"去做。包括工作职责指令、岗位责任制、岗位操作法和标准操作规程(仪器设备、环境监测,检验规程)等。

记录与凭证:是反映药品生产管理过程中标准执行情况的结果,可分为表格、记录、凭证、报告等。记录包括批生产记录、批检验记录、物料管理记录、企业内部的自检记录、稳定性试验记录、申诉退货处理报告、设备仪器和器具的维护、运行、校验、验证记录、设备和器具卫生(清洗和消毒)记录、环境监测记录、销售管理记录(产品销售、退货记录)、人员管理记录等。凭证是表示物料、设备、房间等状态的单、证、卡、牌等。

药品生产质量管理系统可分为生产管理、质量管理、物流管理与工程维护这四个子系统,这四个子系统都会有各自的技术标准(STP)、管理标准(SMP)、操作规程(SOP)文件,这四个子系统在使用这些文件后,会留有相应的记录,比如生产记录、质量管理记录、仓储管理记录、设备维护记录等。我们就根据这样的规律对文件进行分类和规整。

文件架构分为四级,质量手册为第一级文件,技术标准STP、管理标准SMP为第二级文件,工作标准SOP为第三级文件,记录表格为第四级文件。见图8-1。

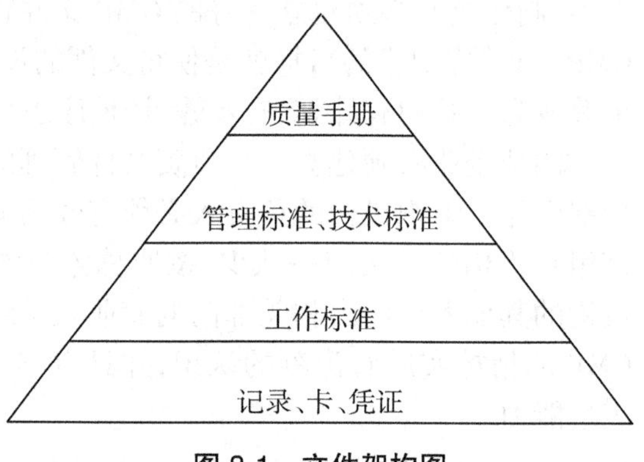

图8-1 文件架构图

一、管理标准文件

管理标准类文件是由企业根据技术标准类文件制定的准则、规定、办法、制度和程序等书面文件,确保药品生产与质量管理的各项法定的技术标准与管理规定能得到有效实施。具体有生产管理类文件、质量管理类文件、物流管理类文件、工程维护管理类文件、卫生管理类文件、验证管理类文件等。

1. 生产管理类文件 生产部门使用的管理类文件。如,生产计划的编制与实施管理制度、生产统计管理制度、生产批号管理规定、不合格中间产品、成品管理程序、生产过程质量控制点监测管理制度等。

2. 质量管理类文件 质量管理部门使用的管理类文件。如,成品放行审核制度、制造过程监控管理制度、质量否决权制度、取样管理制度、产品留样观察制度、偏差处理管理制度等。

3. 物流管理类文件 物流管理部门使用的管理类文件。如,物料采购管理制度、原辅料验收入库管理制度、成品贮存复验管理制度、仓库温湿度控制制度、仓储状态标识管理制度等。

4. 工程维护类文件 工程维护部门使用的管理文件。如,设备选型与购置管理制度、设备使用与维护保养制度、设备三级保养制度、设备档案管理制度、计量管理制度、设备状态标志管理制度等。

5. 卫生管理文件　药品生产企业的卫生管理包括两个方面的内容，一方面是厂房、设施、设备等也就是物的卫生管理，另一方面是操作人员也就是人的卫生管理。厂房、设施及设备的卫生管理制度：应清洁的厂房、设施、设备及清洁维护时间，清洁维护的作业顺序及所使用的清洁剂、消毒剂与清洁用具，评价上述清洁维护工作效果的方法等。操作人员的卫生管理制度：生产区工作服质量规格，操作人员健康卫生状况管理办法，操作人员洗手、卫生缓冲设施及其管理程序，操作人员操作时应注意的卫生事项等。

6. 验证管理类文件　如验证总计划、验证管理制度、验证组织机构及职责、验证文件的管理制度等。

7. 其他管理文件　如人员的教育和培训、辅导部门管理规程、紧急情况的处理程序等。此外，还有文件本身的管理制度等。

二、技术标准文件

技术标准类文件是由国家、地方、行业或企业所颁布和制定的技术性规范、准则、规定、办法、标准、规程和程序等书面文件。作为全面质量管理标准化管理的GMP，要求药品生产企业的生产与质量管理必须全方位标准化，以确保所生产的每一批药品质量均尽可能地与原设计一致，这个标准化体现在质量标准与形成质量过程的标准这两个方面，这两个方面的标准就是我们通常所说的技术标准与规程，体现在文件上就是技术标准文件与技术规程文件。

1. 技术标准文件　包括原料、辅料、包装材料、半成品、中间体、成品等质量标准文件。药品生产企业所制定的原料、辅料、包装材料、半成品、中间体、成品等质量标准文件必须符合国家药品标准、包装材料标准、生物制品规程或有关的其他标准。比如，根据企业实际需要，符合有关国际标准、其他国家标准、地方标准、行业标准或企业标准等，但一般来说，国家标准是最基本的标准，企业在制定技术标准文件时，都是以国家标准为基本标准的。

2. 技术规程文件　包括产品工艺规程、产品检验规程、验证规程等文件。技术规程类文件的制定必须根据国家标准，如药典、注册文件等规定。

(1) 产品工艺规程就是指为生产特定数量的成品而制定的一个或一套文件，包括生产处方、生产操作要求和包装操作要求，规定原辅料和包装材料的数量、工艺参数和条件、加工说明(包括中间控制)、注意事项等内容。工艺规程可以理解为产品的“蓝图”或“模子”，它是药品设计和生产方法设计的结果，其作用在于保证商业化生产的药品，批和批之间尽可能地与原设计吻合。

(2) 产品检验操作规程就是指为特定产品检验而制定的一个或一套文件，包括取样、检测、留样等操作要求，规定了这些环节与过程所使用的试剂、仪器、材料的要求，操作要求与条件、说明、注意事项等内容。产品检验操作规程可以理解为产品的“试金石”，它是判定所生产的药品与原设计吻合程度的工具。

(3) 验证规程就是指为特定硬件、软件或工作现场能否达到规定的标准所进行的确认工作而制定的一个或一套文件。包括设备确认规程、工艺规程验证、检验方法验证、清洁验证等，规定了这些规程所使用的装备、设施、设备、材料、标准、方法、步骤等的要求。验证规程可以理解为产品生产与质量管理的“基石”。

三、操作规程

操作规程(SOP)就是指经批准用来指导设备操作、维护与清洁、验证、环境控制、取样和检验等药品生产活动的通用性文件,也称操作标准类文件。这类文件以特定的操作员工、工作岗位或所要操作的设备等为对象,对其工作职责、工作具体内容作出的规定。它们是各类技术标准与管理标准具体细化和实施的产物,涉及生产、质量、物流、工程维护等各个部门。比如,制粒机标准操作规程,内包装材料取样标准操作规程,物料的抽验,称量及复核程序,空调净化系统清洁与维护保养规程等等。这些文件构成了药品生产企业生产与质量管理文件体系的基本单元,在药品生产与质量管理活动中发挥着重要的作用。根据药品生产企业的实际制定完整、科学、实用的 SOP 是药品生产企业搞好质量管理工作的基础。

四、记录与凭证

一般而言,在药品生产与质量管理工作中,每执行一个工作文件,都必须留有相应的记录,比如,根据生产工艺规程留有批生产记录,根据检验规程留有批检验记录等等。各类工作管理标准是行为的准则,记录是行为结果的证据。标准提供了“规矩”,但更重要的是在生产实践中实施这些标准,记录和凭证反映了实际生产活动中执行标准情况的结果。记录包括报表、台账、生产操作记录等。凭证包括物料、物件、设备、房间等状态的单、证、卡、牌等。

由于记录和凭证能记载所生产的每一批产品的全部情况,或者也可以说反映了所生产的每一批产品与标准的偏离情况,也就是一致性程度;因此,记录是质量追溯和纠偏的基础,是质量风险分析的基础,是质量持续改进的源泉。可以说,记录类文件也是保证药品质量十分重要的文件,甚至是最重要的文件。

记录类文件大致有以下几类:

1. 生产管理类记录文件　如,批生产记录、批包装记录、生产过程偏差处理记录、洁净厂房温湿度记录、物料结料单等。

2. 质量管理类记录文件　如,收料报告、留检报告、取样记录、取样单、检验记录、分析证书、稳定性试验记录、批中间控制记录等。

3. 物料管理类记录文件　如,物料验收记录、仓库温湿度控制记录、物料领取台账、物料养护记录、货位卡与物料标识等。

4. 工程维护类记录文件　如,设备仪器和器具的维护记录、设备仪器的运行和事故记录;设备仪器和器具校验记录、设备仪器和器具卫生(清洗和消毒)记录等。

第二节　文件编制管理

文件是质量保证系统的基本要素,企业必须有内容正确的书面质量标准、生产处方和工艺规程、操作规程以及记录等文件,内容正确、形式实用的文件离不开科学、系统的文件编制工作。

一、文件设计

文件系统的设计以 GMP 的要求为依据。文件系统的设计要符合企业的实际情况,既满足生产与质量管理的需要,又不流于形式。文件系统的设计与制定要在企业质量管理负责人的指导下进行,文件系统的设计与制定人员要经过严格的 GMP 培训并考核合格。

文件系统的制定程序要符合文件管理规范。文件的设计应合理,题目能清楚说明文件的性质,各类文件有便于识别的编号系统,有统一的格式,原件必须是打印的正式文本。

二、文件编码

GMP 规定,文件应有便于识别其文本、类别的系统编码和日期。文件编码应做到:编码与文件一一对应,做到一文一码。企业内部编码应统一分类,按照文件系统建立编码系统。在大致了解了药品企业文件种类与分类方法之后,以下的工作就是在文件分类的基础上进行编码(document reference code),这个工作是文件系统形成过程的重要组成部分。为了便于识别、控制和管理,每一个文件都必须有一个唯一对应的编码。文件编码应有系统性,应有专人负责文件编码并及时记录。文件编码一旦确定不得随意变动,以保证文件系统的稳定性。文件经过修订后,必须有新的文件编码,同时对与该文件相关的文件编码进行修订。以下以某医药股份有限公司(简称"J 公司")为例来说明这个问题。

(一) 文件编码原则

首先 J 公司确定编码的原则如下:

(1) 系统性:将文件统一分类、编码,编码系统应尽可能反映文件信息的准确性。

(2) 准确性:文件与编码相对应,某文件终止使用,此文件编码即告作废,并不得再次起用。

(3) 可追溯性:根据文件编码系统规定,可随时查找某一文件或查询某文件的变更历史,做到"查有据,行有迹,追有踪"。

(4) 一致性:文件一旦修订,必须给予新的修订号,同时对其相关文件中出现的该文件号进行修正。

(5) 稳定性:文件编码系统一旦确定,不得随意变动,应保证系统的稳定性,如若需要变动,须经过相关部门的批准,并随之变更相应的所有相关文件的编号,以保证文件系统的稳定性,防止文件管理的混乱。

(6) 发展性:文件系统本身以及对文件进行编码时,应为将来的发展以及管理方法的改进预留足够的空间。

(二) 文件编码方法

文件编码的方法有很多,可根据企业生产品种的特点及文件体系要求选择编码方法。编码是否合理对企业的文件管理起着非常重要的作用,合理的编码可使文件管理更方便、有效,不易出差错。标准管理规程类文件的编码一般格式为:文件类型代号—部门代号—规程分类代号—文件顺序号—修订号。记录编码的一般格式为:类型代号—部门代号—工序代号—记录分类代号—文件顺序号—修订号。

J 公司采用的编码方法如下:

文件的编码:文件的编码由文件性质、功能类别、序号或代码三部分组成,其中文件性质和功能类别用英文缩写字母表示,序号和代码用阿拉伯数字表示。

1. 按文件性质分类编码

类别	技术标准文件	管理标准文件	操作规程	记录
代码	STP	SMP	SOP	R

2. 按功能类别分类编码

类别	工艺规程	质量标准	验证方案
代码	PS	QS	V

3. 技术标准文件(STP)分类编码

类别	无菌粉针	小容量注射剂	固体制剂	外用制剂	原料药	无菌原料药
代码	1	2	3	4	5	6

(1) 工艺规程(PS)、验证方案(V)内容分类编码

编码示例说明:

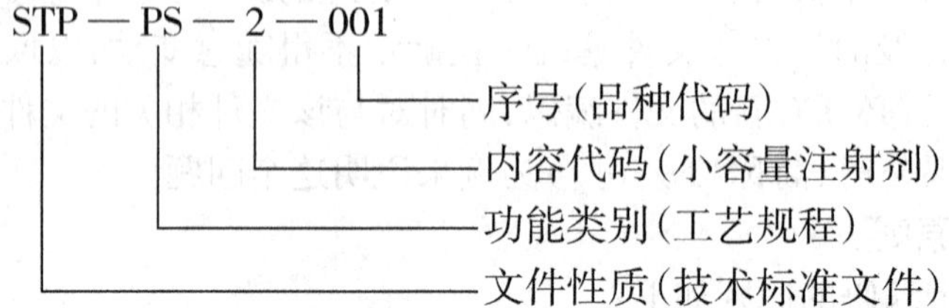

(2) 质量标准(QS)内容分类编码

类别	工艺用水	原料	辅料	中间体半成品	成品	包装材料	化工原料	中药材
代码	0	1	2	3	4	5	6	7

编码示例说明:

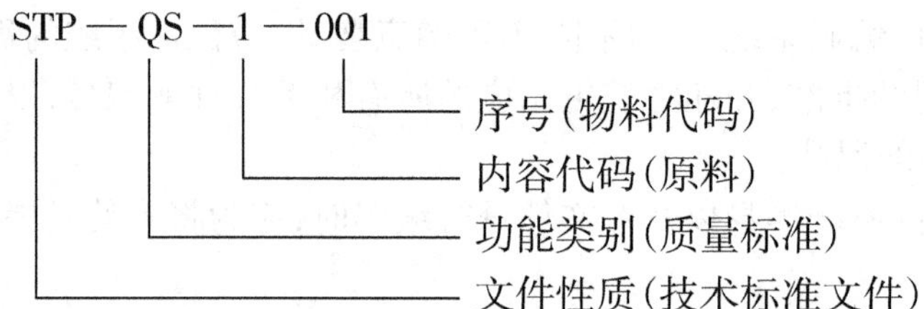

4. 管理标准文件(SMP)分类编码 生产技术管理(P)、质量管理QM(质量保证QA、质量控制QC)、厂房设施管理(W)、设备管理(E)、安环管理(EHS)、物料管理(M)、机构和人员管理(HR)、计量管理(QJ)、清洁卫生管理(C)、销售管理(S)、文件管理(D)、验证管理(V)、注册管理(R)

编码示例说明:

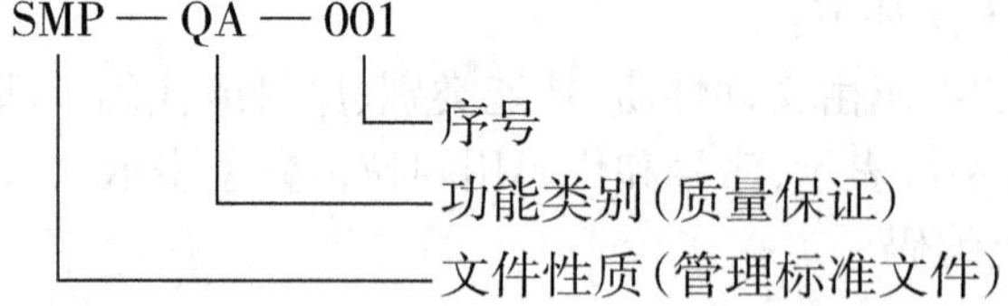

物料管理(M)内容分类编码

类别	原料	辅料	包装材料	成品	化工原料	中药材
代码	Y	F	B	C	H	Z

物料分类编码:拼音缩写字母加物料代码加当年当月累计进库次数。

编码示例说明:

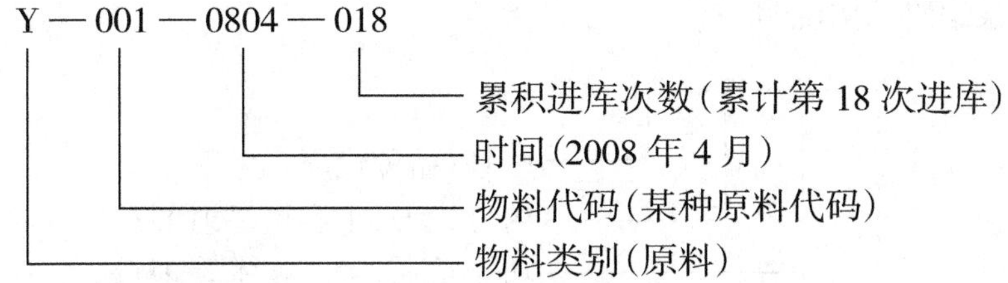

5. 标准操作规程（SOP）分类编码　生产管理（P）、岗位标准操作规程（PP）、质量管理 QM（质量保证 QA、检验规程 QC）、计量（QJ）、设备操作规程（E）、物料管理（M）、卫生清洁操作规程（C）。

类别	无菌粉针	小容量注射剂	固体制剂	外用制剂	原料药	无菌原料药
代码	1	2	3	4	5	6

（1）岗位标准操作规程（PP）内容分类编码

编码示例说明：

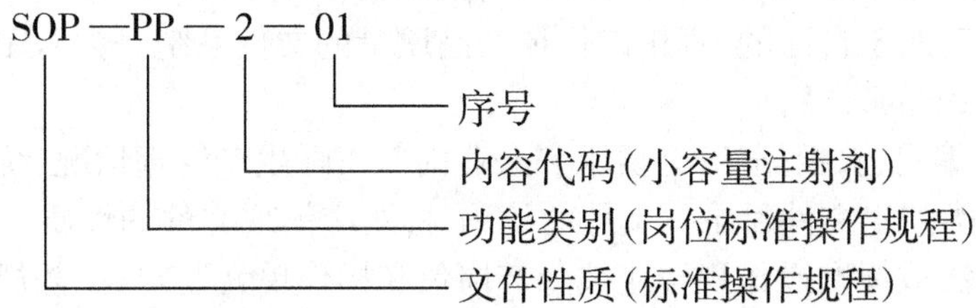

（2）检验规程（QC）内容分类编码

类别	工艺用水	原料	辅料	中间体半成品	成品	包装材料	中药材	仪器操作规程	通则
代码	1	2	3	4	5	6	7	8	9

编码示例说明：

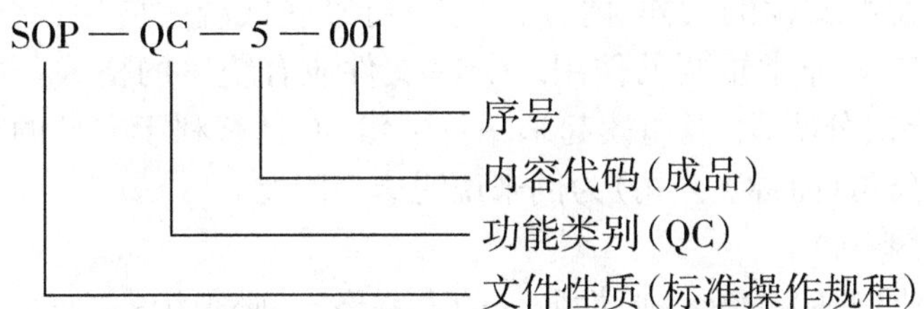

6. 记录的编码　记录的编码在管理分类代码前加 R，后加流水号。

编码示例说明：

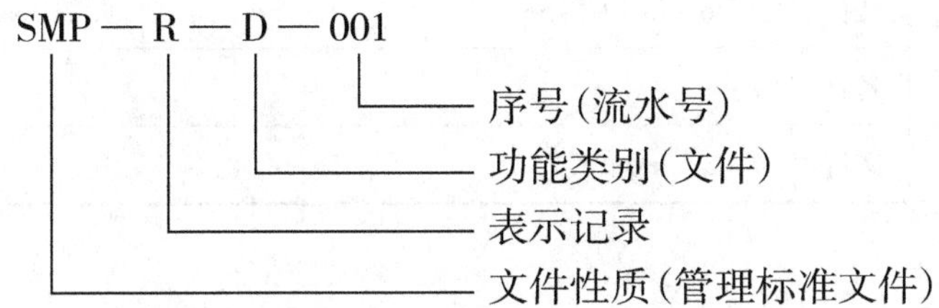

批生产记录编码示例说明：

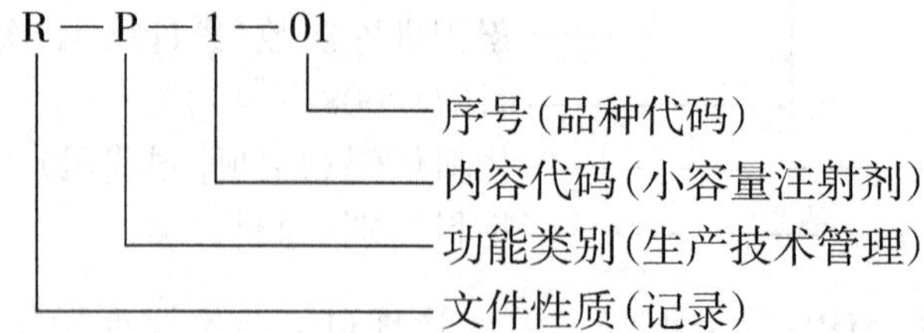

7. 附录的编码　按英文字母的顺序编码，如附录 A：、附录 B：、附录 C：，依此类推。

8. 文件编码原则　每一个标准文件或记录只允许一个编码，相反每一个编码只能代表一个文件。

9. 文件的版本号　版本号由“00-99”组成，00- 新制定的文件，01- 第一次修订，02- 第二次修订(依此类推)。当文件需要修订时，文件编码不变，只对文件版本号进行修改。

(三) 文件目录的产生

建立一套文件系统成功与否关键是文件总目录的确定。而编制总目录的原则是现行版 GMP 与企业实际情况的有机结合。GMP 是一般准则，只有将 GMP 与具体实际情况有机地结合，才能产生一套属于自己的、真正能保证产品质量的文件系统。为 GMP 而 GMP 的拿来主义是编制文件系统的大忌。

J 公司在文件编码前，根据 GMP 要求和企业内部实际生产管理情况，统一确定文件编码方法，分部门或分类列出文件目录。文件的编码、标题应体现文件的性质。

(1) 岗位操作法或标准操作规程应按生产岗位和操作单元制定，工艺规程应按产品品种制定。

(2) 设备操作、清洗、维护规程应按每台设备制定。

(3) 质量标准、检验操作规程应分成品、中间体、原料、辅料、包装材料、工艺用水等几大类，按品种或项目逐一制定。

三、文件格式

文件的格式就是指文件的式样、内容、文字等标准化或统一应用，这个对于文件系统的建立和以后的运行有着非常重要的作用。GMP 文件应有统一的格式。采用统一的格式可使文件条理清楚，层次分明，不但阅读起来一目了然，而且有利于文件的执行和管理。以下以某制药股份有限公司(简称 J 公司)为例来说明这个问题。

(一) 页眉和页脚

1. 页眉　文件眉头是文件名称、性质等的重要格式，必须统一，使整个文件系统规范有序。J 公司文件眉头如下：

(1) 首页页眉

<table>
<tr><td rowspan="3"></td><td>文件类型 Document Type：</td><td>页数 Page：</td></tr>
<tr><td colspan="2">名称 Title：</td></tr>
<tr><td colspan="2">文件编号 Document No：</td></tr>
</table>

(2) 次页页眉

<table>
<tr><td rowspan="3"></td><td>文件编号 Document No:</td><td>生效日期 Effective Date</td></tr>
<tr><td rowspan="2">名称 Title:</td><td>有效期至 Next Revision Date</td></tr>
<tr><td>页数 Page:</td></tr>
</table>

(3) 页眉内容

1) 名称:文件的名称应能清楚地说明文件的性质。

2) 编号:由质量管理部根据《文件的分类与编码规程》将文件统一编号。

3) 生效日期及有效期:用完整的年月日数字来表示日期,如 2011.03.05。

2. 页脚

(1) 首页页脚

部门名称 Name of Department: 分发部门 Distribute Department:

(2) 次页页脚

	草拟人 Originated By	部门审核人 Department Review By	质量保证部审核人 QA Review By	批准人 Approved/Authorized By
签名 Signature				
职位 Title				
日期 Date				

(二) 正文格式

1. 正文内容

(1) 目的:简明扼要地说明制定该文件的目的是什么。

(2) 范围:该文件所适用的相关部门和相关部门的活动,必要时还应说明不适用于哪些范围。

(3) 责任者:规定哪些部门、岗位或人员对该文件负责任。

(4) 程序 / 规程 / 内容:对管理和方法过程进行详细描述,规定应该做什么,谁来做,何时何地如何做,要用什么材料、设备和文件以及如何控制和记录,如何检查等。内容应当与药品生产许可、药品注册等相关要求一致。文字应当确切、清晰、易懂,必须可操作性强,不能模棱两可,不能有两种以上的解释。

按活动的逻辑顺序写出开展该项活动的各个细节;规定应做的事情(What);明确每一活动的实施者(Who);规定活动的时间(When);说明在何处实施(Where);规定具体实施办法(How);所采用的材料、设备、引用的文件等;如何进行控制;应保留的记录;例外特殊情况的处理方式等。

(5) 记录(空白表格):列出文件所需使用的记录(空白表格)的标题和编号(包括版本号),给每一个表格一个标题,对表格进行编号并置于表格的右上角。表格不能独立于文件正文进行更新,但是文件正文可以独立于表格进行更新。表格更新时,应在文件中反映出表格的变更,如果没有,写"不适用"。

(6) 附录:说明此文件所使用的记录、流程图等;如果没有附录,就不用写该栏目。

(7) 相关文件:与该文件内容相关的其他文件,列出直接影响或与该文件相关的其他文件的编号及名称。

(8) 变更说明:说明此文件的变更情况以便追溯,表格长度根据变更次数而增加,如果是新编文件,就在变更原因中说明是新编。单次变更无论变更内容多少都用一行表格表示,变更内容较多时,在该行内用序号区分。

变更时间	变更内容	变更原因	修订人
	1. 2.	1. 2.	

2. 正文的格式要求 J公司的文件正文格式要求如下:

(1) 字体

1) 首行公司名称和地址:中文字体采用小五号宋体,英文字体采用小五号 Times New Roman。

2) 首页文件名称:采用小二号宋体,加粗,居中。

3) 首页注释:中文字体采用小五号宋体,英文字体采用小五号 Times New Roman,加粗。

4) 页眉:中文字体采用五号宋体,英文字体采用五号 Times New Roman,加粗。

5) 页脚:中文字体采用小五号宋体,英文字体采用小五号 Times New Roman。

6) 正文:中文字体采用五号宋体,英文字体采用五号 Times New Roman。

7) 记录:标题采用小二号宋体,加粗,居中。表格采用五号宋体。

(2) 标点符号均用空心,每一行均顶左格。

(3) 正文之间的行距为 1.5 倍,行距、字间距为标准格式。

(4) 项目序号采用多极序号。如 1;1.1;1.1.1 的形式,依此类推。

(5) 文件统一采用标准 A4 规格的纸。

(6) 页边距

1) 纵向页面:上边距为 2.5cm,下边距为 2.0cm,左边距 2.5cm,右边距 2.0cm。

2) 横向页面:上边距为 2.5cm,下边距为 2.0cm,左边距 2.0cm,右边距 2.5cm。

3. 各类文件的正文格式

(1) 管理标准类文件格式:管理标准类文件内容涉及面多,也比较繁杂,根据管理标准类文件的特点,J公司管理标准类文件格式为:文件的目的,文件使用的范围;文件内容;包括明确的责任、程序与方法等。

(2) 技术标准类文件格式

1) 质量标准:包括标准依据、引用标准、标准内容、储存条件及注意事项等。J公司规定,物料和成品应当有经批准的现行质量标准;必要时,中间产品或待包装产品也应当有质量标准。

J公司物料的质量标准正文格式包括以下内容:物料的基本信息:企业统一制定的物料名称和内部使用的物料代码;质量标准的依据;经批准的供应商;如果是印刷包装材料,还应当有实样或样稿;物料取样、检验方法或相关操作规程编号;物料定性和定量的限度要求;物料贮存条件和注意事项;物料有效期或复检期。

J公司成品的质量标准正文格式包括以下内容:产品名称以及产品代码;对应的产品处方编号(如有);产品规格和包装形式;成品取样、检验方法或相关操作规程编号;成品定性和定量的限度要求;成品贮存条件和注意事项、有效期。

J公司外购或外销的中间产品和带包装产品都有质量标准,其具体格式和物料相同;J公司规定,如果中间产品的检验结果用于成品的质量评价,则应当制定与成品质量标准相对应的中间产品质量标准,其格式和成品质量标准的格式相同。

2) 工艺规程:包括产品名称、剂型、规格,处方和确定的批量,生产工艺流程,生产工艺的操作要求及工艺条件,物料、中间产品、成品的质量标准和技术参数及贮存注意事项,物料平衡的计算方法及偏差范围,成品容器、包装材料的要求等,原材料消耗定额及技术经济指标,生产设备及容器一览表,技术安全及劳动保护,劳动组织与岗位定员等。J公司每种药品的每个生产批量均有经企业质量管理部门批准的工艺规程,不同药品规格的每种包装形式均应当有各自的包装操作要求。工艺规程的制定以注册批准的工艺为依据。

J公司制剂的工艺规程文件格式内容包括:

生产处方:产品名称和产品代码;产品剂型、规格和批量;所用原辅料清单(包括生产过程中使用,但不在成品中出现的物料)阐明每一物料的指定名称、代码和用量;如原辅料的用量需要折算时,还应当说明计算方法。

生产操作要求:对生产场所和所用设备的说明(如操作间的位置和编号、洁净度级别,必要的温湿度要求、设备型号和编号等);关键设备的准备(如清洗、组装、校准、灭菌等)所采用的方法或相应操作规程编号;详细的生产步骤和工艺参数说明(如物料的核对、预处理、加入物料的顺序、混合时间、温度等);所有中间控制方法及标准;预期的最终产量限度,必要时,还应当说明中间产品的产量限度以及物料平衡的计算方法和限度;待包装产品的贮存要求,包括容器、标签及特殊贮存条件;需要说明的注意事项。

包装操作要求:以最终包装容器中产品的数量、重量或体积表示的包装形式;所需全部包装材料的完整清单,包括包装材料的名称、数量、规格、类型以及质量标准有关的每一包装材料的代码;印刷包装材料的实样或复制品,并标明产品批号、有效期打印位置;需要说明的注意事项,包括对生产区和设备进行的检查,在包装操作开始前,确认包装生产线的清场已经完成等;包装操作步骤说明,包括重要的辅助性操作和所用设备的注意事项、包装材料使用前的核对;包装中间控制的详细操作,包括取样方法及标准;待包装产品、印刷包装材料的物料平衡计算方法和限度。

3) 验证方案:以J公司设备验证方案为例,其格式为验证对象、编号、方案起草人、审核人、批准人、验证小组成员等;验证方案封面(应写明验证对象,编号,方案,起草人、审核人、批准人、验证小组成员签名),目录,引言(包括概述、验证目的),有关仪器校正要求及记录,设计确认方案及记录,安装确认方案及记录,运行确认方案及记录,性能确认方案及记录,验证结果分析、评价及结论。

4) 检验操作规程:J公司检验操作规程格式主要为:检验依据的质量标准及其来源的描述;检验所使用的仪器的校验描述;检验所使用的试剂与试液质量标准及其来源描述;检验操作方法,包括原理、计算公式、允许偏差等的详细描述等。

(3) 操作规程类文件格式:J公司操作规程的内容包括:题目、编号、版本号、颁发部门、生效日期、分发部门以及指定人、审核人、批准人的签名并注明日期,标题、正文及变更历史。

(4) 记录标准类文件格式:以下以J公司批生产记录、批包装记录和批检验记录来说明:

1) 批生产记录:J公司批生产记录的格式内容包括:产品名称、规格、批号;生产以及中间工序开始、结束的日期和时间;每一生产工序的负责人签名;生产步骤操作人员的签名;必要时，还应当有操作（如称量）复核人员的签名；每一原辅料的批号以及实际称量的数量（包括投入的回收或返工处理产品的批号及数量）；相关生产操作或活动、工艺参数及控制范围，以及所用主要生产设备的编号；中间控制结果的记录以及操作人员的签名；不同生产工序所得产量及必要时物料平衡计算；对特殊问题或异常事件的记录，包括对偏离工艺规程的偏差情况的详细说明或调查报告，并经签字批准。

中药制剂生产过程中，中药材处理的相关记录格式为：

a. 应对从中药材的前处理到中药提取物整个生产过程中的生产管理、生产卫生管理以及质量管理情况进行记录。

b. 当几个批号的中药材和中药饮片混合投料时，应记录本次投料所用每批中药材和中药饮片的批号和数量。

c. 中药提取各生产工序操作记录应包括提取、浓缩、收膏、精制等。

d. 中药材和中药饮片品名、批号、投料量及监督投料记录等。

e. 提取工艺的设备编号、相关溶剂、浸泡时间、升温时间、提取时间、提取温度、提取次数、溶剂回收等记录。

f. 浓缩和干燥工艺的设备编号、温度、浸膏干燥时间、浸膏数量记录。

g. 精制工艺的设备编号、溶剂使用情况、精制条件、收率等记录。

h. 其他工序的操作记录。

i. 中药材和中药饮片的废渣处理记录。

2）批包装记录：J公司批包装记录的内容包括：产品名称、规格、包装形式、批号、生产日期和有效期；包装操作日期和事件；包装操作负责人签名；包装工序的操作人员签名；每一包装材料的名称、批号和实际使用的数量；根据工艺规程所进行的检查记录，包括中间控制结果；包装操作的详细情况，包括所用设备及包装生产线的编号；所用印刷包装材料的实样，并印有批号、有效期及其他打印内容；不宜随批包装记录归档的印刷包装材料可采用印有上述内容的复制品；对特殊问题或异常事件的记录，包括对偏离工艺规程的偏差情况的详细说明或调查报告，并经签字批准；所有印刷包装材料和待包装产品的名称、代码，以及发放、使用、销毁或退库的数量、实际产量以及物料平衡检查。

3）批检验记录：J公司批检验记录格式包括以下内容：产品或物料的名称、剂型、规格、批号或供货批号，必要时注明供应商和生产商（如不同）的名称或来源；依据的质量标准和检验操作规程；检验所用的仪器或设备的型号和编号；检验所用的试液和培养基的配制批号、对照品或标准品的来源和批号；检验所用动物的相关信息；检验过程，包括对照品溶液的配制、各项具体的检验操作、必要的环境温湿度；检验结果，包括观察情况、计算和图谱或曲线图，以及依据的检验报告编号；检验日期；检验人员的签名和日期；检验、计算复核人员的签名和日期。

四、文件编制

企业所要编写的文件应覆盖企业药品生产与质量管理的各个方面，文件包括质量标准、工艺规程、操作规程、记录、报告等。内容正确、形式实用的文件离不开科学、系统的文件编制工作。

（一）文件编制的基本原则

企业应根据GMP要求，结合实际生产操作来编写文件。文件编制应注重真实性、可靠性、科学性，内容覆盖完整、清晰易懂，使每一个操作只有一个标准，做到“查有据、行有迹、追有踪”。此外，文件编制活动本身也要有质量保证，也要有一个起草、修订、审查、批准、生效、修改和废除的“法定”程序，并严格遵守执行。具体编写原则如下：

1. 系统性原则　文件的内容和编制没有一定的模式，要根据本企业的实际情况，用比较通俗的话来说就是“写我要做的，做我所写的，记我所做的”，做到“一切行为都有规定、一切规定都有执行、一切执行都有记录”，但是，文件的内容应当与药品生产许可、药品注册等相关要求一致，并能有效地追溯每批产品的历史情况。

2. 明确性原则　文件内容准确、明确，定性的内容表达清楚、肯定、准确，定量的内容，量化的数字、数量、数据表达清楚、准确，具有可操作性，杜绝模棱两可。

3. 清晰性原则　文件基本都是用于生产与质量管理一线操作岗位，所以，文件标题、类型、目的、范围、责任应有清楚的陈述，文字条理清晰，层次分明。文件用语确切、语句通顺、容易理解。

4. 统一性原则　所有文件应当有统一的格式，文件应当按规定统一的格式标明题目、种类、目的以及文件编号和版本号。文件如需记录，栏目要全并有足够空间；文件所用纸张的质量与大小力求统一，便于印刷、复制、填写。

（二）文件正文编写内容

1. 目的　简明扼要地说明制定该文件的目的。

2. 适用范围　该文件适用的范围或应用领域，必要时还应说明不适用的范围和应用领域。

3. 责任者　执行该文件的部门或人员以及对执行该文件负有监督检查责任的部门或人员。

4. 内容或程序　这是文件的主体，阐述管理或操作的详细内容、方法或步骤，并对可能发生的意外或特殊情况加以说明。

5. 引用文件　指本文件引用的现行标准和其他文件，列出文件编号和名称即可，以便于参考和查找。

在文件起草的过程中，还应保证其内容与药品生产许可、药品注册批准的相关要求一致。

（三）主要编制文件

1. 文件管理制度　文件的编码规定，文件的起草、审核、批准程序，文件的发放、登记、收回、归档程序，文件的培训规程，文件的执行与检查制度，文件的变更管理程序等。

2. 人员管理文件　部门职责，人员岗位责任制，人员培训制度及计划、考核、档案，人员健康管理制度及档案等。

3. 设备管理文件　设备管理制度、操作规程、清洁规程、维修保养规程、档案、台账、记录表、状态卡。

4. 卫生管理文件　卫生管理制度，厂房、设备、容器、卫生工具清洁规程，工作服清洗规程，进入洁净区的更衣净化程序，对外来人员的指导规定等。

5. 验证工作文件　验证总计划、验证管理制度（再验证周期）、验证方案、验证报告、验证原始记录等。

6. 生产管理文件　工艺规程、岗位标准操作规程、清场管理、生产工艺查证管理、物料消耗定额规定、生产指令、物料平衡检查程序、偏差分析处理程序、批号编制与划分规定、可利用物料管理规程、拼箱管理规定、批生产记录等。

7. 质量管理文件　各级人员质量责任制，质量管理部门职责与权限，质量管理和检验人员职责，产品质量档案管理制度，留样观察制度，质量分析制度，质量统计报告制度，质量信息反馈制度，质量事故分析报告制度。质量奖惩制度，用户访问制度，质量投诉处理规程，自检规程，药品不良反应监察报告制度，库存物料复验规程，标签说明书设计、校对、印刷管理规程。供应商质量审计程序，成品放行前审核程序，取样规程，工序质量控制，用户投诉处理程序，不合格品处理程序，退货和收回程序等。

8. 质量控制文件　质量标准，检验操作规程，仪器操作、校验规程，标准溶液管理规程，试剂与试液管理规程，对照品、检定菌管理规程，无菌检验室管理规定，实验动物房管理办法，洁净区环境监测规程，工艺用水质量监控规程，检验记录，检验报告等。

9. 物料管理文件　物料入库、贮存、发放管理程序，物料分类编号规定，取样室管理规程，不合格品管理程序，销毁程序，化学危险品管理程序，成品销售管理程序，标识物管理规定，退货产品管理规程，货位卡，请检单，成品销售记录，仓库温湿度监控记录等。

（四）文件编制的要求

根据 GMP 的要求和精神，在文件的内容编撰中需注意以下几点：

(1) 文件的标题应能说明文件的性质，其标题、类型、目的、原则应有清楚的说明，便于和其他文件区别开来；

(2) 文件文字应条理清晰、简练易懂，可操作性强，指令性内容以命令的方式给出，不可模棱两可；

(3) 各类文件应有便于识别其文本、类别的系统编码和日期，该文件的使用方法和使用人数等，文件应分类存放、条理分明，便于查阅；

(4) 文件在文字、式样上应力求统一，文件不得手工书写，坚决不允许使用手抄本，文件的起草、修订、审核、批准均应由适当的人员签名并注明日期。

五、文件制定程序

企业应当建立文件编制管理的操作规程，系统地设计、制定、审核、批准和发放文件。所编制的文件应当经质量部门审核。文件制定的一般流程如下：

设计——起草（——会稿——修订）——审核——批准——分发——生效

为加强 GMP 文件的可操作性，制定时宜采取“谁使用，谁编写”、“先起草，后会签”、“先试用，后批准”的方式，这样才能避免文件的片面性，缩短文件的定稿时间，并使文件能够真正落实。

“谁使用，谁编写”有两个方面的意思。一是各部门的文件应由其相关部门的专业人员来编写，设备工程部门的文件应由主管设备工程的专业人员来编写，质量管理方面的文件应由制药工程方面的专业人员来编写。如果由非相关部门的人员来编写，编写出来的文件往往不切实际，可操作性不强。二是编写文件应采取“自下而上”的方式，先由操作人员来编写，后交部门主管审核、修改。这样不但可以发挥操作人员的主观能动性，调动下属的积极性，减少部门领导的工作量，而且由于文件执行者参与了文件编写，所编写的文件今后执行起来也较顺畅。有的制药企业虽然也成立了 GMP 办公室等相应的组织机构，但制定文件时采取“自上而下”的方式，即先由部门主管编写，然后下发给员工执行，这样由于下属事前没有参与进来，对文件比较陌生，执行起来也相对困难些。

文件制定宜“先起草，后会签”。由于有些 GMP 文件的制定不是一个部门就能完成（如制定验证文件就需要生产管理部门、质量管理部门、设备工程管理部门共同参加)，一个部门的成员也不可能对其岗位都能了如指掌，因此对起草后的文件进行会签是不可缺少的一个环节。文件会签的过程中，相关部门须互相合作才能将文件制定好。

GMP 文件宜“先试用，后批准”，这样就可以避免文件生效后马上就需要修订的情况出现。现在制定 GMP 文件时可供参考的资料较多，不反对借鉴、参考别人的经验，而且不但要拿来，还要“为我所用”，必须实事求是地结合自己厂家的具体情况制定出符合自己厂情的文件。

(一) 设计

药品生产企业应成立一个由质量管理部门负责的专门的文件起草领导机构，其职能是：根据 GMP 要求，结合各部门已有文件，确立文件总目录，确立文件编码、格式，确定各部门参与文件协调人员，为随后的文件编制打好基础。其应能保证文件的准确性、完整性、适用性，同时负责文件内容和编写风格的一致性、连续性。确保文件自成体系，切实可行。在这个机构的统一领导和协调下，根据药品监管的法律法规，根据 GMP 的规定，根据企业药品生产与质量控制的实际情况，根据药品生产许可与药品注册要求，挑选有相当的学历和资历、对所负责的工作有深刻认识或领悟的人员对文件系统、内容与格式等进行精心设计，确保文件内容的准确性、可操作性。

(二) 起草

文件的起草是形成文件的第一步，也是最重要、最基础的一个环节，质量管理部门应挑选有相当学历和资历、对所负责的工作有深刻认识或领悟的一线实际工作人员，并对他们进行药品监管的法律法规、GMP 和有关制药专业知识等的系统培训，使他们能非常清晰地了解本企业药品生产与质量管理的实际情况和药品生产许可与药品注册要求，在此基础上，进行不断指导和沟通、交流，让他们编写自己所负责领域的文件。企业在文件起草的过程中容易发生的问题是，不管企业实际，撇开生产与质量管理一线员工，照搬照套或盲目编写，这样不但不切合企业实际需要，而且也难以得到一线员工的认同和理解，为今后的实际操作留下隐患。

文件的起草是一个经过反复商榷修改趋于完善的过程，可能要经历一段时间才能完成，而文件中填写的“起草日期”一般可以规定为起草文件的起始日期。文件起草时，起草人向文件管理员索要文件编号。起草人应为部门内有资质的熟悉岗位管理或操作的人，以保证文件内容的实用性和可操作性。跨职能部门的文件由公司指定符合条件的人员起草。

(三) 会稿

起草工作完成以后，一般由一线起草员工所在部门或车间组织进行会稿，以保证文件内容的全面性、准确性。在会稿过程中，会稿人员一定要和起草人员进行沟通、协商，遇到不同意见，一定要进行交流，切不可丢开起草人员自行进行文件修订。会稿完成后，应把原起草文件和会稿文件一并交给质量管理部门。

(四) 审核

修改后的文件由文件起草部门负责人审阅再交质量管理部门或 GMP 主管部门审核；质量管理部门应组织生产管理部门、物流管理部门、工程维护部门和本部门的专业技术人员对文件进行再次修订。文件审核的要点是，审核文件内容与国家药品监管法律、法规、现行 GMP 标准或精神、药品许可与注册要求是否一致，文件内容的可行性，语言是否简练、易懂、确切，名词不能有两种或两种以上的解释，应注意与其他文件的衔接、有无相悖的含义等。

切不可把文件的审核流于形式，要注意各部门间的横向交流，所有文件的审核人与批准人必须经文件起草机构预先规定，以保证文件的准确性和权威性。

当该部门所制定的文件涉及多个部门时，需对文件进行会审，由质量管理部门组织会审，会审时将审核意见填写在"文件会审单"上，审核后将"文件会审单"和原始文件一起返回原制定人员，原制定人员根据会审的意见进行修改，直至符合要求。"文件会审单"见章末附表 8-1。

（五）批准和生效

所有的文件在质量管理部门进行统一审核后，由质量管理部门提交企业负责人进行批准，按规定的日期宣布生效。文件的起草、修订、审核、批准均应当由适当的人员签名并注明日期。

（六）修订和废除

文件的修订是指只要不改变文件的题目，不论内容改变多少均称为文件的修订，如因原文件不能符合现行管理的要求，或因工艺改变、环境及生产用房的改变等对原文件进行的改动。修订时，应在文件的变更历史中写明版本号、变更的原因和内容、生效日期。修订的过程可视为一份新文件的建立。实际工作中可能会遇到这样的问题：在文件批准之后生效之前的一段时间内对文件的内容进行了变更，有人认为既然文件尚未生效，此时进行的变更应不属于修订。其实不然，理论上来说在"批准日期"之后对文件进行的所有修改都应属于修订，都必须使修订工作留下记录，这一点要引起注意。文件修订完毕，应及时将修订后的文件发至相关部门，并同时将原文件收回，保证工作现场的文件为现行文件。

文件的废除是指文件的题目改变或文件由于设备更换而撤销，不论内容改变与否，原文件都应废除。文件的废除由使用部门提出书面报告交 QA 审核，报总工程师或技术厂长或法人代表批准。无论是修改或是废除都必须执行上述程序，质量管理部门负责将修订后的文件发送至有关部门，并收回废除的文件，使其不得在生产现场出现。文件编制过程见图 8-2。

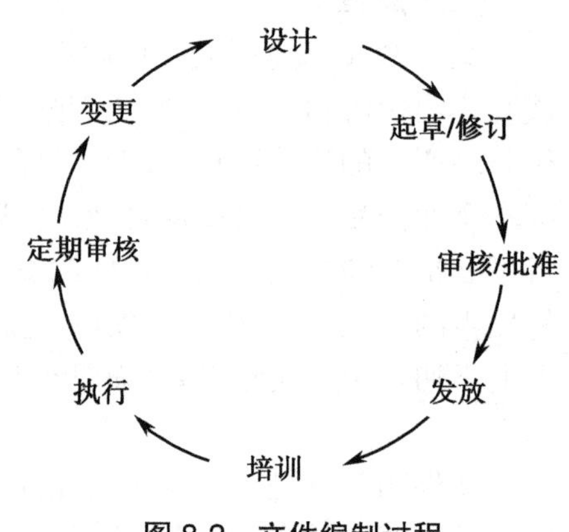

图 8-2 文件编制过程

第三节 文件使用管理

文件的起草、修订、审核、批准、替换或撤销、复制、保管和销毁等应当按照操作规程管理，并有相应的文件分发、撤销、复制、销毁记录。

文件的使用包括批准、分发、培训、执行、归档和变更等环节，必须对这些环节进行管理，其管理目的是确保文件的使用过程规范化、程序化，文件使用有质量。

一、文件的批准

文件在质量管理部门进行统一审核后，由质量管理部门提交企业负责人进行批准，按规定的日期宣布生效。文件的起草、修订、审核、批准均应当由适当的人员签名并注明日期。总之，对文件的批准过程是赋予文件在企业内部权力的过程，批准人一般只对文件进行形式上的审查，不再审核文件的内容和细节。所以，很多企业的做法是将所有文件的批准定在同一天进行，这是可行的，而且也给管理带来了方便。

文件批准后，由批准人签发生效日期。文件从批准到生效，确定生效日期应考虑到文件管理部门有足够的时间组织人员对该文件进行培训。文件的批准是在企业内部由下至上的一个过程，但文件生效即是文件投入到实际工作运用之中，文件的使用者是企业基层的人员，所以从批准到生效，中间还有一个由上至下的过程，即各部门进行的培训和对培训内容的考核。因此，文件的生效日期至少要在批准日期之后2~3周时间，以保证文件培训工作的顺利开展。

二、文件的发放

文件的管理层面不同，发放范围也不同，文件应保证使用者都有适当的使用机会。文件管理员接到批准的文件后，须根据文件第一页标记的分发部门，统计后复印，文件按需要的份数印刷，按涉及的范围发放。在执行之日前发放至相关人员或部门，每一份发放的文件均要登记以保证文件合理发放和控制，填写“文件发放登记表”，登记发放号，保证每一部门均有涉及该部门职责的文件。任何部门或个人不经批准不得复制文件。

文件的复印由文件管理员负责，一律使用原件复印，不得产生任何差错；复制的文件应当清晰可辨。发放文件的每一页应加盖受控章，受控章盖在文件中间。文件领用人需在“文件发放登记表”上签名。发放的同时要如数收回旧文件；已撤销的或旧版文件除留档备查外，不得在工作现场出现。文件发放登记表和文件回收、销毁登记表见章末附表8-2和附表8-3。

三、文件的培训

无论新文件还是更改后的文件，为保证文件得到正确的执行，新文件或修订后的文件一经批准，在文件批准日期后到生效日期前应由文件起草或审核部门对使用文件的人员进行培训，并经考核合格。培训工作由质量管理部门统一安排进行。

完善的文件系统是GMP管理的基础，其关键在于文件的培训与使用。文件培训的目的非常明确，即实施文件。所有的文件都要根据不同的实施者进行培训，所有员工都必须接受他所应实施的文件及相关文件的培训。

文件培训的前提是GMP的基础教育和专业知识、基础技能的培训。只有具备GMP的基础知识，有一定的专业技术水平，才能融会贯通、理解GMP文件，使文件培训收到实效。

文件培训可以由行政人事部门会同相关部门编制培训计划，由编写人、审核人、批准人进行培训并做好培训记录以保证每个文件使用者都能正确使用文件。不但要组织学习各项管理制度，而且要组织学习各个操作规程，还要进行考核和考试，以保证培训的效果。文件培训可采用起草人主讲的方式，由起草人将文件起草的背景、相关联的专业知识、文件的执行要点、与之相关的文件内容、执行文件的检查考核，以及执行文件时可能出现的问题、解决方法作详细讲解。员工培训要分次分批地进行。近几年我国制药企业的人员整体素质有了较大幅度的提高，但也有不少人员(尤其是操作工人)的文化水平和素质偏低，只有认认真真、扎扎实实地进行人员的培训，保证文件使用者清楚何时使用该文件、怎样使用该文件，才能真正按文件执行任务。

四、文件的执行

文件批准生效后，各部门应当立即执行文件的有关规定。制定GMP文件的目的是为了执行文件,文件制定得再好也必须执行好才能使其起到应有的作用。文件初始执行阶段,质量管理部门应注意加强监督检查,并对执行结果进行必要的评估,以保证文件执行的有效性,文件应根据评估结果及时进行复核修订。GMP 文件的执行是 GMP 文件管理的末端环节,也是 GMP 管理的落脚点。庞大的文件系统要全面实施,而且应一丝不苟地实施,这是对企业 GMP 管理的最大考验。

五、文件的归档

文件的归档包括书面文件的归档和电子版本的归档,文件经签发批准后应立即将原文件交由质量管理部门归档管理,质量管理部门作为文件的管理部门,由专人负责文件的归档管理,质量管理部门的档案室中必须留有一份完整的书面文件和电子版本。

现行文件样本及原件应统一归档,更新时应有记录并归档,旧文件收回集中归档;文件应当分类存放、条理分明,便于查阅。质量标准、工艺规程、操作规程、稳定性考察、确认、验证、变更等其他重要文件应当长期保存。各种归档的文件应建立台账登记以方便查阅、借用。

六、定期审核

文件应当定期审核、修订。文件每年由质量部组织对现在质量管理体系文件进行定期评审,各部门结合平时使用情况进行适时评审,必要时予以修改,

七、文件的变更

由使用者或管理者提出变更理由和内容,由原文件的批准人评价变更的可行性并审批,使用者按审批意见执行变更,同时检查相关文件的变更,变更应予记载。文件变更审批表和文件变更登记表,见章末附表 8-4、附表 8-5。

附表 8-1

文件会审单

<table>
<tr><td>文件名称</td><td colspan="3"></td><td>□新增　　□修改</td></tr>
<tr><td>起草人</td><td colspan="2"></td><td>日期</td><td></td></tr>
<tr><td rowspan="4">相关部门意见</td><td></td><td colspan="3">签名:　　　　日期:</td></tr>
<tr><td></td><td colspan="3">签名:　　　　日期:</td></tr>
<tr><td></td><td colspan="3">签名:　　　　日期:</td></tr>
<tr><td></td><td colspan="3">签名:　　　　日期:</td></tr>
<tr><td>质量管理部门意见</td><td colspan="4">签名:　　　　　　日期:</td></tr>
</table>

附表 8-2

文件发放登记表

文件名称	文件受控编号	发放部门	发放日期	份数	发放人	收件人	备注

附表 8-3

文件回收、销毁登记表

文件名称	文件编号	回收部门	回收日期	数量	交出人	销毁人	监督人	销毁日期

附表 8-4

文件变更审批表

<table>
<tr><td>部门</td><td></td><td>申请人</td><td></td><td>日期</td><td></td></tr>
<tr><td>文件名称</td><td colspan="3"></td><td>文件编号</td><td></td></tr>
<tr><td colspan="6">变更理由</td></tr>
<tr><td colspan="6">变更内容</td></tr>
<tr><td colspan="6">部门审批意见

年　　月　　日</td></tr>
<tr><td colspan="6">质量部经理审批意见

年　　月　　日</td></tr>
</table>

附表 8-5

文件变更登记表

文件名称	文件编码	生效日期	原文内容	变更内容	批准人	批准日期	备注

（梁　洁）

第九章　生 产 管 理

药品质量是设计和生产出来的。在药品生产中，采取各种有效措施防止污染、混淆和人为差错，是药品GMP的核心所在。药品的生产制造过程同其他工业产品一样，都是以工序生产为基础的，生产过程中某一工序出现波动（机器、方法、材料、操作人、环境等），必然会引起生产过程及成品的质量波动。因此，不仅药品（成品）要符合质量标准，而且药品的生产全过程也必须符合GMP的要求。只有同时符合这两个条件的药品才是完全合格的药品，这是现代药品质量的理念，也是解决药品质量不稳定的根本办法。因此，生产管理是药品生产过程中保证药品质量的关键环节。

第一节　药品生产系统的建立

生产管理是一个输入转化为输出的过程，即投入一定的资源，经过一系列行为、方法、操作等进行转换，最终以某种形式提供产出的过程。对生产运行过程所进行的规划、设计、组织和控制的活动，就是生产管理。

一、生产工艺流程图

生产工艺流程图是根据一定的生产方法制定的，是按顺序组成全部生产的工艺操作的图解式描述，并注明参与这些操作的物料、控制参数与条件及由操作产生的结果。从中能直观地反映该流程中关键的质量控制点。

（一）生产工艺流程图的表现形式

生产工艺流程图是用文字、符号标识工艺过程的示意图。

1. 以椭圆形、长方形等符号表示参与这些操作流程的工序、物料、主要的工艺条件（如温度、pH、配比）等，并标注相应的文字说明。

2. 各工序以箭头（→）相连接标注走向。

（二）生产工艺流程图的作用

1. 简要说明整个生产过程。

2. 简要说明生产中某一阶段、工序的工艺内容。

3. 简要说明整体及部分工艺过程所使用的原料及生成物。

4. 直观地反映该流程中关键的质量控制点。

5. 预测生产过程所使用的设备类型（清洗设备、灭菌设备、分装设备、包装设备等）和大致数量。

二、生产管理系统的组织机构

GMP强调了企业应配备一定数量的与药品生产相适应的专业知识、生产经验及工作能力，能正确履行其职责的管理人员和技术人员。生产管理负责人应具有医药或相关专业本科以上学历，并具有药品生产和质量管理的实践经验，有能力对药品生产中的实际问题作出正确的判断和处理。各级员工应具有专业技术、岗位操作与洁净作业知识、GMP、安全知识、卫生和微生物学基础知识，有能力完成本岗位的具体工作。

（一）生产管理系统岗位群

药品生产企业正处于大规模产业化阶段，主要分为化学原料药制造、药物制剂、中药制剂及生物制品业。根据其加工单元操作岗位群来划分可主要归纳为：化学原料药生产岗位群、生产基本单元操作岗位群、口服固体制剂生产岗位群、液体类制剂生产岗位群、半固体制剂生产岗位群、生物制品生产岗位群、其他制剂生产岗位群等，如表9-1。

表9-1 系统岗位群分类

服务的岗位	操作内容	岗位群
化学原料药的配料岗位、菌种培养岗位、发酵（或化学合成）岗位	中间体制备	化学原料药发酵/合成
化学原料药的提取岗位、提炼岗位	化学原料药的分离纯化	化学原料药分离纯化
化学原料药的精制岗位、烘干岗位、包装岗位	化学原料药的精制	化学原料药精、烘、包
液体制剂、水针、输液、滴眼剂等制剂的制水操作岗位	制水	生产基本单元操作
水针、粉针、输液、滴眼剂及其他制剂的灭菌与无菌操作岗位	灭菌与无菌操作	
散剂、颗粒剂、片剂、硬胶囊剂和丸剂的前处理岗位	粉碎过筛混合	
散剂的分剂量和质量检查岗位	散剂制备	口服固体制剂生产
颗粒剂制粒和质量检查岗位 硬胶囊剂制粒岗位 片剂制粒岗位	颗粒剂制备	
素片制备和包衣片的片芯制备岗位及其质量检查岗位	压片	
片剂的包衣、质量检查岗位 小丸包衣岗位	包衣	
硬胶囊剂的填充、质量检查岗位	硬胶囊剂制备	
软胶囊剂的化胶、内容物的配制、制胶丸、干燥清洗、质量检查岗位	软胶囊剂制备	
丸剂的制丸、干燥、整丸、质量检查岗位，微丸制备岗位	丸剂制备	
滴丸剂的配液、制丸、干燥、整丸、质量检查岗位	滴丸剂制备	

续表

服务的岗位	操作内容		岗位群
溶液剂的配液、质量检查岗位	溶液剂制备	液体制剂制备	液体类制剂生产
糖浆剂的配制、质量检查岗位	糖浆剂制备		
高分子溶液剂的配制、质量检查岗位 水性凝胶基质的配制岗位	高分子溶液剂制备		
溶胶剂的配制、质量检查岗位	溶胶剂制备		
混悬剂的配制、质量检查岗位	混悬剂制备		
乳剂的配制、质量检查岗位	乳剂制备		
水针的容器处理、质量检查岗位	安瓿清洗	注射用液体制剂制备	
水针的配液、质量检查岗位 口服液的配制岗位	配液		
水针的灌封、质量检查岗位	灌封		
输液的配液、容器的处理、灌封、质量检查岗位	输液制备		
滴眼剂的配液、容器的处理、灌封、封口、质量检查岗位	滴眼剂制备		
粉针的配液、容器的处理、无菌粉末分装、冷冻干燥、质量检查岗位	冻干粉制备		
汤剂、合剂、酒剂、酊剂、流浸膏剂、浸膏剂、煎膏剂的制备和质量检查岗位	浸出制剂制备		
软膏剂、糊剂的配制、质量检查岗位	软膏、糊剂制备		半固体制剂生产
乳膏剂的配制、质量检查岗位	乳膏剂制备		
适用于凝胶剂的配制、质量检查岗位	凝胶剂制备		
眼膏剂的配制、质量检查岗位	眼膏剂制备		
生物制品细菌 / 细胞 / 病毒培养、原液制备岗位	培养、原液制备		培养、原液制备
生物制品纯化岗位、半成品制备岗位	纯化、半成品制备		纯化、半成品制备
生物制品分、包装成品岗位	分、包装		制剂
栓剂的配制、包装、质量检查岗位	栓剂制备		其他制剂生产
气雾剂的配制、装配、质量检查岗位	气雾剂制备		
膜剂的配制、质量检查岗位	膜剂制备		

（二）生产管理部门的组织机构

生产管理系统的组织机构图见图 9-1。

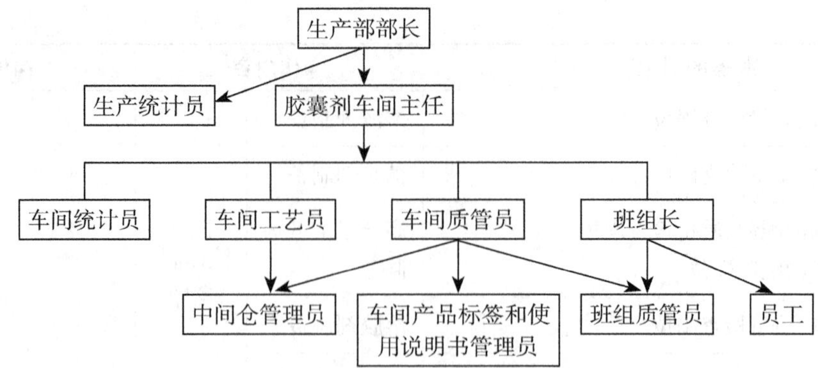

图 9-1 生产管理系统的组织机构图

三、岗位职责

1. 生产管理部门的职责

(1) 负责编写、修订、实施生产管理文件,负责或参与相关质量文件的编写、修订、实施。

(2) 制定生产计划及日生产所需物料的计划审批,下达生产指令。

(3) 保证公司的一切生产行为完全按照生产管理文件规定进行,确保生产质量符合标准。保证生产操作指令能严格执行,按时保质全面完成公司下达的生产任务。

(4) 监督管理产品制造、工艺纪律、卫生规范等执行情况,确保及时有效地解决生产中出现的各种问题。

(5) 持续进行产品制造的工艺革新,保证设备运行和产品质量稳定与不断改进。

(6) 做好技术经济指标的统计和管理工作,达到最小成本,最大效益。

(7) 会同质量管理部门进行生产工艺等的验证。

(8) 负责监督和控制生产区的环境及工艺卫生。

(9) 负责对生产部门各级人员的管理、考核和培训。

(10) 负责建立自查制度,对生产全过程进行监控,保证整个生产过程符合 GMP 的规定。

2. 生产管理系统员工的职责

(1) 按照各类有关生产的书面文件的规定及生产计划的要求,遵照《药品管理法》和 GMP 组织生产,在生产过程中防止一切可能发生的差错、混淆和交叉污染。

(2) 制定本车间可用于控制生产的文件,包括生产工艺原始记录及用于生产记录的各类表式,经生产部部长复核、质管部审核后,由总经理批准实施。

(3) 按照制定的各种标准操作程序(SOP)进行操作,使设备及生产正常运转,保证产品的质量。

(4) 生产过程中应实施下列管理:工艺管理、记录管理、物料平衡管理、生产秩序管理、批号管理、清洁与清场管理、包装和贴签管理、状态和标示管理、验证与再验证管理、安全生产管理和其他必要的管理。

(5) 生产过程中应进行有效的自查,并有相应的书面记录。

(6) 生产中出现不能按 GMP 要求进行且本车间无法克服的异常现象应停止生产,报告生产部部长,并通知质管部或其他部门共同处理,不做任何不符合书面规定的行动。

(7) 一个批号生产完毕,整理本车间有关记录文件,复核后作为批记录的主要组成部分,送质管部备案。

(8) 实施良好的劳动组合,提高工时的有效利用率及设备设施的合理使用,降低成本。

(9) 参与新产品投产前的验证及生产产品的再验证工作。

(10) 每月应向生产部部长汇报本车间工作的重要情况和出现的各种质量问题。

第二节　药品生产管理系统的管理

生产管理是产品各项技术标准及管理标准在生产过程中的具体实施,是药品质量保证体系中的关键环节。通过生产管理各项措施的实施,确保生产过程中使用的物料经过严格检验和确认符合预定规格标准,并由经过培训符合上岗标准的人员一丝不苟地按照生产部门下达的生产指令、批生产记录及标准操作程序中规定的各种指令来从事药品生产,确保生产出来的产品质量符合规定标准,安全有效。生产管理的重要环节包括:生产工艺管理、批号与生产记录管理、设备与生产阶段标识管理和生产偏差管理等等。生产过程中各个环节环环相扣,只有严格控制,防止差错、污染、混杂,方能使药品生产的全过程有充分的保障。

一、生产工艺规程管理

现代药品生产企业的发展,要求药品的生产有较高的机械化、自动化程度,较高的工艺技术水平。与其他化工产品的生产相比,药品的剂型多,品种规格多,投入的原料、辅料种类多,且消耗量大。药品的生产对质量的要求更为严格,所生产的药品不允许有"等外品"、"处理品"等。一旦出现质量问题,通常不能返工,因此,客观上要求药品生产处于"零差错率"状态。不能以产品检验合格与否作为衡量产品质量好坏的标准,因而必须对药品生产全过程进行严格的工艺管理,以保证药品的质量。

(一) 生产前准备

生产过程管理中应做好生产前准备工作,见表 9-2。

表 9-2　生产前准备的检查内容

检查项目	检查内容	检查要求
1	生产场所	是否符合该区域清洁卫生要求
2	生产前确认无上次生产遗留物	更换生产品种及规格前是否清场,清场者、检查者是否签字,未取得"清场合格证"不得进行另一个品种的生产
3	设备状况	设备检查合格并挂上"合格"标牌后方可使用;正在检修或停用的设备应挂上"不得使用"的状态标志
4	生产用剂量容器、度量衡器及测定、测试仪器、仪表	进行必要的检查(或校正),超过计量周检期限的计量仪器不得使用
5	生产管理文件	检查与生产品种相适应的工艺规程、岗位操作法、SOP等生产管理文件是否齐全
6	设备、工具、容器清洗、灭菌	是否符合工艺标准
7	原辅料、半成品(中间产品)	按生产需料送料单对所用原辅料、半成品(中间产品)进行核对

（二）工艺管理

药品生产过程中出现问题或事故的主要因素有两个，一是没有标准的书面操作规程文件或指令，有的企业有这些文件和指令但不完善，或者有这些文件和指令，但不执行或不严格执行；二是口头传达信息导致的信息传递失真。在生产操作中的主要规程和指令有生产工艺规程、岗位操作法和SOP，其合理性和可行性直接影响所生产药品的质量以及生产效率。

1. 生产工艺规程　生产工艺规程是规定生产一定数量成品所需起始原料和包装材料的数量，以及工艺、加工说明、注意事项，包括生产过程控制的一个或一套文件。生产工艺规程是经过验证，对产品的设计、生产、包装、规格标准及质量控制进行全面描述的基准性技术标准文件，是产品设计，质量标准和生产、技术、质量管理的汇总。制定生产工艺规程的目的是为药品生产部门提供必须共同遵守的技术准则，以保证生产的批与批之间尽可能地与原设计吻合，保证每一药品在整个有效期内保持预定的质量。

2. 岗位操作规程　岗位操作规程包括岗位操作法和岗位标准操作规程(SOP)两个部分。

(1) 岗位操作法：岗位操作法是经批准用以指示生产岗位具体操作的书面规定，是对各具体生产操作岗位的生产操作、技术、质量管理等方面所做的进一步详细要求，是生产工艺规程的具体体现。

(2) 标准操作规程：标准操作规程或标准操作程序（SOP）是经批准用以指示操作的通用性文件或管理办法。SOP是组成岗位操作法的基础单元。

(3) 典型的固体制剂药品生产企业生产管理规程如表9-3所示。

表9-3　固体制剂药品生产企业典型的生产管理规程

序号	文件名称	序号	文件名称
1	工艺规程管理规程	15	药品包装拼箱管理规程
2	生产计划管理规程	16	生产车间不合格品管理规程
3	生产记录管理规程	17	领料标准操作规程
4	生产批号管理规程	18	粉碎过筛标准操作规程
5	生产过程的状态标志管理规程	19	称量配料标准操作规程
6	批生产指令管理规程	20	制粒干燥标准操作规程
7	批包装指令管理规程	21	整粒总混标准操作规程
8	批生产物料平衡管理规程	22	压片标准操作规程
9	生产过程偏差及异常情况处理管理规程	23	糖衣包衣标准操作规程
10	生产统计管理规程	24	胶囊填充标准操作规程
11	生产过程管理规程	25	内包装标准操作规程
12	生产安全管理规程	26	外包装标准操作规程
13	生产车间剩余物料管理规程	27	中间站标准操作规程
14	生产车间工序清场管理规程		

(4) 生产操作的规程和指令的管理

1）宣传学习：任何有关生产操作的规程和指令在正式下达实施之前，都必须由企业生产技术管理、质量管理、人力资源部门组织操作人员和管理人员进行学习和培训，尤其是新员工，必须经考核合格后方能上岗。

2）贯彻实施：生产操作中的有关规程和指令一经批准实施，各级操作人员和管理人员都应该严格执行，对不符合生产工艺规程、岗位操作规程的指令，操作人员应拒绝执行。生产技术管理、质量管理等部门应经常进行追踪随访，了解其执行情况，并给予必要的指导、帮助和纠正。

对非正常情况下不能按岗位操作规程操作时，操作人员应做紧急处理并记录，及时上报，由生产技术管理、质量管理部门提出处理方案，经批准后方可继续生产。

（三）生产操作管理

药品生产过程中，污染和混淆的危险主要来自于生产中所用的原料、设备、生产方法、生产环境、人员操作5个环节。生产过程中未能控制的灰尘、气体、喷洒物、生物散发出的微粒、设备中的残留物、操作者的错误等都可能造成药品的污染和混淆。为了防止药品的污染和混淆，除对以上5大因素进行控制以外，生产操作中还应采取相应的措施。

1. 工序衔接合理　在药品生产中，工艺布局的合理与否是体现GMP的关键。工序衔接则是工艺布局合理与否的体现。

工序衔接应包括两个方面：一是生产流程应顺向布置，防止原材料、中间体和中间产品的污染；缩短生产区与原料、成品存放区的距离，避免因往返运输而污染；提供适当的原辅料、包装材料处理区，中间体、中间产品贮存区，不同净化级别的清洁区和通道等，减少人流混杂。二是缩短生产时间，减少微生物的污染。因此，不仅要求生产工艺流程布局合理，同时也要求生产过程时间衔接合理，传递迅速，避免物料在某一工序滞留时间过长，以防止物料的混淆、交叉污染和遗漏生产或检验。

2. 生产区域专一　在同一生产区域包括相应的辅助生产区域，只能生产同一批号、同一规格的相同产品。在同一生产区域包括相应的辅助生产区域同时生产不同品种、规格或批号的药品是混淆产生的最主要的原因，必须坚决制止，以防止混淆和混批。特别是生物制品、毒性药材、高致敏药品等生产如果发生混淆，后果将非常严重。因此，生产区域要提供充分适当的原辅料、包装材料处理区，中间体、半成品贮存区，不同净化级别的清洁区和通道等，减少人物流的混杂。

3. 采取防止混淆和交叉污染措施

(1) 采用按时间间隔的阶段性生产方式并在适当清洁后生产不同品种的药品；有数条包装线同时进行包装时，应采取隔离或其他有效防止污染或混淆的设施。

(2) 设置必要的缓冲间和排风；空气洁净度级别不同的区域应有压差控制。

(3) 生产中应有防止尘埃产生和扩散的措施。生产过程中应防止物料及产品所产生的气体、蒸汽、喷雾物或生物体等引起的交叉污染。应尽可能降低因空气循环使用，或未经处理及未经充分处理的空气再次进入生产区导致污染的风险；产尘量大的洁净室（区）经捕尘处理仍不能避免交叉污染时，其空气净化系统不得利用回风。

(4) 在容易发生污染和交叉污染的药品生产区内，操作人员应穿戴防护服。

(5) 采用经过验证并已知效果的清洁和去污染规程进行设备清洁。

(6) 采用密闭系统生产。

(7) 干燥设备的进风口应有空气过滤器，出风口应有防止空气倒流装置。

(8) 生产过程中应避免使用易碎、易脱屑、易长霉器具；使用筛网时，应有防止因筛网断裂而造成污染的措施。

(9) 无菌药品生产中,应采取措施避免物料、容器和设备最终清洁后的二次污染。

(10) 原料药生产使用敞口设备或打开设备操作时,应有避免污染措施。

(11) 药品生产过程中,物料、中间产品在厂房内或厂房间的流转应有避免混淆和污染的措施。

(12) 应按制定的规程定期检查防止污染和交叉污染的措施及其有效性。

二、生产文件管理

具备标准的书面操作规程文件只是"有章可循",仅是建立生产管理系统的第一步。为了"有案可查",确保生产管理的可控性和可追溯性,必须加强生产记录的管理。生产记录由岗位操作记录、批生产记录、批包装记录等组成。

(一) 岗位操作记录

岗位操作记录是指执行岗位操作法或 SOP 的记录。常按照岗位操作法或 SOP 的要点设计成表格形式,在执行岗位操作的过程中填写。设计时要防止关键操作记录的遗漏,便于对照操作要求及工艺规程进行检查。

1. 药品生产各岗位应有完整的岗位操作记录。记录应根据工艺程序、操作要点和技术参数等内容设计并编写。

2. 岗位操作记录由岗位操作人员填写,岗位负责人或岗位工艺员审核并签字。

3. 尚未填写操作记录应及时填写,字迹清晰、内容真实、数据完整并由操作人及复核人签字。填写有差错时应及时更正,在写错的文字或数据上轻划一道横线以示区别,然后在写错的内容旁边重写,签名并标明改正日期。

4. 复核岗位操作记录的注意事项

(1) 必须按岗位操作要求进行复核。

(2) 必须将记录内容与工艺规程对照复核。

(3) 上下工序、操作记录中的数量、质量、批号、容器编号必须一致、正确。

(4) 对生产记录中不符合要求的填写方法,必须由填写人更正签字。

(二) 生产批次与批生产记录

批生产记录是一个批次的待包装品或成品的所有生产记录。批生产记录能提供该批产品的生产历史以及与质量有关的情况。

实际上在药品生产企业中,同一品种的"产品"不一定是相同的"产品",只有相同批号的同一品种的"产品"才是相同的"产品"。因此,在学习批生产记录之前,对批管理的认识就显得十分重要了。

1. 生产批次管理

(1) 批号的概念:批号是指用于识别"批"的一组数字或字母加数字,用以追溯和审查该批药品的生产历史。药品的每一生产批次都要制定批号。批号应明显标于批记录的每个部分,以及药品的标签、说明书和包装物上。

在规定限度内具有同一性质和质量,并在同一连续生产周期中生产出来的一定数量的药品为一批。每批药品均应编制生产批号。

(2) 批号的划分原则:在药品生产中,由于剂型不同,生产情况不一,为确保生产的每批药品达到均一的要求,GMP、药典规定了批号的划分原则。

1）原料药：①连续生产的原料药，在一定时间间隔内生产的在规定限度内的均质产品为一批；②间歇生产的原料药，可由一定数量的产品经最后混合所得的在规定限度内的均质产品为一批。混合前的产品必须按同一工艺生产并符合质量标准，且有可追踪的记录。

2）无菌药品：①大、小容量注射剂以同一配液罐一次所配制的药液所生产的均质产品为一批；②粉针剂以同一批原料药在同一连续生产周期内生产的均质产品为一批；③冻干粉针剂以同一批药液使用同一冻干设备在同一生产周期内生产的均质产品为一批。

3）非无菌药品：①固体、半固体制剂在成型或分装前使用同一台混合设备一次混合量所生产的均质产品为一批；②液体制剂以灌装（封）前经同一台混合设备最后一次混合的药液所生产的均质产品为一批。

4）中药制剂：①固体制剂在成型或分装前使用同一台混合设备一次混合量所生产的均质产品为一批，如采用分次混合，经验证在规定限度内所生产一定数量的均质产品为一批；②液体制剂、膏滋、浸膏、流浸膏等以灌装（封）前经同一台混合设备最后一次混合的药液所生产的均质产品为一批。

5）生物制品：生物制品的某一批号，其所含内容应完全一致，即同一批的任何一瓶制品的来源与质量必须与其他任何一瓶完全相同，在抽检若干瓶后，能对整批制品作出评定（单人或少数人份血液、血浆制备的制品除外）。

①制品分装前最后一道工序即由原液混合、配制、稀释或稀释后过滤为半成品时，此时应制定制品的批号。②如在上述工序之后，该批制品必须分装若干大瓶时，应在每瓶记载之批号后加上亚批号。非同日或同次配制、混合、稀释、过滤的半成品不得作为一批。混匀或稀释后的制品如用两个以上滤器过滤时，应按滤器划分为不同批（或亚批）号，同一制品分次过滤时，亦应按次数划分为不同批（或亚批）号。③用大罐稀释后直接分装的制品，每罐为一个批号，并按分装机分为亚批号。④同一批制品如用不同冻干机进行冻干，或分为数次冻干时，应按冻干机或冻干次数划分为亚批号。⑤在分装过程中更换分装注射器后应另编亚批号。

同一制品的批号不得重复；同一制品不同规格不可采用同一批号。

6）药用辅料：连续生产的辅料，是指在一定时间间隔内生产的质量和特性符合规定限度的均质产品。间歇生产的辅料，是指由一定数量的产品经最后的混合所得的质量和特性符合规定限度的均质产品。

（3）生产批号标准管理规程（SMP）

示例：

<table>
<tr><td colspan="7">××××制药厂
管理规程——生产管理</td></tr>
<tr><td rowspan="2">文件名称</td><td colspan="3" rowspan="2">生产批号管理规程</td><td>编　码</td><td colspan="2">SMP-SC-××××-××</td></tr>
<tr><td>页　数</td><td>1-1</td><td>实施日期</td></tr>
<tr><td>制 定 人</td><td></td><td>审 核 人</td><td></td><td>批 准 人</td><td></td><td rowspan="2"></td></tr>
<tr><td>制定日期</td><td></td><td>审核日期</td><td></td><td>批准日期</td><td></td></tr>
<tr><td>制定部门</td><td>生产部</td><td>分发部门</td><td colspan="4">物料管理部、QA、QC、各生产车间</td></tr>
</table>

1) 制定原则:①固体制剂、外用膏药制剂在成型或分装前使用同一台混合设备一次混合量所生产的均质产品为一批。如采用分次混合,经验证在规定限度内所生产一定数量的均质产品为一批。②液体制剂等以灌装(封)前经同一台混合设备最后一次混合的药液所生产的均质产品为一批。③每批产品均应制定生产批号。

2) 制定方法:①生产管理部下达批生产指令的同时编制并下达生产批号。②生产批号为年月加流水号,每个占2位数,共6位数。例如某产品的生产为2002年4月第一批,则生产批号应为020401。③若生产指令下达的生产任务一个批号不能完成,则应按顺序制定相应的批号。例如:同一天生产的同样品种超过一个批号时(例如020401),则可用亚批号表示为:020401-1、020401-2。④某批生产过程中出现误差,经QA同意返工时,需要重新制定生产批号,该批号为返工批号,在原批号后加(R)以示区分,同时应记录在案。

3) 批号管理:①生产批号一经下达,本批产品所有包装及记录上都应有本批号标志;QA质量监控、QC检验报告及销售记录等均为相同批号。②生产批号下达后不允许改动。在特殊情况下要求更改批号的,必须经生产管理部同意,并采取相应措施后方可更改。③批记录按批号归档。

2. 批生产记录管理 药品的生产过程直接决定药品的质量,因此药品生产记录只有完整准确,才能真实反映药品生产全过程的实际情况,使药品生产的各个环节有效地受到监督和控制。生产记录的完整准确,是药品生产企业客观记录生产实际情况,同时也是企业保证生产药品质量、保护自身合法利益不受损害的重要措施。批生产记录是包括产品制造过程中使用的所有物料和进行的所有操作的文件。每批药品均应有一份反映各个生产环节实际情况的生产记录。

(1) 批生产记录内容

1) 批生产记录内容应包括:产品名称、规格、生产批号、生产日期、操作者、复核者的签名、有关操作与设备、相关生产阶段的产品数量、物料平衡的计算、生产过程的控制记录及特殊问题记录。

2) 具体内容包括:①反映生产品种的基本情况,如生产指令单号、品名、规格、批号、生产日期等内容。②反映产品生产过程中的各项卫生管理及清场管理结果,如核对设备、工作地点、文件、前次遗留物、生产所不需的物料等清场及清洁情况等。③反映产品生产过程中的全部操作步骤,包括生产方法、作业顺序、生产结果等,如按处方投入的物料名称、数量、批号,回收或返工材料加入的数量及鉴别号,使用的主要设备,产品合箱情况等。④反映原辅料的品名、规格数量、批号、中间产品、成品的检测结果、结论。⑤反映工艺规程执行情况及其采取的特殊措施情况。⑥反映生产过程中出现偏差、质量事故的处理情况。⑦反映出加盖批号的标签等印刷性包装材料的控制结果。⑧反映出物料平衡情况,最后批量收率与散装容器数目。⑨反映出操作人员、复核人员、检查人员。

(2) 批生产记录填写要求

1) 记录填写要求:①空白记录应按要求设计好,其纸张应完整无缺,不得有污点、皱褶。②所有记录应用蓝色或墨色钢笔、圆珠笔、签字笔按要求逐项填写,同一页记录不得有两种颜色相同的笔迹。③批生产记录应及时填写、字迹清晰、内容真实、数据完整。④有空格无内容填写时,用“–”表示,不能留空或填写其他符号。⑤批生产记录要保持整洁,不得撕毁和任意涂改。若发现填写错误,应按规定程序更改,用“–”将该项划去,填上正确的记录,并在其旁签上姓名和日期,并使原数据仍可辨认。⑥每一页记录最多只允许有三项经更改的错误，超过三项应重新更换填写。⑦在记录填写过程中应保持页面整洁，不得有油污、斑点或其他与记录无关的符号。⑧由操作人及复核人签名，签名时应写全名，字体端正可认，不能简写、字迹潦草不可辨认；日期格式：×××× 年 ×× 月 ×× 日。⑨记录内容要真实可靠，填写及时；不能过后编造或写回忆录。⑩记录填写计量单位、符号等符合法定计量单位和国家标准的规定。

2）记录中数据处理：①数据的计算处理过程应在记录中明确反映，不能只有结果而无过程。②数据的保留位数应以实际情况决定；有效数字最多只能保留一个不定数。③计算过程中数据的取舍采用四舍六入五成双规则。即当尾数≤4 时则舍，尾数≥6 时则入，尾数等于 5 时，若 5 前面为偶数时则舍，为奇数时则入。当 5 后面还有不是零的任何数时，无论 5 前面是偶或是奇皆入。④计算过程的有效数据保留位数，比计算前小数点后有效数字位数最少的多一位；计算结果有效数据保留位数，与计算前小数点后有效数字位数最少的相同。

(3) 批生产记录的编制与修订

1）批生产记录根据产品生产工艺规程、标准操作规程和技术参数等内容设计。

2）批生产记录需具有产品质量的可跟踪性，通过批生产记录能了解产品生产全过程的质量情况。

3）批生产记录按产品生产先后顺序依次进行编制。

4）批生产记录先由相关车间技术负责人制定初稿，然后交生产部部长审核，生产技术副总经理负责批准，质量保证部经理批准后方可印刷、使用。

5）批生产记录的版本号排版与其他文件编码位置相同。

6）批生产记录设计时应有足够的填写空间，但尽量无空格。

7）批生产记录根据工艺规程、生产条件及标准操作规程的变动情况随时进行修订。

8）批生产记录的修订程序与制定程序相同。

9）批生产记录一经修订、执行，其以前批生产记录即刻作废，不得再度使用或在生产过程中出现。

(4) 批生产记录的发放

1）批生产记录批准后，原件由 QA 存档。生产部保留一份复印件作为基准样张。

2）生产部在制定生产指令的同时，做好批记录发放，注明所有记录的名称、编码、页数、份数等。

(5) 批生产记录的整理与保管

1）生产结束后，由车间工艺员负责收集该批次的批生产记录，初审合格后交车间主任复核。

2）生产部部长审核后交 QA 进行审核。

3）所有工序已完成的完整的批生产记录由 QA 存档。

4）产品批生产记录至少保存至该产品有效期后一年。

5）批生产记录借阅范围为本生产车间、生产部、质量保证部，其他任何部门及个人不得随意借阅、调用，若需借阅必须由质量保证部部长批准。

6）批生产记录的销毁：批生产记录销毁时报 QA 部长批准后，进行销毁（焚烧或撕毁），销毁现场有 2 人以上在场并由 QA 监督，销毁后应填写销毁记录。

3. 清场管理与清场记录

(1) 清场管理：清场是指在药品生产过程中，每一个生产阶段完成之后，由生产人员按规定的程序和方法对生产过程中所涉及的设施、设备、仪器、物料等作一清理，以便下一阶段的生产。清场的目的，是为了防止药品混淆、差错事故的发生，防止药品之间的交叉污染。

(2) 清场记录：每批药品的每一生产阶段完成后应由生产操作人员清场，填写清场记录。清场记录内容应包括：工序、品名、生产批号、清场日期、检查项目及结果、清场负责人及复查人签名。清场记录应纳入批生产记录。

为了便于填写，清场记录应根据清场规程设计成合适的表格供有关人员填写。

4. 药品的包装与批包装记录管理

(1) 药品的包装管理：药品包装是指使用适当的材料或容器，利用包装技术对药物制剂的半成品或成品进行分(罐)、封、装、贴签等操作，为药品提供品质保证、鉴定商标与说明的一种加工过程的总称。药品包装自药品生产出厂、储存、运输，到药品使用完毕，在药品有效期内，发挥着保护药品质量、方便医疗使用的功能。因此，为了保证药品仍保持其质量特性，需要对药品的包装进行管理。

1) 药品包装的分类：药品包装按其在流通领域中的作用可分为两大类：内包装和外包装。①内包装：内包装系指直接与药品接触的包装(如安瓿、注射剂瓶、铝箔等)。内包装应能保持药品在生产、运输、贮存及使用过程中的质量，并便于临床使用。药品内包装材料、容器(药品包装材料)的更改，应根据药品的理化性质及所选用材料的性质，进行稳定性试验，考察所选材料与药品的相容性。无菌药品生产用直接接触药品的包装材料不得回收使用。无菌药品生产用直接接触药品的包装材料从清洗、干燥、灭菌到使用时间间隔应有规定。原料药生产中，对可以重复使用的包装容器，应根据书面程序清洗干净，并去除原有的标签。②外包装：外包装系指内包装以外的包装，按由里向外，分为中包装和大包装。外包装应根据内包装的包装形式、材料特性，选用不易破损的包装，以保证药品在运输、贮存、使用过程中的质量。

2) 包装材料、容器的管理：一般来说，包装的形式有三个技术处理的步骤：选择包装材料；将包装材料经生产加工制成包装用容器；在容器内装入药品；封口、贴签、打包。除了包装材料、容器，药品的标签和说明书等标示物也是构成药品包装的一部分，是药品生产管理的重要部分，见表9-4。

表9-4 包装材料、容器管理

项目	管理内容	管理要求
1	工艺管理标准	制定包装操作规程，特别注意采取措施降低污染和交叉污染、混淆或差错的风险
2	设施	有数条包装线同时进行包装时，应采取隔离或其他有效防止污染、交叉污染或混淆的设施
3	包装操作前清洁状态	工作区、包装生产线、印刷机及其他设备已处于清洁状态，没有任何与本批包装无关的产品、物料或文件
4	包装操作前物料	核对待包装产品和所用包装材料的名称、规格、数量、质量状态，且与生产工艺规程相符
5	生产状态	每一包装操作场所或包装生产线，应标明包装中的产品名称和批号
6	待灌装容器	灌装前应保持清洁，并注意清除容器中任何玻璃碎片、金属颗粒类等污染物

续表

项目	管理内容	管理要求
7	灌装、封口后	尽快贴签或按照相关的规程操作，以确保不会发生混淆或贴错标签等差错
8	打印	任何单独打印或包装过程中的打印（如生产批号或有效期）均应进行检查，确保其正确无误，并予以记录。应特别注意手工打印情况并定期复核
9	标签	使用切割式标签，以及在包装线以外打印标签时，应有专门的管理措施，防止混淆
10	计数	应对电子读码机、标签计数器或其他类似装置进行计数功能的检查，确保其准确运行，检查应有记录
11	包装材料上的内容	包装材料上印刷或模压的内容应清晰、不褪色、不易擦去
12	包装期间产品在线控制检查	包装外观、包装是否完整、产品和包装材料是否正确、打印内容是否正确、在线监控装置的功能是否正常
13	返回包装操作	经过专门检查、调查，并由指定人员批准后，出现异常情况时的产品方可返回包装操作，做正常产品处理，此过程应有详细记录
14	物料平衡检查	发现待包装产品、印刷包装材料以及成品数量有显著或异常差异时，应进行调查，未得到合理解释前，成品不得放行
15	包装结束	已打印批号的剩余包装材料由专人负责全部计数销毁，并有记录。如将未打印批号的印刷包装材料退库，应严格按照书面规程执行
16	拼箱	药品零头包装只限两个批号为一个合箱，合箱外应标明全部批号，并建立合箱记录

(2) 批包装记录管理

1) 批包装记录管理：每批产品或每批中部分产品的包装，都应有批包装记录，可追溯该批产品包装操作以及与质量有关的情况。批包装记录应依据生产工艺规程中与包装相关的内容制定。记录的设计应注意避免抄录差错。批包装记录的每一页均应标注所包装药品的名称、规格、包装形式和批号。批包装记录应有待包装产品的生产批号、数量以及成品的生产批号和计划数量。原版空白的批包装记录的审核、批准、复制和发放的要求同原版空白的批生产记录。包装开始前应进行检查，确保设备和工作场所无上批遗留的产品、文件或与本批产品包装无关的物料，设备应处于已清洁及待用状态，还应检查所领用的包装材料正确无误，检查情况应有记录。在包装过程中，每项操作进行时应及时记录，操作结束后，应由包装操作负责人确认并签注姓名和日期。

2) 批包装记录的内容包括：待包装产品名称、包装规格、生产批号；印有批号的标签和使用说明书以及产品合格证；待包装产品和包装材料的领取数量及发放人、领用人、核对人签名；包装操作日期和时间；包装操作负责人签名；重要包装工序的操作人员签名；已包装产品的数量及每一包装材料的名称、批号和实际使用的数量；根据生产工艺规程所进行的检查记录，包括中间控制结果；包装操作的详细情况，包括所用设备及包装生产线的编号；所用印刷包装材料的样张，包括印有批号、有效期及其他打印内容的印刷包装材料的样张；对特殊问题及异常事件的注释，包括对偏离生产工艺规程的偏差情况的详细说明，并经签字批准；

所有印刷包装材料和待包装产品的名称、代码，以及发放、使用、销毁或退库的数量、实得产量以及物料平衡检查；前次包装操作的清场记录（副本）及本次包装清场记录（正本）；本次包装操作完成后的检验核对结果、核对人签名；生产操作负责人签名。

三、设备与生产阶段标志管理

生产中无状态标志是造成混药事故的主要原因之一。每一生产操作间或生产用设备、容器应有所生产的产品或物料名称、批号、数量等状态标志。因此，GMP 要求生产过程中绝不允许不明状态的情况存在，以防由于标志不明造成药物混淆。

（一）药品生产中状态标志

药品生产中生产区域、车间、设备、容器等要用到大量的状态标志来标明它们所处的状况，进而来正确指导生产，防止污染和混淆。

1. 生产状态标志　标明正在生产的情况，内容包括正在生产的品名、规格、批号等。

2. 生产设备状态标志　运行的设备应标明正在加工何种物料，停运的设备应标明其性能状况、能用与否、待修或维修。

3. 容器状态标志　标明容器内容物的情况，如品名、规格、批号、状态（半成品、中间体、回收料等）。

4. 卫生状态　生产前后，生产线、设备、容器等均应有卫生状态标志，标明其卫生状况，如已清洁、已消毒、已清场。

5. 物料状态标志　标明品名、规格、批号、重量（数量）、物料状态、填写人、复核人。

（二）状态标志的管理

在生产活动中，应由生产负责人或由生产负责人指定的人员统一管理，其格式应合理明确、醒目，粘贴和清除应完全。通过以下状态标志的 SMP 对状态标志的管理进行介绍。

1. 范围　生产过程的各类设备、容器、器具物料及半成品。

2. 责任人　生产部部长、生产部管理人员、车间主任、车间管理人员、QA 现场监控员、生产操作人员、设备动力部设备管理员、物料员、库管员。

（1）班组长：悬挂各种生产状态标志及生产现场的设备状态标志。

（2）设备动力部设备管理员：协同物资管理部定购设备状态标志牌，安装保养设备状态标志牌。

（3）物料员、库管员：及时更换物料状态标志。

（4）QA 现场监控员：监督各种状态标志是否正确悬挂。

3. 生产状态标志卡管理　现场状态标志：经 QA 现场监控员确认允许生产后，操作间挂《生产状态标志卡》，标明正在生产的产品品名、批号、规格、日期及操作人等（已清场的操作间挂上“已清场”状态标志牌。）

4. 设备状态卡管理

（1）运行的设备应标明正在加工何种物料，停运的设备应标明其性能状况、能用与否、待修或维修，对已损坏报废的设备、处于闲置状态的设备、不合格的设备如有可能应搬出生产区，未搬出前应有明显的“封存”状态标志。

（2）主要管线按规定涂色，并应有介质名称、流向指示。

（3）当设备状态改变时，要及时更换状态卡，以防发生使用错误。

（4）所有设备状态卡应挂在设备醒目、不易脱落且不影响操作的部位。

(5) 各使用部门要做到计数领用。领用后的状态卡由各使用部门专人统一保管,发放使用。

(6) 各使用部门应对领用的设备状态卡妥善保管,若有损坏、遗失应及时上报设备动力科更换或重新领取。

5. 清洁状态卡管理 分为"清洁"、"未清洁"。

(1) 清洁:设备、容器等经过清洗处理,达到生产所需的状态。

(2) 未清洁:设备、容器等未经过清洗处理,未达到生产所需的状态。

(3) 所有生产场所(工作间)、设备等均应有识别其可否使用的清洁状态标志。

(4) 若为流水线生产设备,应将清洁状态卡悬挂在中间一台设备的显著位置。

(5) 容器使用完后及时放入器具清洁间悬挂有"未清洁"标牌的未清洁区。

(6) 容器清洗(消毒)后放入容器(器具)存放间悬挂有"清洁"标牌的区域。

(7) 工具器具等

1) 使用后及时放入清洁间悬挂有"未清洁"标牌的未清洁区。

2) 经清洁后放入悬挂有"清洁"标牌的区域。

6. 清场状态卡管理 生产某一阶段完成或生产结束后,通过对操作间、设备等的清洁及物料、文件的清理,经 QA 确认合格后发放《清场合格证》,工序班组长将《清场合格证》悬挂于操作间门上。《清场合格证》纳入下一批产品的批生产记录中。

7. 物料状态标志管理

(1) 原料、辅料:生产领用原料与辅料应存放于原辅料暂存间,填写《物料状态标志》。写明物料品名、规格、批号、重量等。

(2) 生产使用时的物料:在生产过程中,生产操作间和生产用设备应写明所生产的物料的品名、规格、批号、数量等。

(3) 中间产品

1) 中间产品必须存放于中间体专用桶中。桶中要有明显标志,注明品名、规格、批号、数量。

2) 中间产品在中间站要有明显状态标志,标记"合格"、"不合格"、"待验"和"待处理","不合格品"应专区放置。

3) 状态标志要求字体清晰、醒目,并有颜色帮助识别:红色表示"不合格"或"不得使用";绿色表示"合格"、"完好"或"已清洁"、"已清场";黄色表示"待验"或"检修";白色表示"待处理"。

8. 签发

(1) 设备状态卡由设备动力部门统一设计、统一编号,物资管理部门统一制作。

(2) 清洁状态卡和生产状态卡由工序班组长签发。

(3) 物料状态卡由库管员或车间物料员领用。

第三节 防止生产过程中的污染及交叉污染

一、卫生与污染的有关概念

(一) 卫生的有关概念

在 GMP 中,卫生(hygiene)是指与药品生产有关的空间、水源、地面、生产车间、空气净化系统，生产用物料、产品以及过程符合一定的洁净要求，包括环境卫生、工艺卫生、人员卫生等。

1. 环境卫生　药品生产企业的环境卫生（environment hygiene）主要指与药品生产相关的空气、水源、地面等方面的卫生。药品生产环境有内环境和外环境两个重要区域。

2. 工艺卫生　工艺卫生（process hygiene）包括原辅材料、设备容器、工艺技术和工艺流程、生产介质等的卫生。

3. 人员卫生　人员卫生（personal hygiene）主要表现为两个方面：一方面是人员身体状况的卫生；另一方面是个人的卫生习惯。

与卫生相关的概念还有：

(1) 消毒：消毒（disinfection）是利用某种方法杀死所有病原微生物的一种措施，它可以起到防止污染或传播的作用。具有消毒作用的化学物质称为消毒剂（disinfectant），一般消毒剂在常用浓度下只能杀死微生物的营养体（繁殖体），对芽胞则无杀灭作用。但提高消毒剂浓度和延长作用的时间，也可能对芽胞有效。因此说“化学溶液的消毒效果仅取决于其浓度”是不确切的，只有在适当条件下采用有效浓度和特定的时间才产生效果。

(2) 灭菌：灭菌（sterilization）是指利用某种方法杀死包括芽胞在内的所有微生物的一种措施。灭菌后的物体不再有可存活的微生物。灭菌比消毒要求高，不仅杀灭包括细菌芽胞在内的病原微生物，而且要杀灭非病原微生物。灭菌是杀灭物体上所有微生物的方法，以达到无菌状态。

(3) 抑菌：抑菌（bacteriostasis）是指抑制微生物生长繁殖的作用，抑制待处理体系中微生物活性，使之繁殖能力降低或停滞繁殖的作用。

(4) 无菌：无菌（sterile）是指不含存活微生物的状态。实际上关于绝对不存在微生物的说法是无法证明的。

（二）污染的概念和种类

污染是指当药品中存在有不需要的物质并且这些物质的含量超过规定限度。污染常见形式有三种，即尘粒污染、微生物污染和遗留物污染。这些污染如果不及时进行清除和防范，就会给药品质量带来巨大的隐患。

1. 尘粒污染　所谓尘粒污染，是指产品因混入不属于它的尘粒而变得不纯净，包括尘埃、污物、棉绒、纤维以及头发等。尘埃污染具有下述三个特点：

(1) 普遍存在性：人类生存离不开尘埃，没有尘埃我们的眼睛和皮肤就会被阳光灼伤，天上就不会有云彩，更不会下雨；尘埃还能将阳光部分反射回太空，夜晚能阻滞地面上的红外线逸出，使昼夜气温变得平缓。尘埃无处不在，在不同条件下几乎任何物质都能转变成尘粒。

(2) 大量存在性：在我们生活的环境中每立方米空气可能含有 180 万 ~2.7 亿个尘粒。即使我们用现代最先进的空气过滤装置也只能除去相对于环境 99% 的尘粒，没有除去的残剩尘粒可对产品构成污染。

(3) 尘粒个体差异性：有些尘粒肉眼就能够看到，而有些尘粒必须用相应的测量仪器和装置才能观察和分析出来。相对大的尘粒能够造成大的危害，但易于识别和清除；而细小的尘粒，虽然质量不大，但难以清除，所造成的危害也不容忽视。

2. 微生物污染　微生物污染是由微生物及其代谢物所引起的，有以下三个特点：

(1) 普遍存在性：人类生存离不开微生物，微生物是我们日常生活所依赖的一部分。它无处不在，存在于空气、水、土壤中，甚至在我们身上。据统计，1g湿润的土壤中有 78 万个微生物。

(2) 高繁殖性：微生物的种类繁多，细菌是其中最常见的形式，此外还有真菌、藻类和病毒等。以细菌为例，如果它得到了必需的养料、水分和适宜的温度，就能迅速繁殖，繁殖速度极高。通常一个细菌在24小时就可产生281兆个细菌。这一点对于生物药品生产企业来说，有非常重要的意义。

(3) 高毒性：有些细菌的代谢产物对人类有益，但是大多数微生物代谢产物对人体有害，有的甚至有极大的危害。对于药品生产来说，如果混有这些代谢物，将产生严重后果，如沙门菌可引起致命性的伤寒热和严重的肠道疾病。

3. 遗留物污染　由于对生产中使用的设施、设备、容器、仪器等清洁不彻底，致使上次生产的遗留物对药品生产造成的污染。

(三) 传播污染媒介

无论是尘粒污染还是微生物污染都要通过一定的媒介进行传播。一般来说这些媒介有以下四种：

1. 空气　空气本身并不产生污染，但它能把尘粒和微生物带到世界的每一个角落，它是污染的携带者。

2. 水　微生物的生长离不开水，它们对水有极强的亲和力。从理论上来讲，微生物在纯水中是不能生长的。但我们所用的水，不管怎样仔细的蒸馏或过滤，总会含有一定量的可溶性有机物和盐类。这些可溶性的物质恰好成为它们生长繁殖的养料。而在药品生产过程中，水有着最广泛的应用，因此水成为了传播污染的重要媒介。

3. 表面　墙壁、地板、天花板、桌椅、设备、容器及其他工具的表面，由于空气中的湿度，所有表面都包上一层含水的薄膜，这层薄膜由于静电吸引而饱含尘粒和微生物，成为传播污染的媒介。

4. 人员　每天员工到药厂上班，从企业外部带入尘粒和微生物，又从室外环境中将尘粒和微生物带入洁净室，因此人类是最主要的传播媒介。此外，人还是污染源。

(四) 造成污染的原因

1. 原辅料　购进的原辅料本身质量不好，或在运输、贮存、检验取样、配料过程中造成污染。

2. 内包装材料　用于生产的直接接触药品的内包装材料在使用前消毒不彻底或消毒后存放条件不符合卫生要求、放置时间过长等造成污染。

3. 设备与容器　设备与容器表面不光洁平整，材质不稳定，选型与生产不配套，维修保养不及时，生产结束后未进行清洗等造成污染。

4. 生产环境　生产环境如空气中生物粒子过多，车间地面、墙壁、天花板等不平整、易脱落、长霉、消毒不严格等均有可能造成污染。

5. 操作人员　操作人员患有传染病、皮肤病等，未按要求穿工作服，或工作服设计不合理，未按工艺规程和操作方法的要求操作，或洁净室操作人数超过规定限度，操作人员动作幅度过大等均有可能造成污染。

6. 生产周期　生产中敞口生产，密闭不严，管道中有死角，生产周期过长，清场不彻底，操作不当等均有可能造成污染。

二、防止污染及交叉污染的措施

生产过程中的污染防范是药品生产管理中的重点内容，以下以A公司具体做法为例来说明这个问题。

(一)药品生产的环境控制

药品生产的环境包括两个部分,一是药品生产企业所在的环境,二是药品生产活动所在的企业内部环境。单从GMP实施的技术因素去考虑,药品生产企业应避免设置在潮湿或干旱、少雨或沙尘暴频繁的地区。药品生产企业应选择空气条件良好、无水土污染和污染排放源的地区,所选地区水源应能满足生产用基础用水的质量标准要求,并远离空气中含二氧化硫和氯气等工业废气较多的工业区、化工区、闹市区和交通频繁区域。同样药品生产区(工艺区)要设置在企业最洁净的区域,如果企业还有多个产品生产或有原料药生产(化工区),彼此要进行严格的区分,并能证明彼此的排放物没有相互影响。

生产过程中用到的空气和水处理系统,如空调净化系统和纯化水制备系统,他们的工作原理都是物理处理方式,这种处理方式有两个特点:其一,对小于0.1μm的粒子不能有效控制,对所形成的化学污染更不可能去除;其二,处理结果与环境中污染物浓度有正负相关关系,也就是说,环境中需要被处理的污染物浓度越高,处理结果残留污染物的浓度也越高。

因此,应严格区分不同产品的生产区域,不得在同一生产操作间同时进行不同品种和规格药品的生产操作,除非没有发生混淆和交叉污染的可能。应严格把原料药生产区域和制剂生产区域进行区分,并证明彼此没有影响。

(二)生产员工的洁净控制

生产员工的洁净控制分为三个部分,生产员工个人卫生、生产员工操作卫生和生产员工洁净服装及所携带的生产工具卫生。这三个方面所要控制的内容详见表9-5。

表9-5 生产员工卫生控制表

个人卫生	操作卫生	生产服装等卫生
勤洗澡、理须发、剪指甲 定期体检,没有传染病、皮肤病,身体健康 生产前不吃挥发性强、刺激性强的食物	不化妆,不戴首饰,不裸手接触生产物料、药品和生产器械器具 不大声喧哗、肢体不做大幅度动作 严格按规定进行更衣、消毒和穿戴洁净衣帽 严格按规定进行洁净厂房	严格按规定挑选洁净服的材质和式样 严格按规定对洁净服进行清洗消毒 严格按规定存放传送洁净服 严格按规定存放、传送生产用工具、洁具和配件等

(三)物料的洁净控制

1. 物料的使用前控制　所谓的物料使用前控制就是指物料的生产、运输、存放等环节的控制。药品生产所用到的原料、辅料与直接用于药品内包装的包装材料,在进入生产工艺之前必须确保没有受到污染,详见表9-6。

表9-6 物料前期控制内容表

生产企业的审计	运输条件的控制	储存条件的控制
生产企业资质的审查 生产企业生产现场的检查 根据统计学要求的连续三批的产品检验	物料包装的检查 运输设备、设施、器具的检查 运输时间、运输期间温度、湿度、光照等条件的控制等	验收的控制 存储环境的控制,如温湿度、光照等因素的控制 存储时限,定期或不定期检查,检验等

2. 物料传送洁净控制　物料运送到生产区域(车间)后,应该有专门的脱外包间,脱外包间环境应被控制,有清洁、消毒和灭菌等设备设施,便于在物料脱外包时进行必要的清洁、消毒和灭菌。脱外包间和生产车间要有缓冲间,缓冲间的门要有连锁,如果物料是通过传递窗进入生产车间,传递窗要有连锁和消毒灭菌装置。

3. 物料配料的洁净控制　物料进入生产区域之后,要有专门的配料间进行存放和配料,配料间只能允许一种产品的配料,所有操作和配好的物料包括内包装材料,必须在规定的时间内使用完毕,应尽可能缩短包装材料、容器和设备的清洗、干燥和灭菌的间隔时间以及灭菌至使用的间隔时间。应建立规定贮存条件下的时限控制标准。

如果需要进行灭菌和消毒的也必须在规定时间内完成,消毒灭菌后的物料与包装材料也必须在规定时间内使用完毕,应尽可能缩短药液从开始配制到灭菌(或除菌过滤)的间隔时间。应建立产品规定贮存条件下的时限控制标准。余料在规定时间内进行退库和其他处理。此外,取样、配料所用到的器具、容器也要按规定洁净。

如果在生产车间存放物料或产品,如软膏剂、乳膏剂、凝胶剂等半固体制剂以及栓剂的中间产品应当规定贮存期和贮存条件。

4. 空气通道的洁净控制　空气出入洁净厂房的通道有四条,即人流通道、物流通道、空调净化系统通道和厂房漏风。在生产过程中,洁净厂房和外界空气交换必不可少,但是,所有的空气如果进入洁净室一定要经过处理,不能携带污染(或超标准污染物),洁净厂房排出的空气也不能对其他生产环境构成污染。以上 4 个通道防止污染进入的对策见表 9-7。

表 9-7　各个通道防止污染的方法表

人流通道	物流通道	空调系统通道	洁净厂房
前室环境要受控	要有环境受控的物料外包处理室	要定期或不定期进行通道检修,防止管道泄漏	对厂房的密闭性按规定要定期或不定期进行检测
要有足够空间的缓冲室、更衣室、洗手消毒室	要有足够空间的缓冲室、清洁消毒室	要定期或不定期按规定对系统中各个部件,如过滤器空调箱(机组)、管道等进行清洗、消毒或更换	对厂房内表面要进行定期或不定期清洗、灭菌和消毒
要有气闸、连锁门等装置	要有气闸、连锁门(窗)等装置	按规定对动力设备如风机等进行性能测试等	对各个功能房间的温度、湿度、压力、粒子浓度要按规定定期和不定期检测
由里往外,要保持 10Pa 以上的空气压差	由里往外,要保持 10Pa 以上的空气压差	干燥设备的进风应当有空气过滤器,排风应当有防止空气倒流装置	

值得注意的是,由于各个企业产品生产工艺不同,洁净厂房设计也不同,所以企业应结合具体的生产工艺、工序和生产设备的布置情况,在洁净区内,合理设置功能房间和人流物流走向,在此基础上,安排好洁净气流的走向和压差,防止二次污染和可能出现的化学污染。对于药品生产而言,污染的防治是一个系统工程,需要企业在硬件、软件、工作现场和人员方面进行综合管理与控制。

三、卫生管理

（一）物料卫生管理

药品生产使用的原料应按卫生标准和程序进行检验，只有合格的才能使用，不合格的原辅料应及时按规定的程序处理。一般原辅料外包装受污染的情况比较严重，因此，送入仓库或车间配料前应清除外包装或换包装，以防将污染物带入。原辅材料在配料时应按规定在配料间分发，防止称量和配料过程中产生的粉尘等对周围空气和设备的污染。包装材料的卫生情况直接影响药品质量，因此，选择药品的一些直接包装材料应以易清洁或可以耐受必要的清洁过程为基本条件，对于无菌产品所使用的直接包装容器，还应可以接受灭菌和除热源处理。在包装剂量上应注意，大剂量和多剂量包装在分装过程中容易被污染，小剂量和单剂量的包装则相反。

（二）设备卫生管理

设备的卫生应从设备的设计开始，应要求发尘小、脱落粒子少、易清洗和消毒。设备的内表面要平整光滑，凹凸不平的区域易留残存物，成为污染源。设备的传动部件及管道系统要密封良好，防止润滑油、冷却剂对药品的污染。特别是生产无菌制剂和生物制剂的设备以及与其连接的管道最好采用不锈钢材料。管道也要能满足定期清洗和消毒。药品生产要求生产操作的设备、容器、工具等均应保持清洁，并有清洁保养制度，应定期用微生物学方法检查，灭菌情况应用仪表监测，定期验证。根据生产的不同品种、不同设备和生产工艺的卫生要求，制定出设备卫生清洁操作规程（SOP），严格按照 SOP 规定的操作程序对生产设备定期进行清洁，以保证生产设备的卫生。以下介绍一些清洗和消毒灭菌的知识和方法。

1. 清洗　正确的清洗要注意：应使清洁剂与污染物紧密接触，从被清洗的表面上移去污染物，将污染物扩散至溶剂中，防止已扩散的污染物重新沉积回到清洁的表面上。首先，应确定待清洗物的性质和类型，该污染物在水中是否溶解；污染物是有机物，还是无机物。第二，用水进行预冲洗，这样有助于除去可溶性物质、冲掉不溶性物质，减轻清洁剂的负荷量和节约人力。此外，还应注意水温应保持在 50~60℃，如果水温过高，则表面的材料可能会受影响。第三，选用清洁剂，查找应用该清洁剂的一些条件：所需的浓度、最佳使用温度、搅拌次数或应施加的力的程度、所需要的时间。第四，用标准饮用水冲洗表面，应特别注意的是：最后一次冲洗的水必须是经过常规细菌学试验的标准饮用水。这种冲洗应该紧跟在清洁剂起作用后进行，以阻止它们结膜或干燥。最高温度在 74~85℃之间。第五，让表面空气干燥（阴干）。第六，将上述工作记录在案，并正确地保存清洁设备。

2. 消毒灭菌　消毒灭菌的主要目的是要消灭清洗后仍可能残留于表面的那些微生物。消毒灭菌方法首先是化学消毒灭菌。目前，化学消毒灭菌剂种类繁多，但有许多不适于用在直接接触药品的设备表面，因为它们会不同程度地和设备表面发生物理或化学反应。另外，一些消毒灭菌剂毒性非常大，或者过于昂贵而不能适用。最常见的消毒灭菌剂有如下种类：酚和酚类化合物、氯及其化合物、碘化磷、酒精、季铵盐类等。

设备的物理消毒灭菌方法主要有热力灭菌法（湿热与干热灭菌法）和紫外线照射灭菌法等。热力灭菌法由于它价廉易得且无毒，被广泛地用于与物品相接触的表面的消毒灭菌。

（三）生产介质与工艺卫生管理

生产工艺卫生包括了物料卫生、设备卫生、生产介质卫生和工艺技术卫生等。物料卫生管理和设备卫生管理前文已经讲述，下面主要介绍生产介质卫生管理和几种常见剂型的生产工艺技术卫生管理。

1. 生产介质的卫生管理 参与药品的生产但最终不构成药品组成部分的物质称其为生产介质。药品生产过程中使用的介质比较多，常见的有各种气体和水。这些介质卫生与否直接关系到药品生产工艺的卫生。

（1）空气的卫生管理：有效地控制空气中的污染物是保证药品生产工艺卫生很重要的一环。在这里我们提出一些控制空气中污染物的标准方法。首先是使用洁净区，洁净区就是控制空气尘粒物质的某一圈定的地区。这是保护产品不受空气传播污染的一个最有效的措施。其次是使用各种滤器，常用的方法有过滤法、静电沉淀法、空气充气法或空气净化法（将空气通过水淋浴）等。

（2）水的卫生管理：工艺用水是指药品生产工艺中使用的水，包括饮用水、净化水、注射用水。在自来水、软化水、离子交换水、蒸馏水的生产环节中，稍有疏忽，都有可能造成微生物的污染。鉴于雨水季节或管道破裂，检修安装后，往往造成局部地段水质污染，更应注意水质的卫生学检查。而在枯水季节也可能因为自来水中有机物太多，影响蒸馏水的质量。

为了防止产品受到污染，药厂不仅必须仔细地控制用于生产过程的水，而且要控制好用于清洗设备的水，以防污染通过水传播。所有进料水在用于药品生产过程以前都必须经过必要的方法处理以达到所需纯度才能使用。生产过程中用水和设备清洗用水应有科学合理的卫生规程。

此外，应注意工艺用水必须严格执行保证其质量的具体规定；自来水虽经处理但仍不同于饮用水，水源、水处理设备及处理后的水均应对化学污染进行定期监测。必要时还应对内毒素污染进行监测，并记录保存。生物制品生产用的注射用水在制备后 6 小时内使用或 4 小时内灭菌；作为生产用水或作为最后淋洗容器、封盖及设备用水，其质量应符合注射用水规定，并做微生物学检查，每 100ml 中应不超过 10 个菌；作为在灭菌容器内冷却制品用水的质量，应经过除菌处理，微生物学检查，需气菌总数每 100ml 样品中应不超过 1 个菌。

2. 几种常见剂型的生产工艺卫生管理 药品各种制剂的生产工艺各不相同，其生产上的卫生要求也因剂型而异。下面简单介绍几种常见剂型的生产工艺卫生管理。

（1）注射剂生产工艺卫生管理：注射剂为无菌制剂，它有最终灭菌制剂和非最终灭菌制剂两种类型。最终灭菌制剂允许在药物灌封后用适当方法进行灭菌和处理，而非最终灭菌的无菌制剂，其最终产品不能以热力灭菌法处理。无菌制剂比一般制剂的卫生工艺要严格得多，尤其是对不能最终灭菌的无菌制剂更为严格。

无菌制剂工艺卫生的要求为：制备最终灭菌的无菌制剂，在洁净度 B 级到 C 级的洁净区中进行。非最终灭菌的无菌制剂，应在不低于 B 级，局部在 A 级的洁净区中制备。配制溶液时，所用的设备、容器、管道等均必须彻底清洗、消毒或灭菌处理，合格后才可使用（具体操作按本岗位制定的卫生 SOP 执行）；配制用水，应是新鲜合格的蒸馏水，一般不应超过 12 小时；安瓿和容器洗涤后，一般应在 120~140℃进行干燥、灭菌。而非最终灭菌的无菌制剂，其容器必须在 150~170℃干燥灭菌；耐热的注射剂，在灌封后以 115℃或 120℃蒸汽灭菌；非耐热的注射剂，可用过滤除菌，其操作应严格遵守无菌操作的 SOP 的各项要求；粉针剂的原料应无菌，并必须在无菌室内按无菌操作规程进行分装。注射剂的生产操作人员均必须岗前培训，掌握无菌操作技术后方可上岗操作。

（2）片剂生产工艺卫生管理：片剂是药品生产中品种最多、产量最大的一种剂型，是目前世界各国药典收载品种最多的一种剂型。片剂常见的制备方法有湿法制粒压片和粉末直接压片。

片剂一般工艺卫生要求如下：原辅料进入车间配料间前，必须在指定的地点剥去外包装或换包装方可进入配料间；制粒间必须洁净，制粒设备应定期清洗，有严格的清洁卫生制度；湿粒干燥时，时间、温度应控制得当；压片机应单机分隔安装，以利除尘和防止交叉污染，压片机应定期清洗、消毒；成品片剂的生产操作间（包括制粒间）应洁净，必要时可用紫外线消毒房间。

(3) 口服液体制剂生产工艺卫生管理：口服液体制剂有多种剂型，例如糖浆剂、水剂、合剂、浸膏剂、酒剂、酊剂、乳剂等，其生产过程中染菌状况不一。由于多数液体制剂可能成为染菌的培养基（特别是含糖、蜂蜜的液体制剂），所以在生产过程中特别要注意防止污染。

口服液体制剂一般生产工艺卫生要求如下：原料、浸提的液体应严格控制污染；生产和包装车间应洁净，操作间应定期用紫外线消毒；配制容器、贮液容器及管道使用前必须清洁、消毒，必要时应灭菌处理；溶解药物和配液用水，应是新鲜的冷开水或蒸馏水。配制完毕后应及时分装；分装的用具、包装材料，必须事前清洁、消毒或灭菌。分装时药液不应外流或溢出，特别是一些中药口服液，如瓶口不干净有药液，可能会使瓶口发霉长菌；制剂分装后，应密封贮藏。

（四）环境卫生管理

就药品生产环境而言，GMP要求：药品生产必须要有清洁卫生的环境。药品生产环境有两个重要的区域，即外环境和内环境。

1. 厂区外环境卫生管理　药品生产企业所处环境的空气、场地、水质应符合生产要求，厂房周围应没有污染源，应远离其他工业区尤其是化工区、居民生活密集区、交通要道处等。生产环境中的空气和水受到污染的程度越低，净化工作就越容易进行。厂区的地面、路面和运输等不应对药品生产造成污染，尤其是生产企业的动力车间、废料站和垃圾中转站的位置应适宜，根据分区管理的原则，不能放在洁净区。此外，下水道和厕所应合理设置，不对环境带来负面影响。厂区的地面最好只有两种，即绿地和发尘量小的地面，如水泥地面。厂区的绿化面积不应低于50%，种植的树木应为四季常青的树种，不能产生花粉、绒毛、花絮。

2. 厂房内环境卫生管理　厂房应保持清洁，清洁要求随不同洁净级别而定，应针对各洁净级区的具体要求制定清洁规程。在生产过程中，必要时可以进行清洁工作。所用清洁剂及消毒剂应经过质量保证部门确认，清洁及消毒频率应能保证相应洁净等级区的卫生环境要求。

(1) 人员和物料：应有专人负责更衣室、办公室、参观走廊及其他公用场所的清洁。对于生产作业区而言，清洁工作一般由操作人员承担，清洁工作也是他们职责中的重要内容。应对所有的清洁人员进行培训，使其掌握清洁方法、清洁步骤、清洁频率，并严格按照清洁规程进行工作。此外，进入洁净室的人员必须保持清洁卫生，不得化妆和佩戴首饰；应着本区域的工作服装，经规定净化程序后，方可进入洁净室。凡洁净区使用的物料、器具等必须按规定程序净化，如在室外做清洁处理或灭菌经传递窗或气闸室送入无菌室。

(2) 清洁用具：每个洁净等级区必须配有各自的清洁设备。清洁设备必须储藏在专用的有规定洁净级别的房间内，房间应位于相应的级区内并有明显标记。进入无菌操作区的清洁用具均需灭菌，清洁用具（桶、拖把等）应按规定进行刷洗、消毒。B级和C级区：每次使用后均应用清洁剂洗涤、干燥、消毒后放在洁净塑料袋中备用。A级无菌操作区：按B级及C级区的要求进行，但要经过高压灭菌。

(3) 清洁剂及消毒剂:消毒剂浓度与实际消毒效果密切相关,故应按规定准确配制。有些消毒剂浓度过高时,不仅消毒实际效果下降,而且对某些表面有损坏作用。消毒剂应经常更换使用,以防产生耐药菌株。对消毒剂和清洁剂的微生物污染状况定期加以监测,稀释的消毒剂和清洁剂应存放在洁净容器内,储存时间不应超过储存期;应按洁净区面积的大小,按量使用消毒剂和清洁剂,不要量不足也不要使用过多,以确保效果。

(4) 清洁频率:清洁频率取决于该区卫生级别及生产活动情况,根据环境监控结果由工段长和微生物专家负责确定清洁次数并及时根据实际情况作出调整。一般说来,应做到:

1) C级、D级区:至少每天一次或更换产品前对地板、洗涤盆和水池进行清洁;至少每月一次或更换产品前对墙面、设备和内窗进行清洁;至少每半年进行一次全面清洁。

2) B级区:至少每天一次或更换产品前对地板、洗涤盆和水池进行清洁;至少每周一次或更换产品前对墙面、设备和内窗进行清洁;至少每月进行一次全面清洁。

3) A级区:至少每天一次或更换产品前对地板、墙面、设备和内窗进行清洁;至少每月一次墙面清洁;至少每年进行4次全面清洁。全面清洁工作开展时,除日常清洁对象外,还应注意空调系统的进风口及出风口,特别是配料间,因为配料过程中粉尘物质易飞扬,聚集于风口。

(5) 运行:A级和B级区域的空调系统一般情况下应连续运行。非连续运行的洁净室,可根据生产工艺的要求,在非生产班次时,空调系统值班运行,使室内保持正压并防止室内结露。此外,应对洁净室进行定期和不定期检测,及时发现问题,并详细记录。

第四节 生产操作

一、设备检查

生产操作开始前,操作人员必须对设备状况等进行检查,检查内容有:计量器具与称量范围相符,清洁完好,有“计量检定合格证”,并在周检有效期之内;正在检修或停用的设备应挂上“不得使用”的状态标志,检修完毕后应由设备员验收合格并清洁干净、符合要求,有设备完好状态标志才允许使用;衡器、量具使用前应进行检查、校正,对生产上用于测定、测试的仪器、仪表,应进行必要的调试。

二、物料检查

按GMP规定,生产过程中物料的投料、称重、计算等操作,都必须有人复核,操作人、复核人应在操作记录上签名,车间工艺员、QA均应对此操作控制点进行监督。对于麻醉药品、精神药品、毒性药品、放射性药品等的生产,应按国家有关规定严格执行,使用后剩余的散装物料应及时密封,由操作人在容器上标明启封日期、剩余数量,使用者、复核者签字后,由专人办理退库手续。再次启封使用过的原、辅料时,应核对记录,检查外观性状,如发现有异常情况或性质不稳定时,操作人员应及时退库,车间不得存放未使用完的剩余物料,但中间站存放的中间产品除外。

生产操作开始前,操作人员必须对物料进行检查,检查内容有:①所用各种物料、中间产品应按质量标准核对检验报告单,中间产品有QA签字的传递单,仔细辨别,盛装容器要桶、盖标号一致,并有明显标志;②盛放物料的容器外必须具有标签,标签上应注明品名、规格、批号、重量(皮重、毛重、净重)或数量、本批容器数及加工状态、工序名称、操作日期及班次、操作人、复核人等。

三、卫生检查及环境监测

生产操作开始前,操作人员必须对工艺卫生进行检查,检查内容有:①检查生产场所卫生是否符合该区域卫生要求;②更换品种、规格或批号前要有上一批产品的“清场合格证副本”,未取得“清场合格证副本”不得进行另一个品种或同品种不同规格或不同批号产品的生产;③设备清洁完好,有“设备清洁状态标志”。

四、清场

清场是对每批产品的每一个生产阶段完成后的清理和小结工作,是药品生产和质量管理的一项重要工作内容。

清场是指在药品生产过程中,每一生产阶段完成后,由生产人员按规定的程序和方法对生产过程中所涉及的设施、设备、仪器、物料等进行清理,以便下一阶段的生产。清场的目的是为了防止药品混淆和污染。

1. 清场范围　清场范围应包括生产操作的整个区域和空间,包括生产区和辅助生产区,以及涉及的一切设施、设备、仪器及物料等。在药品生产过程中,一般较重视生产现场的清场工作,而和本次生产有关的辅助生产区的清理,往往被忽视或者不彻底。

清场工作的内容应包括以下 3 个方面:

(1) 物料清理:应对全部物料(生产中所用到的物料包括:原料、辅料、半成品、中间体、包装材料、成品、剩余物料等)进行相应的清理、退库、储存和销毁工作。

(2) 文件清理:生产中所用的各种规程、制度、指令、记录,包括各种状态标志等的清除、交还、交接和归档等工作。

(3) 清洁卫生:对生产区域和辅助生产区域作清洁、整理和消毒灭菌工作。

2. 清场管理　车间各工序在本批产品生产完毕后,必须及时进行清场,填写清场记录。清场工作由各岗位操作人员严格按照各岗位清场标准操作程序进行。

(1) 清场的程序与要求:①地面无积灰,无结垢,门窗、室内照明灯、风管、墙面、开关箱等外壳无积尘,室内不得存放与下次生产无关的物品(包括物料、中间产品、产品、文件、记录等)。生产废弃物已处理,地漏、卫生洁具已清洁消毒。②使用的工具、容器已清洁,无异物、无遗留物。③设备内外无生产遗留物,无油垢。④非专用设备、管道、容器、工具已按规定拆洗或消毒。⑤凡直接接触药品的设备、管道、工具、容器应每天或每批清理,同一设备连续加工同一非无菌产品时,其清洗周期可按生产工艺规程及标准操作规程执行。⑥包装工序清场时,多余的标签及使用说明书等包装材料应全部按规定处理。

(2) 清场记录:清场操作应有清场记录,记录内容包括:工序名称、产品名称、规格、批号、清场日期、清场项目、清场人及检查人等。包装清场记录一式两份,分别纳入本批批包装记录(正本)和下一批批包装记录(副本,复印件)之内,其余工序清场记录纳入本批生产记录。

(3) 清场检查:清场结束后先由车间工艺员按清场检查细则进行自检,合格后再由质量管理部门质量管理人员按清场检查细则复检,并填写清场检查记录,必要时应由质检员检验前次生产遗留物是否有残留。

清场检查合格后,由质量管理人员签发清场合格证;清场检查不合格,必须由操作人员重新进行清场，直到清场检查合格后，方可签发清场合格证。清场合格证一式两份(正本和副本)，作为一个品种(或同品种不同批号)的生产凭证之一，正本纳入本批生产记录，副本流入下一批生产记录中。清场合格证应规定有效期，超过有效期的应重新进行检查。未取得清场合格证的不得进行另一个品种或同一品种不同批号的生产。生产接班时，应检查清场合格证，在确认无误后方可接班生产。

(谢　明)

第十章　质量控制与质量保证

按照 WHO 的药品管理理念，质量管理是企业确定并实施质量方针的管理职能，质量控制和质量保证都是质量管理的一部分。保证药品安全、有效、质量可控是药品研发和评价、生产应遵循的基本原则，其中，对药品进行质量控制是保证药品安全有效的基础和前提。本章主要介绍质量控制和质量保证的概念、质量控制实验室的管理要求、物料产品放行，质量保证体系建立等相关内容。

第一节　概　　述

一、基本概念

质量控制（quality control，QC）强调质量要求，具体是指按照规定的方法和规程对原辅料、包装材料、中间品和成品进行取样、检验和复核，以保证物料和产品的成分、含量、纯度和其他性状符合已经确定的质量标准。

质量保证（quality assurance，QA）强调为达到质量要求应提供的保证，质量保证是一个广义的概念，它涵盖影响产品质量的所有因素，是为确保药品实现其预定用途并达到符合的质量要求所采取的所有措施的总和。

二、质量控制的适用范围

质量控制是 GMP 的重要组成部分，其内容涵盖药品生产、放行、市场质量反馈的全过程，包括原辅料、包材、工艺用水、中间体及成品的质量标准和分析方法的建立、取样和检验以及产品的稳定性考察和市场不良反馈、样品的复核等工作。

质量控制适用于产品生命周期的每个阶段，包括：

(1) 产品开发阶段：包括分析方法的确定；产品的稳定性研究。

(2) 技术转移阶段：包括分析方法的转移、确认和验证。

(3) 商业生产：包括物料和产品的取样、检查和检验；中间过程控制；产品的持续稳定性考察；环境的监测控制；物料和成品的留样。

(4) 产品终止：包括产品留样的考察和处置。

实验室是质量控制得以实施的载体和核心，但质量控制不仅仅局限于实验室内的检验，还涉及影响产品质量的所有决定。

三、质量标准的建立

质量标准不仅是检验的依据，而且是质量评价的基础。在完成物料、中间产品、待包装产品和成品的检验后，确认检验结果是否符合质量标准，并在完成其他项目的质量评价后，才能得出批准放行、不合格或其他决定。因此，必须制定质量标准。

质量标准一般包括两大部分内容：物料和产品基本信息，检验项目及其相应的取样、检验方法和可接受标准。

（一）物料的质量标准

物料是组成药品成品的成分，其质量直接影响成品质量。制定物料的质量标准时要求物料的质量标准不应低于注册或申报标准，可以增加注册或申报标准以外的附加检验项目。申报标准是药品在申报时提交的质量标准。注册标准生效后，相应的申报标准则不得继续使用。

物料的质量标准内容应当包括：

(1) 物料的基本信息：①企业统一指定的物料名称和内部使用的物料代码；②质量标准的依据；③经批准的供应商；④印刷包装材料的实样或样稿。

(2) 取样、检验方法或相关操作规程编号；

(3) 定性和定量的限度要求；

(4) 贮存条件和注意事项；

(5) 有效期或复验期。

（二）中间产品和待包装产品的质量标准

外购或外销的中间产品和待包装产品应有质量标准。如果中间产品的检验结果用于成品的质量评价，则应制定与成品质量标准相对应的中间产品质量标准。

中间产品和待包装产品的质量控制是为确保产品符合有关标准而对生产工艺过程加以监控，以便确定是否有必要调节而做的各项检查。因此，中间产品和待包装产品的质量标准应根据产品开发和生产验证过程中的数据或以往的生产数据来确定，同时还需综合考虑所生产产品的特征、反应类型以及控制工序对产品质量影响等因素。若中间产品的控制标准也作为注册资料提交批准后，企业执行的标准不得低于注册标准。

对于原料药，前期中间产品的控制标准可适当放宽，越接近成品，中间控制的标准越严格。

（三）成品的质量标准

成品的质量标准不应低于注册或申报标准。若产品已上市，则成品在放行时必须符合注册标准。

成品的质量标准内容应当包括：

(1) 产品名称以及产品代码；

(2) 对应的产品处方编号（如有）；

(3) 产品规格和包装形式；

(4) 取样、检验方法或相关操作规程编号；

(5) 定性和定量的限度要求；

(6) 贮存条件和注意事项；

(7) 有效期。

质量标准的建立包括检验项目的选择、检验方法的确定和可接受标准的制定，应基于符合法规的要求和采用科学的方法来建立。质量标准的建立通常需考虑以下项目：

(1) 产品属性及其研究：在原料药开发阶段进行的产品属性研究有助于为产品检验选择

适合的检验项目。

(2) 临床和临床前批次的分析数据:有助于判定可接受标准。

(3) 生产数据:质量标准的建立也应基于来自生产的经验和数据,尤其是从验证批或按照验证工艺生产的批次获得的数据,有助于通过可接受标准来控制产品或工艺中的杂质。

(4) 稳定性数据:可以获得产品稳定性和可能的降解产物的信息。

(5) 分析方法:在产品研发阶段应进行分析方法的研究。

(6) 药典:产品要符合药典的要求,必要时可以考虑将适用的药典分级,还可以考虑以药典作为模板建立质量标准。

制药企业除要执行药品的法定标准外,还应依据法定标准制定物料、包装材料和成品的企业内控质量标准,必要时应建立中间产品或待包装产品的质量标准。工艺用水、溶媒和试剂也应建立相应的质量标准。对于物料、成品的法定标准为最低标准,企业内控标准不得低于法定标准;药包材可根据实际情况制定内控标准。

所有质量标准包括由生产人员进行中间控制所采用的质量标准,均需经质量控制部门、质量保证部门或文件管理中心批准,符合文件管理的相关规定,且应依据药典或其他标准的修订及时对相应质量标准进行修订。

第二节 质量控制实验室管理

作为质量管理体系的一部分,质量控制实验室管理是确保所生产的药品适用于预定的用途且符合药品标准和所规定要求的重要因素之一。建立、实施并维护一个有效的实验室管理体系能够支持企业整体质量体系的有效实施,持续稳定地生产出符合法律法规质量要求(如有效性、可靠性、安全性)的产品,从而实现公众和个人的共同目标,即为患者提供高质量的药品。

一、组织机构

(一) 设置目的

设置质量控制实验室的核心目的在于获取反映样品乃至样品代表的批产品、物料质量的真实客观的检验数据,为质量评估提供依据。实验室管理与产品生产管理类似,同样涉及人、机、料、法、环五个关键要素,从上述五方面作出具体规定,可降低质量控制实验室的潜在风险。

(二) 工作职责

实验室是质量控制活动的主要载体,其工作内容涉及取样、留洋、稳定性考察,试剂及试液的管理,标准品及对照品的管理,仪器的确认、校准与维护,分析方法的验证及确认,检验结果偏差(OOS)调查,原始数据的管理,检验等多个方面。

质量控制实验室的具体工作包括但不限于以下内容:

(1) 确保实验室安全运行,并符合 GMP 管理规范;

(2) 根据药典、注册标准,各种法规及其内部要求制定原辅料、包装材料、工艺用水、产品过程控制、中间体及成品的质量标准及分析方法;

(3) 组织取样、检验、记录、报告等工作;

(4) 对于检验过程中发现的异常现象及时向质量保证部门及相关生产负责人通报,并调查是否为实验室原因。如确认不是或无可查明的实验室原因，应协助查找其他原因；

(5) 保留足够的起始物料和产品的样品(即留样)，以便以后必要时对产品进行跟踪检测；

(6) 根据需要制定稳定性试验方案，并确保其具体实施；

(7) 确保用有效的体系来确认、维护、维修和校验实验室仪器、设备；

(8) 参与质量有关的客户审计；

(9) 参与质量有关的投诉调查；

(10) 根据需要参与和支持生产工艺验证、清洁验证和环境监测工作。

(三) 工作流程

质量控制实验室的大体工作流程见图 10-1：

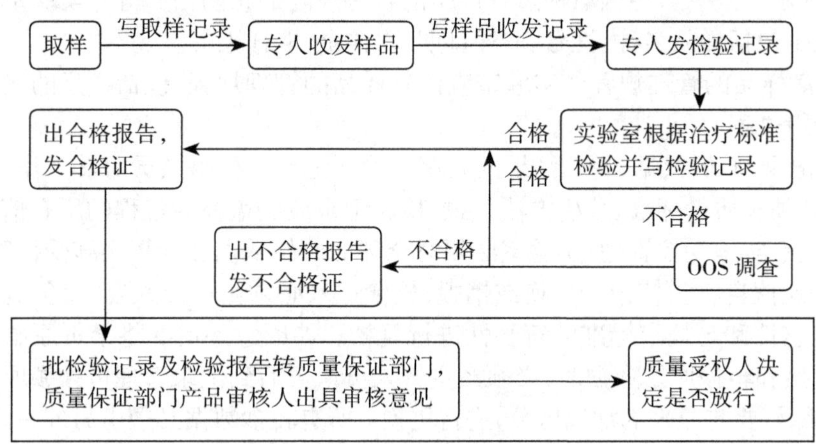

图 10-1 质量控制实验室工作流程

(四) 组织架构

企业可以根据自身的生产规模设立一个或多个实验室，例如微生物实验室、仪器分析实验室、理化实验室、原辅料实验室、包装材料实验室、车间中间控制实验室等。质量控制实验室系统组织结构见图 10-2。质量控制部门负责人必须由具有足够的管理实验室的资质和经验的人员担任，可以管理同一企业的一个或多个实验室。

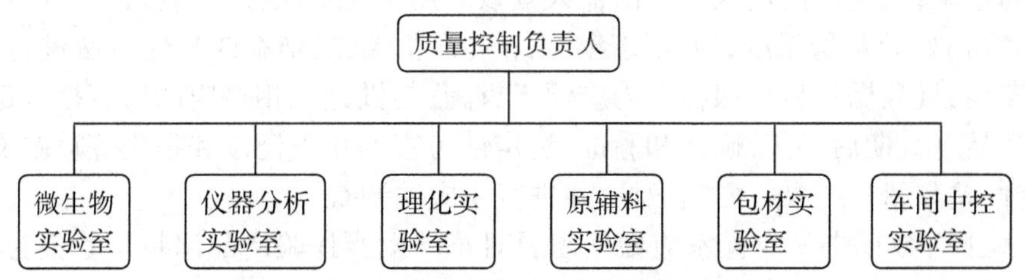

图 10-2 质量控制实验室系统组织架构图

(五) 人员配置

在人员配置方面，质量控制实验室的人员应当与产品性质和生产规模相适应。质量控制实验室应配备足够数量的检验人员，且检验人员至少应当具有相关专业中专或高中以上学历，并经过与所从事的检验操作相关的实践培训且通过考核。例如，从事中药材和中药饮片质量控制人员应具备中药材和中药饮片检验的实际能力。

此外，应当由有资格的人员进行有计划的培训，内容至少包括员工所从事的特定操作和与其职能有关的GMP知识，并应对培训效果进行评估。

二、文件系统

质量控制实验室的文件应当符合GMP第八章的原则，大体可分为以下几类文件：

1. 质量标准及分析方法　质量标准和分析方法应与注册/申报中的一致或高于注册/申报标准，可以增加注册/申报以外的附加检验项目。

2. 取样操作规程和记录　实验室应该有关于原辅料、包装材料、生产中间过程、中间体及成品的取样规程，包括经授权的取样人、取样方法、所用器具、取样量、取样后剩余部分样品的处置和标示以及为避免因取样过程产生的各种风险的预防措施等。实验室应做好取样记录，内容至少包括样品名称、批号、取样日期、取样量、取样人等。

3. 实验室样品的管理规程　实验室应该有样品的管理规程，包括样品的接收、传递、储存、使用和销毁过程。

4. 检验记录、原始数据、超标结果的处理　检验记录是检验人员对其工作的实时记录，检验的内容必须和质量标准、分析方法一致，检验记录应涵盖检验过程的所有信息。企业应对所有检验记录实施受控管理；实验室必须对全部的原始数据和计算实施受控管理，不得随意转抄，更不能擅自将受控记录更换或销毁；检验记录必须由第二人复核，负责对原始记录的准确性、完整性和与规定标准的符合性进行复核。如因意外情况将某页原始记录污染或损坏，需要更换和转抄原始数据时，必须经主管人员认可后到记录管理员处领取新的空白记录(新的记录编号要与原来的加以区分)进行更换。所有转抄数据必须由另外一人进行复核，转抄人及复核人应在转抄记录上签名、签日期。原记录须保存在该转抄记录的后面，作为本批记录的一部分，不得丢弃或销毁；如果以纸质记录为存档文件，原始数据如色谱图、光谱图等应打印出来，签字并附在批检验记录中。由仪器打印的数据(如水分滴定结果、温湿度记录等)，化验员应在打印纸张上签字确认。易褪色打印数据(如热敏打印数据等)应及时复印，并将原件和复印件一并保存；使用电子数据处理系统、照相技术或其他可靠方式记录数据资料的企业应有所有系统的详细规程；记录的准确性应经过核对。使用电子数据处理系统的企业应建立授权管理系统，任何更改情况均应有记录便于追踪；应使用密码或其他方式限制数据系统的登录；关键数据输入后应由他人复核。用电子方法保存的批记录，尽量采用备份系统进行备份，如无备份系统，应采用磁带、缩微胶卷、纸质副本或其他方法进行备份，以确保记录的安全，且数据资料在保存期内应便于查阅；与批记录相对应的所有控制记录必须至少保存至产品有效期后一年，确认和验证、稳定性考察的相关记录和报告等重要文件不得销毁；实验室偏差和超标结果应如实记录，并进行相应的调查。

5. 检验报告或证书　实验室应根据需要对每一批所检验产品出具检验报告单；检验报告单应当提供所检验产品的名称、批号，必要时还应包括其规格和报告日期。有有效期的产品可以在标签或分析报告单上提供失效期。有复验期的产品可以在标签或分析报告单上提供复验期；检验报告单应当列明按药典或客户要求所做的各项测试，包括可接受的限度和得到的结果；检验报告单应当由指定的质量部门人员签名、签日期。如有要求，检验报告还应注明原制造商的名称、地址和电话；如果是由重新包装者或重新加工者、代理人、中间人或由其代表出具的新报告单，这些报告单上应当注明做分析的实验室的名称、地址和电话，还应当附注原制造商的名称和地址以及原制造商报告单的复印件。

6. 环境监测操作规程和记录 有洁净厂房和(或)实验室的工厂应该有环境监控的规程,包括取样方式、取样频率、取样点、警戒限、行动限及异常结果的调查及处理等内容。环境监控记录至少包括取样点、取样日期、取样方式、取样人、结果等内容,并应定期做趋势分析。

7. 生产用水的监测操作规程和记录 药品生产企业的生产用水应在制定规程的基础上定期检测,包括生产用水的种类、取样点、取样方法、取样频率、检验项目、接收标准和异常结果的调查及处理等内容。生产用水的检验记录至少应包括取样日期、取样点、检验日期、检验项目等内容,每次检验都应有检验报告单。企业应定期对其关键项目进行趋势分析。

8. 检验方法验证方案及报告 检验方法验证方案及报告应该包括验证目的、适用范围、职责、验证项目及标准、方法描述、验证结论等。

9. 实验室分析仪器的使用、校准和维护的操作规程及记录 使用规程应包括仪器的开关机、具体操作步骤、使用注意事项等;校准规程应包括校准周期、校准内容、校准项目及标准,还应规定校准失败后应采取的措施等;仪器的维护规程应包括维护项目、维护周期等内容。仪器的使用、校准和维护都应如实记录。

10. 实验室分析仪器的确认方案及报告 实验室仪器的确认包括设计确认(DQ)、安装确认(IQ)、运行确认(OQ)、性能确认(PQ)等内容。所有确认文件应长期保存。

11. 实验室试剂的管理规程及配制、使用剂量 实验室试剂的管理规程包括试剂的领用、登记、储存、使用等规定。实验室配制的试剂应有配制记录。

12. 标准品的管理规程及标定、使用记录 实验室标准品的管理规程包括法定标准品和工作标准品的管理。来源于《中国药典》或USP/NF的标准品不需要进一步标定,对使用前有预处理要求的标准品(如干燥处理等),应按照标签或证书的要求进行。非官方来源的标准品应当通过合理的方法获得最高的纯度,应当全面测定确保其鉴别、效力、质量、纯度和效价。标准品的管理应涵盖标准品的使用、内部标准品的标定、标准品的保存等内容。工作标准品应该用法定标准品进行标定,并做好记录。所有相关标准品都应建立使用记录。

13. 菌毒种的管理规程及记录 实验室如果使用菌毒种,应该有相应的规程规定菌毒种的领用、登记、储存、使用及销毁等,并应有详细的记录。

14. 实验室剧毒物品、易制毒品的管理规程及记录 实验室用到的易制毒化学品、剧毒物品(如砷化物、可溶性钡盐等)应有相应的管理规程,必须严格按照易制毒化学品、剧毒物品的管理规定执行,并建立试剂的配制、记录和销毁记录等。

三、取样与检验

(一)取样

1. 定义 为确定药品或物料的质量是否符合质量标准,需要根据制定的取样方案对药品或物料进行取样,取样方案中应明确取样的方法、所用的取样器具,确定取样点、取样频率以及样品的数量和每个样品的重量,盛装样品用的容器等。取样是质控过程中非常重要的一个环节。如果取出的样品没有代表性,其分析结果就不能得出整批产品质量的准确结论。取样错误会导致质控后续过程处于可疑状态。因此,有必要仔细制订取样计划,执行取样程序。

企业应结合物料特征制订原辅料、包装材料、中间产品、成品以及工艺用水等的取样管理规程(如原料药生产使用的大体积溶剂、中药材、中药饮片的取样管理规程)。上述操作规程应当详细规定:①经授权的取样人;②取样方法;③所用器具;④样品量;⑤分样的方法;⑥存放样品容器的类型和状态;⑦取样后剩余部分及样品的处置和标识;⑧取样注意事项,包括为降低取样过程产生的各种风险所采取的预防措施,尤其是无菌或有害物料的取样以及防止取样过程中污染和交叉污染的注意事项;⑨贮存条件;⑩取样器具的清洁方法和贮存要求。

2. 应用范围 药品生产的各个环节都有可能需要取样进行质量检查。取样操作主要服务于以下生产阶段的质量控制:①原材料(包括辅料、活性成分和包装材料);②中间产品;③中间过程控制的取样;④成品(包括留样的取样)。

3. 人员要求 选择取样人员时应考虑以下几个方面:①具有良好的视力和对颜色分辨、识别的能力;②能够根据观察到的现象做出可靠的质量判断和评估(如检查要取样物料的包装状况并对破损的包装进行适当的质量评估和行动,必要时通知质量管理人员);③患有传染性疾病和身体暴露部分有伤口的人员不应进行取样操作;④取样人员应接受相应的技能培训并熟悉取样方案和取样流程,掌握取样技术和取样工具的使用,必须意识到在取样过程中样品被污染的风险并采取相应的安全防范措施,同时应该在专业技术和个人技能领域得到持续的培训;⑤取样人员还要对物料安全知识、职业卫生要求有一定了解。

对于取样人员的培训应该至少涵盖以下几个方面:①取样方案的制订;②取样程序,包括样品的采集方案;③取样技能以及取样器具的使用;④取样时应采取的安全措施,包括预防物料污染和人员安全防护;⑤样品外观检验的重要性;⑥对异常现象(如包装被污染或出现破损)的记录和报告;⑦取样器具和取样间的清洁。

4. 取样方法的要求 取样方法应当科学、合理,以保证样品的代表性。留样应当能够代表被取样批次的产品或物料,也可抽取其他样品来监控生产过程中最重要的环节(如生产的开始或结束)。

5. 样品器具的要求 一般用来取原辅料的取样器具有浸取式吸管、分层取样器、吸管、塑料勺、不锈钢勺、铲子、标签和密封条等。取样器具一般来说应表面光滑,易于清洁和灭菌;易于装入、倒出样品,不吸附样品;易于密封和贮存等特点。

使用时,应根据要取的样品选择合适的取样器具。取样器具使用完后应尽快清洁,必须在清洁、干燥的状态下保存,再次使用前应进行消毒。用于微生物检验样品或无菌产品取样的取样器具在使用前必须先灭菌,灭菌后的器具应在规定期限内使用,过期使用需重新灭菌。破损的取样器具必须有明确标识并立即停止使用。

6. 实施流程 见表 10-1。

表 10-1 取样的主要实施过程

实施步骤	具体内容
制定取样方案	取样方案应清晰定义以下内容:①取样的方法;②取样的器具;③样品量(一般为 2~3 倍的全检量)以及需要取的样品数量;④是否有特殊取样要求(如分包样品);⑤样品容器;⑥取样完成后被取样包装上的标签;⑦避免交叉污染应该采取的措施,特别是对无菌产品;⑧对人体毒害的防护措施;⑨样品的贮存条件

续表

实施步骤	具体内容
进行取样操作	取样时应注意以下几点:绝不允许同时打开两个物料包装以防止物料的交叉污染;取不同种类的物料时必须更换套袖;从不同的物料包装中取样时必须更换一次性塑料手套(对于只接触外箱和外层包装的取样协助人员不作此要求);在取样开始和结束时检查取样工具的数量,以避免将取样工具遗留在物料中;如果在同一天需要在同一取样间进行不同种类物料取样,最后按照包装材料、辅料、原料药的顺序进行取样操作,不同种类物料之间必须根据规程要求进行取样间的清洁
取样后剩余部分的处置和标识	取样后,对于桶装物料,将内层塑料袋用扎丝扎紧,将桶盖封好后,贴上有取样人员签字及日期的取样标签;对于袋装物料,需要将取样口用专用封口贴封好,贴上有取样人员签字及日期的取样标签
样品标识	取回的样品必须有标识,标签上至少应该包括以下信息:样品名称、样品批号、取样日期、样品来源(应具体到包装容器号)、样品储存条件,如需要,应标明取样时间和样品测试允许时间,以及取样人
取样记录	取样过程应该被记录在取样报告或取样记录中。取样记录上应该包含取样计划中的所有内容,如样品名称批号、取样日期、取样量及样品来源、取样工具以及取样人等信息,必要时,还应在取样记录上注明取样时的温湿度和样品的暴露时间等信息
取样的异常处理	取样人员在对产品外包装和物料外观进行现场检查时,如发现不符合的现象,应立即停止取样,将观察到的不符合现象记录在取样记录中,并通知质量管理相关部门进行调查处理

(二) 检验

1. 定义　药品检验是指依据药品质量标准规定的各项指标,运用一定的检验方法和技术,对药品质量进行综合评定,又称药品质量检验。

药品生产过程中,原辅料、中间产品、成品均需经过检验,其检验结果是产品质量评价的重要依据,因此,企业应当按照注册批准的方法对其生产的药品进行全项检验,且确保检验结果应准确可靠。检验过程中需注意人、机、料、法、环五个环节。

(1) 人:指检验人员。只有经过培训和通过考核的检验人员方可独立进行实验。对于中间产品或待包装产品,其检验可由生产人员进行,也可由中间控制实验室或质量控制实验室进行。具体可由企业自己规定,但必须在相关文件中明确规定。

(2) 机:指仪器和设备。只有通过确认和校准且在校准有效期内的仪器和设备方可使用。分析用的玻璃容器应经过校准且合格,玻璃容器在使用前应仔细检查,确保完好、无裂纹。

(3) 料:指试剂、试液、标准品或对照品、培养基以及检定菌等。在实验过程中应严格遵守相应要求,并有明确的标示以便于追溯。

(4) 法:指质量标准、检验方法和检验操作规程。原辅料、包装材料、中间产品、待包装产品和成品必须符合经注册批准的要求和质量标准,检验方法必须是批准的现行文本。检验操作规程的内容应与经确认或验证的检验方法一致。

(5) 环:指环境。在实验过程中应严格遵守操作规程中的要求。如在天平使用过程中,应关闭防风罩避免气流的影响。

2. 检验方法的验证　在进行检验前应对实验室所使用的检验方法进行验证或确认。

从本质上讲,检验方法验证就是根据检测项目的要求,预先设置一定的验证内容,并通过设计合理的试验来验证所采用的分析方法能否符合检测项目的要求，其目的是判断目前所采用的检验方法是否科学、合理，是否能够有效地控制产品的内在质量，同时确保物料、成品的检验方法与注册批准项目、方法一致，为检验结果的准确及可靠提供保障。

符合下列情形之一的，应当按照现行《中华人民共和国药典》药品质量标准分析方法验证指导原则的要求对所采用的检验方法进行验证：①采用新的检验方法；②检验方法需变更的；③采用《中华人民共和国药典》及其他法定标准未收载的检验方法；④法规规定的其他需要验证的检验方法。

需验证的项目包括鉴别试验、杂质定量检查或限度检查、原料药或制剂中有效成分含量测定、制剂中其他成分（如防腐剂等）的测定。此外，还应对药品溶出度、释放度等检查的溶出量等的测试方法做必要的验证。企业应根据验证项目制定相应的验证方案，方案内容包括规程和所有方面的可接受标准，并最终形成验证报告，汇总试验记录、图谱等。

对不需要进行验证的检验方法，企业应当对检验方法进行确认，以确保检验数据准确、可靠。

如需变更成品检验方法，应按照变更控制规程进行验证、申报。

3. 检验记录及记录复核　检验应当有可追溯的记录并应当复核，确保结果与记录一致。每批药品的检验记录应当包括中间产品、待包装产品和成品的质量检验记录，可追溯该批药品所有相关的质量检验情况。检验记录具体应包括以下内容：①产品或物料的名称、剂型、规格、批号或供货批号，必要时注明供应商和生产商（如不同）的名称或来源；②依据的质量标准和检验操作规程；③检验所用的仪器或设备的型号和编号；④检验所用的试液和培养基的配制批号、对照品或标准品的来源和批号；⑤检验所用动物的相关信息；⑥检验过程，包括对照品溶液的配制、各项具体的检验操作、必要的环境温湿度；⑦检验结果，包括观察情况、计算和图谱或曲线图，以及依据的检验报告编号；⑧检验日期；⑨检验人员的签名和日期；⑩检验、计算复核人员的签名和日期。

检验人员出具检验结果后，与质量标准中规定的接受标准进行比对，并作出该检验项目合格或不合格的评定。实验结束后，检验记录由有资质的第二个人进行复核，确保结果与记录一致。如检验结果异常，应立即对该结果展开调查。

4. 检验结果超标的处理　检验结果超标（OOS）是指检验结果超出法定标准及企业制定标准的所有情形。

质量控制实验室应当建立 OOS 调查的操作规程，任何 OOS 都必须按照操作规程进行完整的调查，并有相应的记录。调查的原则包括：①检验数据或结果应默认为有效（无论它是否符合质量标准），不能随意丢弃；②一旦出现 OOS 结果，即使已根据该结果判定产品为不合格，也必须对其进行调查；③OOS 调查应规定时限要求。调查内容主要包括：①实验室调查，即确认 OOS 结果是否源于检验过程出现的偏差；②全面调查，即确认 OOS 结果产生的根本原因，采取相应的纠正预防措施。

5. 检验报告书　当全部检验项目完成后，根据检验结果出具检验报告书。

如果检验对象是物料，质量控制部门可依据物料生产商的检验报告、物料包装完整性、密封性的检查情况和检验结果出具检验报告书，并标明“符合要求”或“不符合要求”的结论。经质量管理负责人或质量控制负责人及质量受权人签名批准放行后，物料可被放行使用。物料检验报告书是物料放行或否决的重要依据。

如果检验对象是中间产品或待包装产品，是否出具检验报告书可由企业根据自身管理模式确定，并在相应规程中明确规定。

如果检验对象是成品，其检验报告书经过质量控制部门负责人或质量受权人审核批准后，交给负责产品放行的部门。

6. 委托检验　企业通常不得进行委托检验，确需委托检验的，应当按照第十一章中委托检验部分的规定，委托外部实验室进行检验，但应当在检验报告中予以说明。

四、试剂品的管理

（一）试剂及试液的管理

1. 定义　试剂又称化学试剂或试药，主要是实现化学反应、分析检验、研究试验、教学实验、化学配方使用的纯净化学品。试验用的试剂，除另有规定外，均应根据《中国药典》附录试药项下规定，选用不同等级并符合国家标准或国务院有关行政主管部门规定的试剂标准。试液、缓冲液、指示剂与指示液等是按照规定方法配制的溶液，均应符合《中国药典》附录的规定或按照附录的规定制备。

试药或试剂、实验用水、实验耗材是实验室对物料或产品进行质量控制的重要组成部分。化学试剂用于质量控制的各个分析阶段，根据使用领域不同，可以选择不同级别的试剂。

2. 采购、接收和标识　试剂应从经过资质机构认可的厂家或供应商采购，必要时应对供应商进行评估。试剂、试液应有相应的标示（包括品名、来源、批号、生产日期、有效期）。实验室在接收试剂、试药时，应有接收记录，必要时应在每个试剂瓶或包装箱上贴上标签，标签上应注明接收日期和试剂的有效期。

实验室配制的试液应有配制记录，记录包括所使用的试剂名称、批号、用量等信息。配制的容器上应贴上标签，标签上应标明试剂名称、贮存条件以及试剂配制人和配制日期。试剂的首次开启者应将试剂的开启日期同时标注于试剂标签上并签名。在相关文件（如方法验证、方法转移等）中应记录试剂的信息（如品名、来源、批号等）。特殊情况下，在接收或使用前，应对试剂进行鉴别或其他检验。

对于剧毒或易制毒试剂的采购和管理应符合国家相关法规的要求，剧毒或易制毒试剂的采购需获得公安机关颁发的毒品采购许可证。应该在申请采购之前向相关部门提出申请，接收时应有专门的可控区域进行储存，专人管理。

3. 储存和使用　如果试剂瓶上有明确的储存条件要求，则必须遵照该要求执行。否则，试剂应储存在密闭容器中，避免阳光直射并置于干燥、温度适宜的环境中，且试剂库温度应有记录。使用试剂时，其名称或代号、生产商的名称、生产日期、批号和有效期都应包括在测试过程的相关记录中，以保证其可追溯性。试液的存储应首先参照规定条件（如温度、湿度、避光、新鲜配制等）执行。如果没有特别规定，则默认为室温保存，并建立合理的存储效期。

剧毒或易制毒试剂的储存和使用需符合公安机关的相关规定，应有独立的存储区域（必要时使用保险柜），由专人进行管理。使用时，双人复核并记录品名、用途、用量、剩余量、领取日期、领取人及复核人。实行物料数量平衡管理，确保剧毒或易制毒试剂被用于预定用途，使用完后及时放回存储区域。剧毒或易制毒化学品管理员定期清点、核实剧毒或易制毒化学品库存，检查数量及品名是否与使用记录表中的内容相符。一旦发现剧毒或易制毒化学品丢失，应立即报告安全负责人检查、核实，必要时报告当地公安机关。

4. 使用效期的管理　实验室用到的所有试药和试剂都应该有合理的有效期。对于采购的试药和试剂，应该遵守生产厂家规定的有效期。对于生产厂家没有规定有效期的试剂，使用单位可以根据合理的科学依据规定试剂的有效期。一般来说，对于化学性质稳定的试药自开瓶之日起最长推荐有效期不应超过5年，且不得超过生产厂家规定的有效期。对于配制的试剂、试液，应根据试剂、试液的性状，制定合理的存储条件和有效期。对于不稳定的试剂试液，应当根据合理的科学依据规定试剂、试液的有效期及特殊贮存条件。

5. 报废　实验室试药、试剂的报废应根据不同的特性存放在不同的容器中，并粘贴标签，注明报废试剂的类型或对照不同类型规定不同颜色的标签。实验室应该制定相应的试剂报废处理流程，根据不同的试药、试剂特性和相应的法规要求制定相应的报废流程。例如，对于酸碱化学试剂，需要中和后废弃；对于有机挥发试剂，需要有相关资质的机构进行焚烧处理并记录；对于剧毒或易制毒试剂，需要有相关资质的机构进行特殊处理并记录。

（二）标准品与对照品的管理

1. 定义　标准品、对照品是指国家药品标准中用于鉴别、检查、含量测定的标准物质。标准品系指用于生物检定、抗生素或生化药品中含量或效价测定的标准物质，按效价单位计，以国际标准品进行标化，对照品除另有规定外，均按干燥品（或无水物）进行计算后使用。

企业可以选择相应的活性物质，使用法定标准品或对照品进行标化，将标化后的物质作为企业自制工作标准品。企业如需自制工作标准品或对照品，应当建立工作标准品或对照品的质量标准以及制备、鉴别、检验、批准和贮存的操作规程，每批工作标准品或对照品应当用法定标准品或对照品进行标化，并确定有效期，还应当通过定期标化证明工作标准品或对照品的效价或含量在有效期内保持稳定。标化的过程和结果应当有相应的记录。

2. 采购与接收　标准品、对照品可以从中国食品药品检定研究院或国外法定认可机构采购。质量控制部门应安排专人负责接收和管理标准品并建立标准品接收记录。接收标准品时对于有储存温度要求的标准品应该立即放到符合温度要求的环境中。标准品负责人在接收时应该检查标准品的名称、批号、数量、有效期、说明书等信息并将其记录在标准品接收记录中。

3. 标识　标准品或对照品应当有适当的标识，内容至少包括名称、批号、制备日期、有效期、首次开启日期、含量或效价、贮存条件。外购或企业自制的工作标准品、对照品均应有明确的标识和说明书。标签中应该至少包含标准品的名称、批号、纯度、制备日期、有效期或复标期和贮存条件等，如有必要，还应包括数量、处理指南、安全指南等信息。

对照品也应有明确的标识，标签中应该包含标准溶液名称、配制人、配制日期和溶液有效期。为了便于标准溶液使用的追踪，标准品溶液标签中还应定义标准品溶液的编号，编号的形式可以根据情况由使用单位自行定义，实验记录中应能体现对照品溶液的编号。

4. 使用、贮存和处置　使用单位应该有标准操作规程，对标准品、对照品的储存、处置和分发等流程进行规定。标准操作规程中规定有正确的处置方式、文件的处理，对于不在室温贮存的标准品还应规定从储存区域取出后恢复至室温的时间。首次开启者应该在标签上注明首次开启的日期，并签名、签日期。对于企业自制工作对照品，对效期的定义应有科学合理的说明，如基于稳定性考察说明。

标准操作规程还需要规定标准品的使用注意事项。例如，是否需要在称量使用前干燥、是否需要重新测定标准品、对照品的干燥失重或者有其他应规定的流程，最后还应规定用于计算的数值。应根据标准品、对照品的特性决定其储存条件。有些可能需要冷冻储存，有些可以冷藏储存，还有一些性质比较稳定，只需常温储存即可。从标准品稳定性角度来说，对标准品、对照品最好的储存方法是将其分装成合适的小包装单独标识进行储存。

标准品、对照品或对照品溶液超过效期后不得使用，应作废处理。企业应建立相应的作废处理流程，比如标准品、对照品可按活性成分进行废弃处理。废弃时记录处理标准品、对照品的名称、批号、数量（重量）、处理人及日期。

第三节　物料及产品的放行

一、放行的对象

物料和产品放行是质量保证的一个重要环节，实施物料和产品放行的主要目的就是保证物料、产品及其生产过程符合相应的法规要求和质量标准（如注册要求和 GMP 等）。放行的对象为物料和产品。其中，物料包括原料、辅料和包装材料；产品包括成品、待包装产品和中间产品。

二、放行的职责

GMP（2010 年修订）规定："物料应当由指定人员签名批准放行"，"每批药品均应当由质量受权人签名批准放行"。因此，产品最终放行的决策者必须是质量受权人，而物料最终放行的决策者可以是质量受权人也可以是企业指定的其他关键人员（如质量控制人员、质量保证人员）。

物料和产品的放行需要对物料和产品及其生产和检测的全过程进行评价，因此，仅仅依靠放行决策者个人精通生产和检测的所有细节并完成相应的评价是不现实的，这就要求物料和产品质量评价的相关部门（质量部门和生产部门等）必须承担起相应的职责，将正确可信的信息、决议和评价传递给放行决策者，以保证放行决策者能够正确的实施放行决策。所以，质量受权人、质量管理部门和生产管理部门都是物料和产品放行职责的主要承担者。

（一）质量受权人

质量受权人需要承担的责任如下：

（1）保证产品符合注册要求；

（2）保证产品的生产符合 GMP 的要求；

（3）保证产品符合相应的质量标准；

（4）签署证书或证明文件；

（5）保证产品相关的所有偏差、变更和 OOS 都经过相应的调查和处理；

（6）保证需要经药品监督管理部门批准的重大变更已经上报并得到批准；

（7）保证完成所有的必要检验；

（8）保证所有的必要生产和检验文件已经完成，并被批准；

（9）判断与评价生产和检验文件的结果；

（10）考虑其他可能影响产品质量的因素；

（11）决策产品放行或拒收。

（二）质量管理部门

质量管理部门需承担的责任如下：

（1）保证物料符合相应的放行标准；

(2) 决策物料放行或拒收;
(3) 审核和批准批检验记录;
(4) 批准质量标准、取样操作规程和检验操作规程;
(5) 保证所有的检验按照批准的规程完成;
(6) 保证 OOS 经过评估;
(7) 按规定进行物料和产品留样。

(三) 生产管理部门

生产管理部门需承担的责任如下:
(1) 保证生产过程符合 GMP 的要求;
(2) 保证批相关的偏差和变更均有记录并完成调查、评估和处理;
(3) 保证批生产记录在交付质量部门前均经过了评估和批准。
质量管理部门和生产管理部门的共同责任如下:
(1) 批生产文件的评价和批准;
(2) 对生产环境进行监测和控制;
(3) 执行和评估中间过程控制。

质量受权人、质量管理部门和生产管理部门针对不同类型的物料和产品放行时所承担的主要职责参见表 10-2。

表 10-2 质量受权人、质量部门和生产部门在物料和产品放行方面的职责

	质量受权人	质量管理部门	生产管理部门
物料:原料、辅料和包装材料 *	/	批检验文件的评价和批准 批准放行	/
商业用途的制剂产品的中间产品和待包装产品	批准放行	批生产文件的评价和批准 批检验文件的评价和批准	批生产文件的评价和批准
制剂产品的最终成品	批准放行	批生产文件的评价和批准 批检验文件的评价和批准	批生产文件的评价和批准
商业用途的原料药产品的中间品	批准放行	批生产文件的评价和批准 批检验文件的评价和批准	批生产文件的评价和批准
内部使用的原料药产品的中间产品	/	批准放行	/
原料药产品的最终成品	批准放行	批生产文件的评价和批准 批检验文件的评价和批准	批生产文件的评价和批准

注:* 表示物料的放行人员也可以是质量受权人。

三、放行的流程

物料和产品放行的主要流程包括质量评价和批准放行两部分(见图 10-3)。

(一) 质量评价

质量评价就是对物料和产品所有相关的原始数据进行评估和批准的过程,也就是判断物料、工艺和过程是否符合质量标准注册标准和 GMP。

物料放行的质量评价主要包括对生产商的检验报告和质量部门检验报告的评价。产品放行的质量评价主要包括对批生产记录和批检验记录的回顾,另外,评价时还需要考虑环境

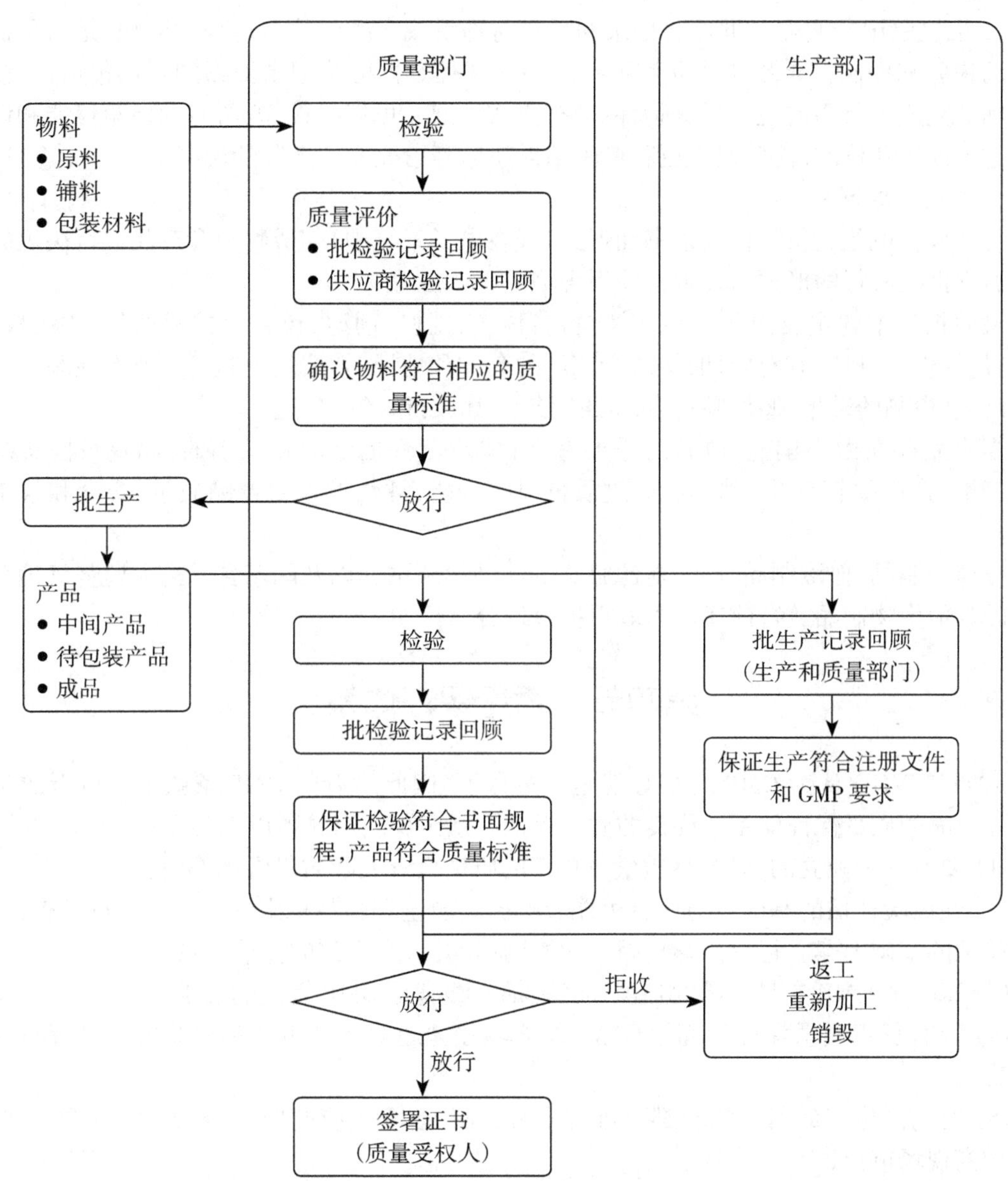

图 10-3　物料和产品放行流程图

监测和中间过程控制的数据。因此，物料和产品放行的质量评价的关键就是批生产记录和批检验记录的回顾。

1. 批生产记录回顾　通过对批生产记录的回顾来证明产品的生产符合预先建立和批准的书面规程。批生产记录的回顾应当是对合成、加工、包装等生产全过程的回顾。批生产记录回顾的要点包括：①批生产过程符合原版空白的批生产记录（基准批记录）的要求；②所有的数据真实、完整、可以追溯；③数据符合相应的限度（如中间过程控制的限度、工艺控制的限度），适当条件下还需考虑环境监测的数据；④偏差、变更和检验结果超标等情况要有充分的说明；⑤使用的物料要符合质量标准，并经过质量部门放行；⑥确认所使用的设备和仪器的状态（如洁净的、可使用的等）；⑦如果存在返工或重新加工，则应确认经过了必要的批准。

2. 批检验记录回顾 批检验记录回顾是对物料或产品的检验过程的回顾，是为了证明相应的检验和控制符合预先建立和批准的书面规程。批检验记录回顾的要点包括：①按照质量标准完成了所用的检验；②所有的数据真实、完整、可以追溯；③所有的检验仪器和设备均经过了确认和校准；④偏差变更和检验结果超标等情况要有充分的说明。

（二）批准放行

批准放行就是放行责任人以书面形式（或在电子系统中）完成物料和产品放行决策的过程。通常批准放行的形式为签署检验报告书或合格证等。

检验报告书的主要内容包括：①物料名称；②规格、剂型、包装形式和批量；③物料号；④批号；⑤生产日期；⑥有效期；⑦放行工厂的名称和地址；⑧按规定履行的所有检验及其合格标准；⑨检测的结果；⑩检验符合标准的结论；⑪放行人签字。

当产品存在微小偏差，放行时需要考虑：偏差是否是个例和微小的；偏差对检验结果有无影响；产品要符合质量标准；通过质量风险分析，评估偏差对产品质量、安全和效果的影响。

疫苗类制品、血液制品、用于血源筛查的体外诊断试剂以及国家食品药品监督管理总局规定的其他生物制品放行前还应当取得批签发合格证明。

第四节 质量保证体系

欧盟和WHO认为GMP的核心就是质量保证，因此所有的GMP条款都可以看成是为了建立可靠的质量保证体系。优良的质量保证体系至少应当具备以下几点：

(1) 要有一个独立的、对产品质量负总责的质量负责人和质量管理部门；

(2) 在风险评估的基础上对所有可能影响药品质量和药品稳定性的因素进行排查，要在科学验证的基础上建立每一个影响因素的控制标准，形成完整的标准体系；

(3) 每一个GMP参与人员的知识和经验都能够满足GMP管理的要求；

(4) 要有负责质量保证的部门(QA)，并能够独立地对药品生产和检验的全过程行使监督职责；

(5) 对药品生产的所有物料都要进行质量控制，建立供应商档案，对关键物料要定期进行供应商现场审计；

(6) 要有完善的GMP文件体系，保证从原料采购、药品生产到药品放行和销售的全过程所有数据和资料的一致性和可追溯性；

(7) 要建立定期的自检（内部审计）和产品质量回顾制度；

(8) 在药品生产中出现的所有超出控制范围的偏差都应开展调查，提出解决方案和预防纠正措施；

(9) 药品生产工艺应与注册批准的工艺相符合，贯彻“质量源于设计的理念”。

一、持续稳定性考察

（一）对象

由于在产品研发阶段获取的药品稳定性数据存在局限性，因此，在产品进行商业化生产后需要继续证明其在有效期内的稳定性。持续稳定性考察是针对上市产品的稳定性研究，主要针对市售包装药品，同时兼顾待包装产品。例如，当待包装产品在完成包装前，或从生产厂运输到包装厂，还需要长期贮存时，应当在相应的环境条件下，评估其对包装后产品稳定性的影响。此外，还应当考虑对贮存时间较长的中间产品进行考察。

（二）目的

持续稳定性考察的目的是在有效期内监控已上市药品的质量，以发现药品与生产相关的稳定性问题（如杂质含量或溶出度特性的变化），并确定药品能够在标示的贮存条件下，符合质量标准的各项要求。

（三）考察方案

持续稳定性考察应当有考察方案和报告，GMP（2010年修订）规范中所指的考察方案应以某一种处方药品的不同规格和生产批量为考察对象，也可以以持续稳定性考察年度计划的形式进行，统筹产品类别、品种、批量、批数、取样计划等内容。具体应包括：①每种规格、每个生产批量药品的考察批次数；②相关的物理、化学、微生物和生物学检验方法，可考虑采用稳定性考察专属的检验方法；③检验方法依据；④合格标准；⑤容器密封系统的描述；⑥试验间隔时间（测试时间点）；⑦贮存条件：应当采用与药品标示贮存条件相对应的《中华人民共和国药典》规定的长期稳定性试验标准条件；⑧检验项目，如检验项目少于成品质量标准所包含的项目，应当说明理由。

考察批次数和检验频次应当能够获得足够的数据，以供趋势分析。通常情况下，每种规格、每种内包装形式的药品，至少每年应当考察一个批次，除非当年没有生产。某些情况下，持续稳定性考察中应当额外增加批次数，如有重大变更或生产和包装有重大偏差的药品应当列入稳定性考察。此外，重新加工、返工或回收的批次，也应当考虑列入考察，除非已经过验证和稳定性考察。

（四）考察结果

关键人员，尤其是质量受权人，应当了解持续稳定性考察的结果。当持续稳定性考察不在待包装产品和成品的生产企业进行时，则相关各方之间应当有书面协议，且均应当保存持续稳定性考察的结果以供药品监督管理部门审查。

应当对不符合质量标准的结果或重要的异常趋势进行调查。对任何已确认的不符合质量标准的结果或重大不良趋势，企业都应当考虑是否可能对已上市药品造成影响，必要时应当实施召回，调查结果以及采取的措施应当报告当地药品监督管理部门。

应当根据所获得的全部数据资料，包括考察的阶段性结论，撰写总结报告并保存，定期审核总结报告。

（五）与留样和稳定性考察的区别

持续稳定性考察与留样和稳定性考察的对比见表10-3。

表10-3　持续稳定性考察与留样、稳定性考察的对比

项目	留样	稳定性考察	持续稳定性考察
考察目的	用于药品质量追溯或调查物料、产品	考察原料药或药物制剂在温度、湿度、光线的影响下随时间变化的规律，为药品的生产、包装、贮存、运输条件提供科学依据，同时通过试验建立药品的有效期	在有效期内监控已上市药品的质量，以发现药品与生产相关的稳定性问题（如杂质含量或溶出度特性的变化），并确定药品能够在标示的贮存条件下，符合质量标准的要求

续表

项目	留样	稳定性考察	持续稳定性考察
考察对象	主要针对每批生产的市售产品和工艺中涉及的物料	产品研发阶段需要进行影响因素试验(无包装)、加速试验(市售包装)、长期稳定性研究试验(市售包装);产品标准上市后首次投产前三批进行长期稳定性试验; 产品生产过程中如发生重大变更或生产工艺、包装材料发生变更时需要进行稳定性考察;重新加工、返工或回收工艺考察时应进行稳定性考察; 需要对中间产品的稳定性进行考察,确定中间产品的贮存期限、贮存条件	主要针对市售包装产品,也需兼顾待包装产品;按照产品规格、批量、包装形式不同分别进行持续稳定性考察
考察环境	与产品标签上贮存条件一致	影响因素试验(高温、高湿、强光照射);加速试验(隔水式电热恒温培养箱);长期稳定性考察试验接近药物的实际贮存条件进行,应考虑药物销售不同地区温湿度对产品的影响	贮存条件应采用与药品标示贮存条件相对应的《中国药典》规定的长期稳定性试验
考察批次	每批产品及用于制剂生产的原辅料每批均需有留样	除影响因素试验为 1 批产品外,其他考察均需要进行 3 批产品的稳定性考察	至少每年应考察一个批次,除非当年没有生产
考察项目	目检观察或对物料进行鉴别	对质量标准中的重点项目进行考察,与质量标准的项目可以不完全一致,参照现行《中国药典》稳定性考察的内容	与稳定性考察选择的考察项目类似
考察频次	每年一次,成品留样时间为药品有效期后一年;原辅料产品放行后两年	按现行《中国药典》要求执行;长期稳定性考察为 0 个月、3 个月、6 个月、9 个月、12 个月、18 个月、24 个月、36 个月确定药品有效期	与长期稳定性考察频次类似
考察需量	全检两倍量(无菌检查和热原检查除外)	按照取样频次、考察项目所需的检验量、产品批准上市前预先确定的产品有效期确定稳定性考察所需供试品量	与长期稳定性考察类似

二、变更控制

(一) 定义

欧盟 GMP 指南中关于变更控制的定义如下:变更控制是由合格专业人员对可能影响厂房、系统、设备或工艺验证状态的变更提议或对实际变更进行审核的一个正式系统。变更控制的目的是为了防止变更对产品质量产生不利影响,保持产品质量的持续稳定。

(二) 适用范围

任何可能影响产品质量或重现性的变更都必须得到有效控制,变更控制的范围如下:

(1) 新产品的上市;

(2) 现有产品的撤市，即将现有产品品种、现有剂量的产品或现有包装规格的产品从市场上撤回；

(3) 厂房的变更：包括厂房原设计功能的改变、间隔的改变、洁净装修材料或形式的改变、对墙体或地面造成破坏性的改变等；

(4) 设备、设施的变更：包括改变送、回风管路和送、回排风尺寸、位置，空气处理机组或消毒系统，改变温湿度控制设施，改变气流组织，改变洁净区内地漏，纯化水制水设备、贮水设施材质、纯化水管管路及用水点的改变，净化空调系统空调过滤器型号改变，高效、亚高效过滤器供应商的改变，直接接触药品的气体过滤器的改变，洁净区内运输形式的改变等；

(5) 检验方法的变更：包括取样方法、条件的变化，样品制备和处理方法的变化，对照品配备方法的变化，检验仪器型号的变化等；

(6) 质量标准的变更：包括原辅料、包装材料、中间产品、成品质量标准项目的改变，有效期或贮存期的改变，贮藏条件的改变，中间产品项目监控点的改变等；

(7) 在药品监督管理部门注册、备案的技术文件的变更；

(8) 生产工艺的变更：包括辅料品种或数量(数量范围)、溶媒浓度、用量的改变，生产方法的改变，批量调整，药材炮制方法的改变等；

(9) 物料供应商的变更：包括化学原料药的生产商，化学合成辅料、中药饮片的生产商以及其他原料、辅料和包装材料的供应商；

(10) 直接接触药品的包装材料的变更；

(11) 文件、记录的变更；

(12) 其他可能影响产品质量的变更：包括使用直接接触药品的设备、工器具、手的消毒剂和用于生产环境的消毒剂的改变，工作服材质和款式的重大变化，产品关键监控点或监控方法的改变，生产地点的改变，与生产、质量控制相关的计算机软件的变更，包装材料设计样稿和内容的变更，产品外观的变化等。

(三) 分类

企业可以根据变更的性质、范围、对产品质量潜在影响的程度将变更分类，变更可以有不同的分类方法，公司可根据自身实际情况选择适当的分类方法。通常的分类方法有：

(1) 主要变更与次要变更：主要变更对产品关键质量特性可能有潜在的重大影响，需要主要的开发工作(如稳定性试验、对比试验和再验证等)以确定变更的合理性；次要变更对产品的关键质量特性不大可能产生影响，也不会使生产工艺发生漂移，因而无须主要的开发工作便可批准执行。

(2) 涉及注册的变更与不涉及注册的内部变更：涉及注册的变更，即超出目前注册文件的描述，需要报告或报送药品监督管理部门批准的变更；不涉及注册的内部变更，即注册文件中无描述或在注册文件描述的范围内，无须报送药品监督管理部门批准的变更。

(3) 永久变更与临时变更：永久变更，即批准后将长期执行的变更；临时变更，即因某种原因而作出的临时性的改变，但随后将恢复到现有状态。

(四) 实施流程

变更控制可能涉及药品生产企业内部的所有部门，包括生产部、质量部、工程部、研发部、注册部、物流部、市场部和销售部等。

1. 变更申请　变更申请可能由上述部门的任何一位员工提出。变更申请人应详细说明变更的理由或需求，由本部门负责人同意后交至质量管理部门的变更控制专人。

2. 变更控制申请的编号　质量管理部门在接到变更申请后，由指定的变更控制专人对申请的变更类型进行界定，并给出变更编号。

3. 变更申请的评估和审核　一般由提出变更申请的部门负责人负责召集受影响的各部门负责人进行评估、审核，质量管理部门必须派人参与评估和审核。评估和审核的内容至少应包括：①对申请的客观评价，包括同意或不同意变更申请；②本部门的实施计划，因实施该变更而产生的费用、产品成本的增加或降低；③注册部门特别要说明该变更是否在启用前需要药品监管部门的备案或批准。

必要时由质量管理部门组织相关专家和部门负责人对变更项目的必要性和可能导致的风险、效果进行评估，对评估无变更价值或变更后更不利于产品质量的项目进行否决，并由质量管理部把否决意见反馈到申请部门；对于有必要变更的项目根据变更的类型、范围和要求提出具体要求，如变更属于主要变更应按照相关法规和相应的技术指导原则的要求进行变更前的研究、准备工作，制订实施计划，包括分工、负责人和完成时间。

4. 变更申请的批准　在各相关部门评估、审核后，受权人给出审核评估意见，对无异议的变更申请进行批准。对有异议的变更申请进行综合评估，必要时再次召开评估、审核会议，最终由受权人作出是否批准的结论，不批准的变更申请由变更控制专人归档，同时将不批准的意见反馈给申请部门或申请人。

5. 变更实施前的准备、研究工作　对于受权人批准的变更项目，各相关部门按照实施计划进行准备工作。

典型的准备工作可能有：①对变更前、后的产品进行研究，证明变更后产品的重要理化性质和指标是否与变更前一致；②工艺验证研究；③进行变更后产品的加速稳定性试验研究，包括与变更前的产品稳定性作出比较；④进行变更后产品的长期稳定性考察；⑤制定新的管理制度；⑥修订现有的管理制度；⑦对员工进行培训。

6. 变更的备案和批准　①企业内部的批准：除处理对药品质量无影响的变更由部门负责人批准外，其他变更均需由质量受权人批准后实施；②药品监管部门的备案或批准：根据《药品注册管理办法》和相关法规的要求，在企业启用某些变更（如涉及注册的变更）前，要到药品监管部门办理补充申请或到药品监督管理部门备案。

7. 变更跟踪、评价和实施　①变更控制专人对各部门实施计划的完成情况进行追踪，各部门的实施计划完成后应将其书面报告提交给质量管理部门。②实施计划完成后由质量管理部门负责人评价是否达到预期效果，并对产品质量或质量管理体系产生的影响作出评价。③不需要到药品监督管理部门备案或批准的对药品质量有影响的一类变更，受权人根据质量管理部门对实施效果的评价决定批准或否决变更。在得到该受权人的批准后，在企业内部才可以实施变更。④对于需要到药品监督管理部门备案或批准的变更，在企业完成相应的研究工作并在备案工作完成后或得到药品监督管理部门的批准后，报受权人备案。在得到该受权人的确认后，在企业内部才可以实施变更。

8. 变更的反馈与评估　变更控制专人应将变更的申请、批准和实施情况及时反馈给相关部门和人员。变更效果的评估方式有很多种，常见的有：回顾周期内有无因变更而导致OOS；大型的变更项目经验分享与回顾；对比变更实际成本与变更后的收效。

9. 变更的归档　所有被批准实施的、被否决的变更文件以及相关资料均由变更控制专人归档。

三、偏差处理

（一）定义

偏差（deviation）是指对批准的指令（生产工艺规程、岗位操作法和标准操作规程等）或规定的标准的偏离（ICH Q7a）。

偏差管理（deviation management）是指对生产或检验过程中出现的或怀疑存在的可能会影响产品质量的偏差的处理程序。换句话说，就是依据现场、现物、现实发现问题，查找原因，制定纠正和预防措施，并通过 PDCA 循环，即计划（Plan）—执行（Do）—检验（Check）—处理（Act）来进行改进和创新，从而促进组织的整合能力和应变能力。

（二）分类

根据偏差管理的范围，可将偏差分为实验室偏差和生产偏差（非实验室偏差）；根据偏差对药品质量影响程度的大小，可将偏差分为重大偏差、主要偏差和次要偏差，具体见表 10-4。

表 10-4　偏差的分类

分类	重大偏差	主要偏差	次要偏差
含义	可能对产品的质量、安全性或有效性产生严重的后果或可能导致产品报废的偏差	属于较重大的偏差，可能对产品的质量产生实际或潜在影响的偏差	属于细小的对法规或程序的偏离，不足以影响产品质量
处理措施	必须按规定的程序进行深入调查，查明原因。除必须建立纠正外，还必须建立长期的预防性措施	必须进行深入的调查，查明原因，采取纠正措施进行整改	无需进行深入的调查，但必须立刻采取纠正措施，并立即记录在批生产记录或其他 GMP 受控文件中

出现偏差并不意味着产品要立即报废或返工，而是要对偏差进行调查，查明原因，判断偏差的严重程度、是否会影响产品质量、影响程度如何，然后再作出产品的处理决定。重要的是要在此基础上提出整改及预防措施，以避免再出现同样的错误。

（三）偏差的预防

没有任何偏差发生的企业是不正常的，防止偏差发生的最有效的方法是提高文件的规范性和可操作性，对相关人员进行有效的培训，避免一线操作人员违反文件规定随意操作。各部门负责人应当确保所有人员正确执行生产工艺、质量标准、检验方法和操作规程，防止偏差的产生。此外，企业还应针对发生过的偏差采取预防措施，有效防止偏差的再次发生。

（四）偏差的产生范围

偏差的产生一般来自以下几个方面：

(1) 文件的制定及执行方面；

(2) 物料接收、取样、储存、发放方面；

(3) 生产、检验过程控制方面；

(4) 环境控制方面；

(5) 仪器设备校验方面；

(6) 清洁方面；

(7) 设施、设备、计算机及系统方面；

(8) 生产过程数据处理方面；

(9) 验证方面等。

(五) 实施流程

偏差的处理需经历以下六个阶段:

1. 对事件的报告 偏差发现的人以口头、书面汇报方式在规定时间(24 小时)内向其直接领导报告偏差情况,由主管或相关人员随后撰写生产偏差事件报告。部门内部进行最初的风险评估并立即采取纠正措施,确定唯一的生产偏差的跟踪编号。

2. 偏差事件报告的评估 偏差事件发生部门负责人上报给质量保证人员,质量保证人员通过与发生偏差的部门经理及相关人员沟通后进行偏差确认,评估和批准最初的风险评估及采取的应急处理措施;确认偏差涉及的物料或产品的隔离方式,避免发生偏差的物料或产品发生混淆或误用;对偏差进行进一步确认。质量部门需评估过去一个月中是否发生过类似事件。如发生过,过去事件的事件报告号需记录。如果当前事件在一定时间内多次发生,应对该事件进行评估以确认是否需要深入调查。

3. 偏差事件报告的批准 质量部门负责人作为事件报告的批准人,利用质量分析工具审核并评估时间报告,以确认以下事实:①偏差问题得到了充分和适当的评估;②结论合乎逻辑并有调查资料支持;③建议的行动得到落实,确定了根本原因。

质量部门将事件报告分类,并在规定的工作日内完成事件报告的评估和批准。

4. 主要偏差和重大偏差的调查 偏差调查组通常由技术部、工程部、生产部门和质量部门组成,调查组织应拥有足够的知识实施调查。重大偏差应当由质量管理部门会同其他部门进行彻底调查,并有调查报告。偏差调查报告应当由质量管理部门的指定人员审核并签字。

偏差调查是确定产生偏差根本原因的过程,应紧密围绕人、机、料、法、环五个关键要素以鱼骨图方式及 5Why 方法等为调查工具进行逐一排查。

5. 根本原因分析及纠正预防措施的制定 首先需要对相关的文件进行回顾,其中包括取样记录、批记录、清洁记录、设备或仪器的维护记录,涉及的产品、物料、留样,评价对比此前/后续批号潜在的影响,相关 SOP、质量标准、分析方法、验证报告、产品年度质量回顾报告、设备校验记录、预防维修计划、变更控制,稳定性考察结果趋势、曾经发生过类似不符合事件趋势,必要时应对相关供应商进行审计等。通过排查确定不可能原因并给出充分的理由,逐步缩小范围,找出最可能的根本原因,记录最有可能的根本原因,提出解决方案和预防纠正措施。附上确定和排除某些原因相应的文件和收集资料;如果原因不确定,需要记录所有可能的原因并进行趋势分析。

6. 调查报告的审阅和批准及采取措施有效性的评估 相关部门负责人应审阅调查报告;质量管理部门应指定人员审核并签字;质量受权人负责主要偏差和重大偏差的最后审阅和批准。各类人员职责详见表 10-5。

表 10-5 偏差处理过程中各人员职责

人员	具体职责
所有职员	接受偏差调查程序相关的培训课程;按照偏差调查程序规定时限上报直接主管、技术支持部门或质量部门人员、质量受权人,不得私自隐瞒偏差或对偏差进行处理
调查小组	整理收集适用于调查的支持性文件及记录;对有偏差的批次、设备、仪器或工艺进行影响性分析并提出可行性方案

续表

人员	具体职责
质量部门	管理偏差报告和调查系统；负责质量偏差管理文件，制定不同类型偏差的处理规程和时限；在调查过程中与调查组长协作；协助调查组对调查的范围和对产品的影响进行再评估；批准采取的纠正措施，确保纠正措施符合法律法规的要求；批准调查报告；审阅、评估调查延期完成的合理性；对产品、系统、仪器设备的处置作出决定；审核并批准跟踪及预防措施报告
管理层	确保需立即采取的措施的有效完成，包括隔离整批或部分批次的产品、停止生产操作；为调查和措施跟踪提供足够的、合格的资源，包括调查人员和调查团队

偏差调查的结果有两种可能：一种是偏差调查发现明确的原因，另一种是发现可能的原因。对于明确的原因要采取纠正与预防措施，对于可能的原因也应采取纠正与预防措施并在后期的质量管理中予以回顾评估。

四、纠正及预防措施

(一) 定义

纠正措施和预防措施系统是基于对问题科学分析和理解的基础上提出问题的解决方案。GMP(2010年修订)增加了建立纠正措施和预防措施系统的要求，规定：企业应当建立纠正措施和预防措施系统，对投诉、召回、偏差、自检或外部检查结果、工艺性能和质量监测趋势等进行调查并采取纠正和预防措施。调查的深度和形式应当与风险的级别相适应。纠正措施和预防措施系统应当能够增进对产品和工艺的理解，改进产品和工艺。

纠正措施(corrective action)是指为了消除导致已发现的不符合或其他不良状况的原因所采取的行动。预防措施(preventive action)是指为了消除可能导致潜在的不符合或其他不良状况的诱因所采取的行动。

纠正措施与预防措施的本质区别在于：纠正是用来防止事情发生的，而预防是用来防止事情再发生的。纠正措施和预防措施(CAPA)是企业持续改进的有效工具，其内容主要包括对具体问题的补救性整改措施；通过对问题根本原因的分析，解决偏差发生的深层次原因，并采取措施预防类似问题的再次发生；对预防措施进行跟踪，评估实施效果。

(二) 实施流程

企业应当建立并实施的纠正和预防措施操作规程的内容应至少包括：①对投诉、召回、偏差、自检或外部检查结果、工艺性能和质量监测趋势以及其他来源的质量数据进行分析，确定已有和潜在的质量问题。必要时，应当采用适当的统计学方法；②调查与产品、工艺和质量保证系统有关的原因；③确定所需采取的纠正和预防措施，防止问题的再次发生；④评估纠正和预防措施的合理性、有效性和充分性；⑤对实施纠正和预防措施过程中所有发生的变更应当予以记录；⑥确保相关信息已传递到质量受权人和预防问题再次发生的直接负责人；⑦确保相关信息及其纠正和预防措施已通过高层管理人员的评审。

CAPA的处理一般要经历问题识别、评估、调查和原因分析、制订计划、执行、跟踪确认、CAPA关闭的过程。

1. 问题识别　CAPA的来源主要包括：偏差、召回、OOS、投诉、内部或外部审计检查的缺陷项、产品质量回顾、趋势分析等。在发现企业存在来自上述方面的问题后，由发现问题的人员记录情况，同时报告给质量保证部门。

2. 评估、调查和原因分析　质量保证部门收到报告后，应对问题的严重程度和影响范围进行准确评估，确定责任部门并通知相关人员对问题进行调查、分析，调查的深度和形式应当与风险的级别相适应。

导致问题出现的原因可能有：①生产工艺能力不足；②工艺控制和检验问题，包括工艺控制不当，操作不符合程序规定，操作者、检验员不具备相应技能，缺乏培训，检验规程不全面、不准确等；③工艺未被有效验证或是未正确执行工艺验证；④工艺装备、测试设备和环境问题；⑤物料及生产现场管理问题，使用未检验的物料或标识不清造成混料或错料，生产现场状态不清造成混淆等；⑥分析方法不能满足要求或是未正确执行分析方法。通过对上述原因进行深入分析，最终寻找到问题产生的原因。

3. 计划的制订与执行　在拟订的 CAPA 计划中要明确问题、计划的总负责人、具体的相关协作人员和实施步骤，预计的完成期限以及 CAPA 执行之后所预期达到的目的。

质量保证部门及 CAPA 计划制订的相关部门将最终计划呈报给高层质量管理人员和质量受权人。高层质量管理人员和质量受权人对计划进行评估和审核，确保 CAPA 的有效性、合理性及充分性。CAPA 计划在获得企业质量负责人批准后方可实施。

4. 跟踪确认　在 CAPA 的实施过程中和实施后，应由质量管理部门负责对其可行性、有效性、合理性、充分性和可靠性进行跟踪及确认。

对 CAPA 进行跟踪确认的目的是：①能够促进相关部门采取和实施有效的 CAPA，防止缺陷项目的再次发生；②确认 CAPA 的有效性；③确保消除存在的严重缺陷项目。根据缺陷项目的性质，可采取不同的跟踪确认方式，主要有文件检查、现场检查、提交 CAPA 实施方案、在下一次企业自检中复查等。

5. CAPA 关闭　质量管理部门对计划实施情况进行跟踪确认后，如确认这次 CAPA 是有效、可靠和充分的，在 CAPA 确认记录中填写确认结论并签字确认后，可宣布 CAPA 关闭。

五、供应商的评估与批准

质量管理部门应当对所有生产用物料的供应商进行质量评估，会同有关部门对主要物料供应商（尤其是生产商）的质量体系进行现场质量审计，并对质量评估不符合要求的供应商行使否决权。主要物料的确定应当综合考虑企业所生产的药品质量风险、物料用量以及物料对药品质量的影响程度等因素。

（一）人员配置

质量管理部门应当指定专人负责对物料供应商进行质量评估和现场质量审计，分发经批准的合格供应商名单。被指定的人员应当具有相关的法规和专业知识，具有足够的质量评估和现场质量审计的实践经验。

（二）质量评估

质量管理部门应当对所有生产用物料的供应商进行质量评估，应当建立物料供应商评估和批准的操作规程，明确供应商的资质、选择的原则、质量评估方式、评估标准、物料供应商批准的程序。质量管理部门对物料供应商的评估至少应当包括：①供应商的资质证明文件；②质量标准；③检验报告；④企业对物料样品的检验数据和报告。

（三）现场质量审计

如质量评估需采用现场质量审计方式的，还应当明确审计内容、周期、审计人员的组成及资质。需采用样品小批量试生产的，还应当明确生产批量、生产工艺、产品质量标准、稳定性考察方案。

现场质量审计应当核实供应商资质证明文件和检验报告的真实性，核实是否具备检验条件。应当对其人员机构，厂房设施和设备，物料管理，生产工艺流程和生产管理，质量控制实验室的设备、仪器，文件管理等进行检查，以全面评估其质量保证系统。现场质量审计应当有报告。

必要时，应当对主要物料供应商提供的样品进行小批量试生产，并对试生产的药品进行稳定性考察。如进行现场质量审计和样品小批量试生产的，评估的内容还应当包括现场质量审计报告，以及小试产品的质量检验报告和稳定性考察报告。

（四）供应商的批准

质量管理部门应当向物料管理部门分发经批准的合格供应商名单，该名单内容至少包括物料名称、规格、质量标准、生产商名称和地址、经销商（如有）名称等，并及时更新。

质量管理部门应当定期对物料供应商进行评估或现场质量审计，回顾分析物料质量检验结果、质量投诉和不合格处理记录。如物料出现质量问题或生产条件、工艺、质量标准和检验方法等可能影响质量的关键因素发生重大改变时，还应当尽快进行相关的现场质量审计。

企业应当对每家物料供应商建立质量档案，档案内容应当包括供应商的资质证明文件、质量协议、质量标准、样品检验数据和报告、供应商的检验报告、现场质量审计报告、产品稳定性考察报告、定期的质量回顾分析报告等。

（五）改变物料供应商

改变物料供应商，应当对新的供应商进行质量评估；改变主要物料供应商的，还需要对产品进行相关的验证及稳定性考察。

六、质量回顾与分析

（一）定义

产品质量回顾是指企业针对一系列的生产和质量相关数据的回顾分析，以评价产品生产工艺的一致性及相关物料和产品质量标准的适用性，以对其趋势进行识别并对不良趋势进行控制，从而确保产品工艺稳定可靠，符合质量标准的要求，并为持续改进产品质量提供依据。企业应当按照操作规程，每年对所有生产的药品按品种进行产品质量回顾分析。

（二）适用范围

通常，产品质量回顾的范围包括药品生产企业及附属机构生产的所有医药产品以及合同生产的所有医药产品，包括由本公司或为本公司生产的所有上市的（国内销售或出口的）原料药、药品以及医疗器械，涉及隔离和暂存、拒收的所有批次。同时药品生产企业也要结合以前的质量回顾结果，确认药品生产的各种趋势，并最终形成一份书面的报告。具体来说，企业至少应当对下列情形进行回顾分析：

(1) 产品所用原辅料的所有变更，尤其是来自新供应商的原辅料；

(2) 关键中间控制点及成品的检验结果；

(3) 所有不符合质量标准的批次及其调查；

(4) 所有重大偏差及相关的调查、所采取的整改措施和预防措施的有效性；

(5) 生产工艺或检验方法等的所有变更；

(6) 已批准或备案的药品注册所有变更；

(7) 稳定性考察的结果及任何不良趋势；

(8) 所有因质量原因造成的退货、投诉、召回及调查；

(9) 与产品工艺或设备相关的纠正措施的执行情况和效果；

(10) 新获批准和有变更的药品，按照注册要求上市后应当完成的工作情况；

(11) 相关设备和设施，如空调净化系统、水系统、压缩空气等的确认状态；

(12) 委托生产或检验的技术合同履行情况。

当有合理的科学依据时，可按照产品的剂型分类进行质量回顾，如固体制剂、液体制剂和无菌制剂等。

(三) 产品质量回顾的内容

产品质量回顾应至少包括以下内容：

(1) 对上一次质量回顾的整改情况进行评估。

(2) 对本年度生产的产品及质量情况的概述。

(3) 产品所用关键原辅料的质量回顾，内容包括：①所有原辅料是否从经批准的经销商购入；②原辅料检验结果的回顾；③所有供应商的跟踪评估；④不合格项的发生率及评估。

(4) 关键过程控制和最终产品检测结果的回顾，内容包括：①最终产品检测结果的回顾，即汇总、整理及分析；②关键工艺参数符合性的回顾；③关键工艺过程中间品控制的检验结果的回顾；④关键控制点对产品质量影响的趋势分析和因果关系；⑤关键控制点不合格项的调查、处理及对产品质量影响的评估。

(5) 回顾所有偏差的操作及相关调查，内容包括：①生产过程中偏差情况的回顾；②生产过程中所有偏差操作均被调查；③生产过程中偏差的原因调查及评估的回顾；④生产过程中偏差产生的预防措施是否有效的回顾；⑤检验过程中偏差产生的原因调查及评估的回顾。

(6) 所有异常、偏差、不合格品的回顾，内容包括：①所有异常、偏差、不合格品的名称、批号、规格的汇总；②所有异常、偏差数据的分析；③不合格批次和相关批次的调查情况和处理情况，即所有报废产品的情况，所有返工、重新加工批次的情况；④对不合格品所采取整改和预防性措施或进行再验证的评估。

(7) 重大变更(包括工艺、分析方法、相关仪器、设备及原辅料、包装变更)的回顾，内容包括：①变更的依据及合法性；②变更的情况及再验证情况的回顾；③变更前后产品质量影响的回顾及评估；④变更后产品稳定性实验的回顾；⑤分析方法变更对产品检验数据的影响的评估。

(8) 注册文件符合性、变更的提交、批准及拒绝的回顾，内容包括：①现有工艺和质量标准与注册文件符合性的回顾；②所提交注册文件变更、批准及拒绝的回顾。

(9) 稳定性试验结果的回顾，内容包括：①所有稳定性试验的留样是否在规定的储存条件下保存；②所有产品是否按要求作了稳定性试验；③产品稳定性试验趋势分析及评估的回顾。

(10) 所有与产品质量相关的退货、投诉和召回的回顾，内容包括：①所有与产品质量相关的退货、投诉和召回的产品和批次；②所有与产品质量相关的退货调查及处理记录的回顾；③所有用户投诉及不良反应的调查及处理的回顾；④所有召回产品的调查及处理的回顾。

(11) 所有工艺用水监测数据的回顾，内容包括：①是否按规定进行监测，并对数据和趋势进行分析回顾；②出现不合格情况所采取的措施回顾；③出现不合格时所生产的产品和批次是否进行了调查和处理。

(12) 所有洁净区监测的回顾,内容包括:①是否按规定进行监测,并对数据和趋势进行分析回顾;②出现不合格情况所采取的措施回顾;③出现不合格时所生产的产品和批次是否进行了调查和处理。

(13) 验证的回顾,内容包括:①所有验证项目,包括工艺用水、净化空调系统等公用设施的验证、工艺验证、设备验证及清洁验证的年度回顾;②变更是否均已作了再验证。

(14) 所有仪器设备的维护保养及校验情况的回顾,内容包括:①所有生产、检验用仪器设备的维护、保养情况的回顾;②所有生产、检验用仪器设备的校验情况的回顾。

(15) 产品变质、不良反应等重大质量事故的回顾,内容包括:①是否对所有质量事故均进行回顾;②是否对所有质量事故的原因调查及处理的回顾;③是否对所有质量事故预防及改进措施的回顾。

(16) 如果企业在质量公告上受到通报,还需进行的回顾包括:①对企业在质量公告上的产品及批次进行回顾;②进行质量公告相关批次质量情况的调查及改进预防措施的回顾。

(四) 结果评估

应当对回顾分析的结果进行评估,提出是否需要采取纠正和预防措施或进行再确认或再验证的评估意见及理由,并及时、有效地完成整改。

七、投诉与不良反应报告

投诉与不良反应报告通常作为一个整体来讲,因为投诉也是发现不良反应的窗口,但企业也可以分开执行。

(一) 投诉

理论上,产品质量可以通过生产过程的有效控制和放行前的产品质量检验来保证,但仍然需要建立一个有效的投诉管理体系来满足产品疗效与安全、市场、法规等方面的要求。一方面,由于生产过程中通常包含一些不确定因素,这些因素无法通过大量的验证、生产过程的中间检查和最终检查来排除;另一方面,由于产品在放行和销售前,只会抽取有限的一定数量的样品进行质量检验。因此,企业在实际管理过程中会不可避免地收到来自市场的关于产品质量缺陷和(或)其他原因导致的投诉。

GMP(2010 年修订)要求企业建立产品投诉的操作规程,规定投诉登记、评价、调查和处理的程序,并规定因可能的产品缺陷发生投诉时所采取的措施,包括考虑是否有必要从市场召回药品。

1. 分类　客户提出的对任何已经放行的产品有关安全性、有效性和质量(包括稳定性、产品性能、均一性)、服务或产品性能不满的书面、电子或口头的信息都视为投诉。根据投诉事件的性质可分为医学投诉、质量投诉和疑似假药投诉(见表 10-6)。

表 10-6　投诉的分类

种类	范围
医学投诉	使用药品后发生不良反应事件 * 的投诉
质量投诉	任何从第三方报告的(书面、电子或口头的)关于企业产品潜在的或假定的质量缺陷,包括产品的均一性、稳定性、可靠性、安全性和药效
疑似假药投诉	针对假药的投诉

注:* 不良事件是指药物应用于患者或临床试验受试者时出现的任何不良的医学事件,这种医学事件不一定与药物有关。

2. 职责 公司应当统一规定投诉处理中相关部门的职责，包括投诉的接收、投诉的调查和整改、纠正措施和预防措施的批准，以及对客户的答复等。投诉过程中的相关责任人及职责分配见表10-7。企业可以根据自己的情况作出相应的调整和安排。

表10-7 投诉过程的职责分配

步骤	职能	职责
投诉信息接收	任何可能接到客户投诉的部门或人员	任何接到客户投诉的部门或人员，不论其通过何种渠道、何种方式应立即将投诉信息传递给投诉管理部门和销售部门
客户投诉管理	质量管理部门（质量相关的所有投诉）	组织对客户投诉的调查处理；批准纠正措施和预防措施方案、报告；对客户的答复；必要时，向政府部门汇报
执行投诉调查和处理销售	物流、生产、仓库、采购、质量控制部门、研发、工程（视企业和投诉的具体情况而定）	执行客户投诉的调查；参与客户投诉相关纠正措施和预防措施的制定和答复的准备；执行纠正措施和预防措施
决定对客户的答复	质量管理部门	负责质量方面的批准
	销售部门	负责销售业务方面的批准
	医学部门	负责医学业务方面的批准
	法规部门	负责法规方面的批准
	公关部	负责媒体方面的批准
	或相关其他部门	负责相应业务方面的批准
答复客户	销售部门	负责跟客户直接沟通，必要时质量管理部门进行协助

3. 处理流程 企业在接收到投诉信息后，应尽快向客户提供初步反馈，内容包括但不限于：①确认收到投诉信息，以及信息的完整性，是否需要补充投诉信息；②调查正在进行中，预计多长时间内给予进一步的反馈。

根据投诉的分类和企业架构等因素的不同，投诉管理的具体流程和步骤可以有所调整。一般来说，投诉管理要经历投诉信息的接收、信息的收集和分类、投诉调查和影响的评估、纠正措施和预防措施的提出、答复客户以及关闭投诉的过程。

在此过程中，要做好投诉记录，记录从投诉信息的接收到投诉关闭整个过程的信息，应当包括但不限于：①投诉人或公司的名称、地址、电话等信息；②接收投诉的人、部门及收到投诉的日期；③投诉的内容和性质，包括投诉的原始信函或文件、产品名称、批号、数量、投诉的分类等；④投诉调查采取的行动，包括执行人和日期；⑤投诉调查的结果和日期；⑥因投诉发起的纠正措施和预防措施；⑦对投诉人或公司的答复，包括答复内容和时间；⑧对投诉发起的纠正措施和预防措施的跟踪；⑨投诉产品的处理，相关批号产品的处理；⑩任何投诉人对投诉的补充及投诉答复的反馈；⑪关闭投诉的时间和理由。

4. 回顾及趋势分析 应当定期对投诉进行回顾，以便及时发现需引起注意的问题以及可能需要从市场召回药品的特殊问题或重复出现的问题。回顾活动应总结同类型投诉的发生频率和严重性，并对多次发生的投诉进行原因分析，提出纠正措施和预防措施。对于可能存在潜在产品质量问题的，应当采取相应的措施，防止同样问题再次发生。回顾的内容应当包括但不限于对不同投诉比例、趋势及原因的分析，针对投诉所进行的纠正措施和预防措施的完成情况及有效性等。

（二）不良反应报告

1. 定义　药品不良反应是指合格药品在正常用法用量下出现的与用药目的无关的有害反应。

严重药品不良反应是指因使用药品引起以下损害情形之一的反应：①导致死亡；②危及生命；③致癌、致畸、致出生缺陷；④导致显著的或者永久的人体伤残或者器官功能的损伤；⑤导致住院或者住院时间延长；⑥导致其他重要医学事件，如不进行治疗可能出现上述所列情况的。

新的药品不良反应是指药品说明书中未载明的不良反应。说明书中已有描述，但不良反应发生的性质、程度、后果或者频率与说明书描述不一致或者更严重的，按照新的药品不良反应处理。

药品群体不良事件是指同一药品在使用过程中，在相对集中的时间、区域内，对一定数量人群的身体健康或者生命安全造成损害或者威胁，需要予以紧急处置的事件。

2. 报告的收集　药品不良反应实行逐级、定期报告制度，必要时可以越级报告。

药品生产、经营企业应当建立药品不良反应报告和监测管理制度，主动收集药品不良反应，对不良反应应当详细记录、评价、调查和处理，及时采取措施控制可能存在的风险，并按照要求向药品监督管理部门报告。设立专门机构并配备专职人员负责不良反应报告的管理。负责不良反应报告与监测的专职人员应该具有医学背景或经过相关知识培训。出现严重不良反应时企业应主动召回产品，如未召回，药监部门可以责令召回。

3. 报告与处置　药品生产、经营企业在获知或者发现可能与用药有关的不良反应时，应当通过国家药品不良反应监测信息网络报告；不具备在线报告条件的，应当通过纸质报表报所在地药品不良反应监测机构，由所在地药品不良反应监测机构代为在线报告。同时，建立并保存药品不良反应报告和监测档案。

在对不良反应报告进行处理时，企业应当配合药品监督管理部门、卫生行政部门和药品不良反应监测机构对药品不良反应或者群体不良事件的调查，并提供调查所需的资料。

对于个例药品不良反应，药品生产、经营企业发现或者获知新的、严重的药品不良反应，应当在15日内报告，其中死亡病例须立即报告；其他药品不良反应应当在30日内报告。有随访信息的，应当及时报告。药品生产企业应当对获知的死亡病例进行调查，详细了解死亡病例的基本信息、药品使用情况、不良反应发生及诊治情况等，并在15日内完成调查报告，报药品生产企业所在地的省级药品不良反应监测机构。

对于药品群体不良事件，药品生产、经营企业在获知或者发现药品群体不良事件后，应当立即通过电话或者传真等方式报所在地的县级药品监督管理部门、卫生行政部门和药品不良反应监测机构，必要时可以越级报告；同时填写《药品群体不良事件基本信息表》，对每一病例还应当及时填写《药品不良反应/事件报告表》，通过国家药品不良反应监测信息网络报告。

药品经营企业发现药品群体不良事件应当立即告知药品生产企业，同时迅速开展自查，必要时应当暂停药品的销售，并协助药品生产企业采取相关控制措施。药品生产企业在获知药品群体不良事件后应当立即开展调查，详细了解药品群体不良事件的发生、药品使用、患者诊治以及药品生产、储存、流通、既往类似不良事件等情况，在7日内完成调查报告，报所在地省级药品监督管理部门和药品不良反应监测机构；同时迅速开展自查，分析事件发生的原因，必要时应当暂停生产、销售、使用和召回相关药品，并报所在地省级药品监督管理部门。

对于境外发生的严重药品不良反应，即进口药品和国产药品在境外发生的严重药品不良反应(包括自发报告系统收集的、上市后临床研究发现的、文献报道的)，药品生产企业应当填写《境外发生的药品不良反应/事件报告表》，自获知之日起30日内报送国家药品不良反应监测中心。国家药品不良反应监测中心要求提供原始报表及相关信息的，药品生产企业应当在5日内提交。

进口药品和国产药品在境外因药品不良反应被暂停销售、使用或者撤市的，药品生产企业应当在获知后24小时内书面报国家药品不良反应监测中心或省级药品不良反应监测中心。

4. 评价与控制　药品生产企业应当对本企业生产药品的不良反应报告和监测资料进行定期汇总分析，汇总国内外安全性信息，进行风险和效益评估，撰写定期安全性更新报告。国产药品的定期安全性更新报告向药品生产企业所在地省级药品不良反应监测机构提交，进口药品(包括进口分包装药品)的定期安全性更新报告向国家药品不良反应监测中心提交。同时，药品生产企业应当对收集到的药品不良反应报告和监测资料进行分析、评价，并主动开展药品安全性研究。

药品生产企业对已确认发生严重不良反应的药品，应当通过各种有效途径将药品不良反应、合理用药信息及时告知医务人员、患者和公众；采取修改标签和说明书，暂停生产、销售、使用和召回等措施，减少和防止药品不良反应的重复发生。对不良反应大的药品，应当主动申请注销其批准证明文件。

药品生产企业应当将药品安全性信息及采取的措施报所在地省级药品监督管理部门和国家食品药品监督管理总局。国家食品药品监督管理总局根据药品分析评价结果，可以要求企业开展药品安全性、有效性相关研究。必要时，应当采取责令修改药品说明书，暂停生产、销售、使用和召回药品等措施，对不良反应大的药品，应当撤销药品批准证明文件，并将有关措施及时通报卫生部。省级以上药品不良反应监测机构根据分析评价工作需要，可以要求药品生产、经营企业和医疗机构提供相关资料，相关单位应当积极配合。

(杨　悦)

第十一章　委托生产与委托检验

委托生产又称委托加工、专业代工、贴牌生产、外包等，是指受托企业根据委托企业的要求为其生产产品，产成品作为委托企业的产品，贴有其标识并由其负责销售的交易形态，它的直接作用是可以降低产品的生产成本，使专业化分工协作在更深层次上展开。药品的委托生产(contract production)和委托检验(contract analysis)也是一种外包活动。委托生产也称委托加工，药品委托加工是指拥有药品批准文号的企业委托其他药品生产企业进行药品代加工，药品批准文号不变。

在我国，药品的委托生产起步较晚，在1984年颁布的《药品管理法》中，因受到经济条件和社会发展水平等的制约，国家不允许委托生产药品。1993年，卫生部在《关于广州侨光制药厂委托外省加工药品问题的请示》的批复中明确“药品生产企业不得将批准生产的药品及其批准文号以任何形式委托其他药品生产企业加工生产”。第一次明确药品委托生产的管理，是在1999年印发的《关于药品异地生产和委托加工有关规定的通知》中，该通知首次对委托生产的双方资格、产品种类、双方责任以及委托生产的监管等作了详细的规定。2001年颁布的《药品管理法》及2002年实施的《药品管理法实施条例》中确立了药品委托生产的法律地位。2004年实施的《药品生产监督管理办法》对药品委托生产做了进一步规定，明确接受委托生产的受托方必须持有与委托生产的药品生产条件相适应的药品GMP认证证书。在“关于重申实施《药品生产质量管理规范》有关规定的通知”中提到，通过药品GMP认证的药品生产企业可以接受药品异地生产和委托生产。GMP(2010年修订)中分别从委托方、受托方和合同等三个方面对委托生产和委托检验进行了详细的规定。

为了解决药品生产企业药品检验过程中遇到的一些问题，国家食品药品监督管理局在2004年下发了《关于药品GMP认证过程中有关具体事宜的通知》(以下简称《通知》)，对企业不具备检验条件的部分情况做了规定。《通知》规定：药品生产企业对放行出厂的制剂产品必须按药品标准项下的规定完成全部检验项目。除动物试验暂可委托检验外，其余各检验项目不得委托其他单位进行。药品生产企业在对进厂原辅料、包装材料的检验中如遇使用频次较少的大型检验仪器设备(如核磁、红外等)，相应的检验项目可以向具有资质的单位进行委托检验。

第一节　技 术 要 求

一、适用范围

1. 委托生产的适用范围　委托生产的药品应是生产工艺成熟、质量稳定、疗效可靠、市场需要的，由《中国药典》或局颁正式标准及《中国生物制品规程》收载的制剂品种。疫苗制品、血液制品以及国家食品药品监督管理总局规定的其他药品不得委托生产。麻醉药品、精神药品、医疗用毒性药品、放射性药品、药品类易制毒化学品的委托生产按照有关法律法规规定办理。

考虑到中药生产的特殊性，2002年国家食品药品监督管理局发布了第一个专门针对中药委托生产的规定，即《关于加强中药前处理和提取监督管理工作的通知》，规定除中药无菌制剂外的其他剂型的中药前处理提取工序，可委托已通过相应GMP认证的中药企业进行加工。2004年出台的《药品生产监督管理办法》为委托生产设立了专门的章节，对相关规定给予系统化，并取消了对原料药委托生产的限制。2005年发布的《医疗机构制剂配制监督管理办法（试行）》首次允许医疗机构配制的中药制剂进行委托生产，并部分放宽了委托生产中委托方的资格。2005年出台的《接受境外制药厂商委托加工药品备案管理规定》，制定了详细的可操作性的实施细则，进一步简化了委托生产的审批程序，同时允许境外厂商在中国进行药品委托加工。

2. 委托检验的适用范围 委托检验适用范围应遵照相应法规执行，如由于实验室条件（包括能力容量、仪器、试剂的短缺及人员资格）的限制，或仪器发生故障不能满足正常工作时，可以考虑对原辅料、包装材料、放行产品、稳定性试验等实验项目进行委托检验。所有实验样品均可根据法规要求进行委托检验，其中包括原辅料检验、放行产品的动物试验、包装材料检验、稳定性产品贮存及检验等。

二、委托方

1. 委托生产的委托方职责 GMP（2010年修订）要求委托方必须是拥有委托生产药品批准文号的生产企业。

委托方应当对受托方进行评估，对受托方的条件、技术水平、质量管理情况进行现场考核，确认其具有完成受托工作的能力，并能保证符合GMP的要求。委托方应有相应文件规定委托生产或委托检验的管理要求，并按照文件要求进行审核，现场考核应有记录和评估报告，考核内容要全面，考核结果要显示出受托方具有完成受托工作的能力。

委托方应当向受托方提供所有必要的资料，包括提供委托生产药品的技术和质量文件，以使受托方能够按照药品注册和其他法定要求正确实施所委托的操作。委托生产药品的质量标准应当执行国家药品质量标准，其处方、生产工艺、包装规格、标签、使用说明书、批准文号等应当与原批准的内容相同。在委托生产的药品包装、标签和说明书上，应当标明委托方企业名称和注册地址、受托方企业名称和生产地址。

委托方应当使受托方充分了解与产品或操作相关的各种问题，包括产品或操作对受托方的环境、厂房、设备、人员及其他物料或产品可能造成的危害。委托方应当对受托生产或检验的全过程进行指导和监督。委托方负责委托生产药品的质量和销售。委托方应当确保物料和产品符合相应的《中国药典》、局颁正式标准及《中国生物制品规程》收载的制剂品种的质量标准。委托方和受托方共同承担的工作包括批准调查报告，审核全部报告及分析结果的符合性。

委托方应负责开发检测方法、发放检测方法、批准检测方法、提供工作标准品和试剂、批准来自批准后的检测方法的偏差、批准来自批准标准的偏差、提供样品在调查中的安全数据、批准变更申请（注册相关）等工作内容。

2. 委托检验的委托方职责 委托方应负责对受托方进行评估，包括实验室条件、资质、仪器设备的计量检验人员技术水平、质量管理情况进行现场考察，确认其具备完成委托检验工作的能力，确认采用委托检验的方式仍能保证遵照执行 GMP 阐述的原则和要求。

委托方应向受托方提供所有必要的资料，包括实验方法和操作指南、样品贮存和运输条件、试剂的规格、标准品来源及储存条件等，以使受托方能够按照所要求的标准和其他法定要求正确实施所委托的操作，委托方应让受托方充分了解与产品和检验相关的各种问题，包括产品或操作有可能对受托方的分析设备、人员及其他造成的危害。

对于委托方提供质量标准的检验，如果检验方法不是药典等收载的通用方法，应该评估是否需要方法转移，如有必要，委托方应对受托方进行方法转移，并在检验的全过程进行指导和监督。委托方应确保受托方接到的所有实验样品，均按照既定的、合理的取样操作规程进行取样，确保样品具有代表性。

委托方应确保按照所要求的条件贮存和运输样品。如对记录格式有特别需求，委托方必须向受托方提供所要求的记录格式模板。

三、受托方

GMP(2010 年修订)要求药品委托生产的受托方应当是持有与生产该药品的生产条件相适应的《药品生产质量管理规范》认证证书的药品生产企业。要有药品生产许可证，经许可和认证范围应包括受托生产的剂型或品种。

委托检验中的受托方应具备的资质是受托方为药品生产企业，应具有药品生产许可证、药品 GMP 认证证书，主要考虑其具备要求的技术水平，质量管理水平是否符合 GMP 规定的要求。委托检验的受托方是国家或地方药品检验所，受托方为第三方具有相应检验资质的机构或实验室的，应具有国家权威部门发放的实验室认可证书(CNAS 证书和 CQC 证书)和计量认证合格证书等。

受托方应按照 GMP(2010 年修订)进行生产，并按照规定保存所有受托生产文件和记录。受托方必须具备足够的厂房、设备，以及有知识和经验人员，满足委托方所委托的生产或检验工作的要求。受托方应当确保所收到委托方提供的物料、中间产品和待包装产品适用于预定用途。受托方应有文件明确要求委托方的物料、产品不挪作他用；受托方的物料、中间产品、待包装产品的出入台账，应与委托方生产产品批次批量一致。

委托检验的受托方一般依据药品委托检验管理规程进行选择，受托方不得从事对委托生产或检验的产品质量有不利影响的活动。药品委托检验管理规程文件中包含以下八项内容：

1) 目的及使用范围。

2) 质量管理实验部门结合企业的实际情况，识别本部门未能开展而又确实需要开展的检验工作，必须委托其他检验机构协助完成检验工作。

3) 明确委托检验提出申请的部门，审核和批准的部门或人员。

4) 对于委托检验机构，应定期评审与委托实验室的协议，以确保充分明确包括检验前以及检验后程序在内的各项要求，形成文件并易于理解；委托实验室有能力满足这些要求且没有利益冲突；检验程序的选择适合其预期用途；明确对检验结果的解释责任，并作出相应的记录；明确评审记录的保存时限。

5) 实验室应对其所有委托实验室进行登记；应对所有已委托给另一实验室的样品进行登记；提供对检验结果负责的实验室的名称及地址；在实验室永久性文档中，均应保留一份实验室报告的副本。

6）由委托实验室负责确保将受托实验室的检验结果提供给提出要求的部门或人员。报告中应包括受托实验室所报告结果的所有必需要素，不得做出任何可能影响检验结果的改动。

7）一般不要求受托实验室按委托实验室的报告原文报告，实验室的负责人可根据检验具体情况，选择性地对检验结果做出附加的解释性评语。应在报告中明确标识添加评语的负责人。

8）委托的控制：运用有效程序，评估和选择符合要求的受托方。对委托的质量进行控制，保存受托方的注册资料及符合要求的证据。

药品委托检验规程可以通过药品委托检验协议书的形式进行记录。药品委托检验协议书中可以记录以下五项内容：

1）委托方、受托方基本信息：如单位名称、联系人、电话、详细通讯地址。

2）送检样品信息：①送检药品名称、数量；②样品的类型（原料、辅料、包装材料、中间产品、放行产品、稳定性产品贮存及检验等）；③样品存储条件（温度、湿度）；④是否加急；⑤取样方式（委托方取样并送样或受托方厂内取样）；⑥样品可否重复检验；⑦剩余样品处理意见（回收或受托方处理）。

3）检验要求：检验标准、检验的类型。

4）检验报告：报告交付时间、质量受权人签字、报告交付方式（自取、邮寄等）、报告份数、报告留存时间、检验费用等。

5）委托方、受托方承诺责任条款。

委托方可以对受托方实施现场审计，以确认其是否可以满足委托方的检验要求，成为合格受托方。受托方通常负责验证检测方法、根据检测方法进行检测、确保工作标准品和试剂储存在合适的条件下、验证检测用计算机系统、数据评估及报告体系、校验检测用仪器／玻璃容器、调查 OOS 超标实验结果、报告整改措施（实验室失误）、收集检测结果并出具报告、在双方同意的时间内保存原始数据、准备变更申请、废物和样品的处理等工作内容。现场审计计划包含以下五项内容：

1）委托方、受托方名称、审计时间。对于初次确定的受托方，依据委托方的委托检验管理制度，由质量管理部门实施受托方实验室的现场审计。

2）审计范围：审计活动包含受托方实验室的组织机构、实验环境、资质证书、仪器管理、校验人员资质和培训，试剂管理和标准品溶液管理等，以确认其是否可以满足委托方的检验要求，成为合格受托方。

3）审计参与人员，受托方参与人员、职位。

4）审计内容：①组织机构：受托方应有明确的组织机构图；②人员资质培训：查看实验室人员培训管理规程文件、实验室某些人员资质档案，考核档案完成性，是否具有完整的培训记录和结果；③仪器设备：实验室整体布局合理性、环境卫生、消防设施等，仪器设备的校验单位，随机抽查关键设备仪器的校验记录（主要仪器设备记录、仪器设备的管理规程、仪器的校验和确认、仪器的预防维护管理规程）；④离子色谱仪的检验报告和仪器使用日志；⑤离子色谱仪的标准操作规程；⑥计算机系统的管理：应有专人负责管理，设置密码保护，打印的原始数据图谱应按照记录管理规程保存；⑦标准品溶液和样品的管理：包括标准品管理规程、样品管理规程；⑧试剂的管理：试剂管理规程，其中应包含试剂的采购、接收、保存等规定、实际开瓶后标签的填写等；⑨数据的保管；⑩检验数据超出标准时的处理程序；⑪记录和报告的审核批准程序。

5）综合评定结果：委托方对受托方实施现场审计的最终结论。

四、委托合同

委托生产和委托检验的双方应签订委托合同。委托生产药品的双方签署合同的内容应当包括双方的权利与义务，并具体规定双方在药品委托生产技术、质量控制等方面的权利与义务，且应当符合国家有关药品管理的法律法规。合同应当详细规定各自的产品生产和控制职责，其中的技术性条款应当由具有制药技术、检验专业知识和熟悉GMP的主管人员拟订。委托生产及检验的各项工作必须符合药品生产许可和药品注册的有关要求并经双方同意。

合同应当详细规定质量受权人批准放行每批药品的程序，确保每批产品都已按照药品注册的要求完成生产和检验。最终的质量责任是在委托方。委托生产的药品法律责任由药品批准文号拥有者负责。

合同应当规定何方负责物料的采购、检验、放行、生产和质量控制（包括中间控制），还应当规定何方负责取样和检验。合同应规定何方负责试剂试液、对照/标准品的采购和批准使用，合同应该规定何方负责取样；在合同中明确检验原始记录及数据的保存，剩余样品的处理及报废程序。在委托检验的情况下，合同应当规定受托方是否在委托方的厂房内取样。

合同应当规定由受托方保存的生产、检验和发运记录及样品，委托方应当能够随时调阅或检查；出现投诉、怀疑产品有质量缺陷或召回时，委托方应当能够方便地查阅所有与评价产品质量相关的记录。合同应当明确规定委托方可以对受托方进行检查或现场质量审计。委托检验合同应当明确受托方有义务接受药品监督管理部门检查。

第二节　监督管理

一、申请与审批

1. 委托生产的申请与审批　注射剂、生物制品（不含疫苗制品、血液制品）和跨省、自治区、直辖市的药品委托生产申请，由国家食品药品监督管理总局负责受理和审批。其他药品委托生产申请，由委托生产双方所在地省、自治区、直辖市（食品）药品监督管理部门负责受理和审批。

药品委托生产的，由委托方向国家食品药品监督管理总局或者省、自治区、直辖市（食品）药品监督管理部门提出申请，并提交规定的申请材料。（食品）药品监督管理部门参照规定进行受理。具体审批程序见图11-1。

2. 委托检验的申请与审批　药品生产企业应具有与所生产药品相适应的质量检验机构、人员及必要的仪器设备，对放行出厂的产品必须按药品标准项下的规定完成全部检验项目。药品生产企业对下列情形可以实施委托检验：

(1) 动物试验（菌、疫苗制品、血液制品的动物试验除外）。

(2) 原料药及制剂生产企业对进厂原辅料、直接接触药品包装材料的检验中，缺少使用频次较少的检验仪器设备（核磁共振、红外线光谱仪、原子吸收光谱仪、液质联用仪、气质联

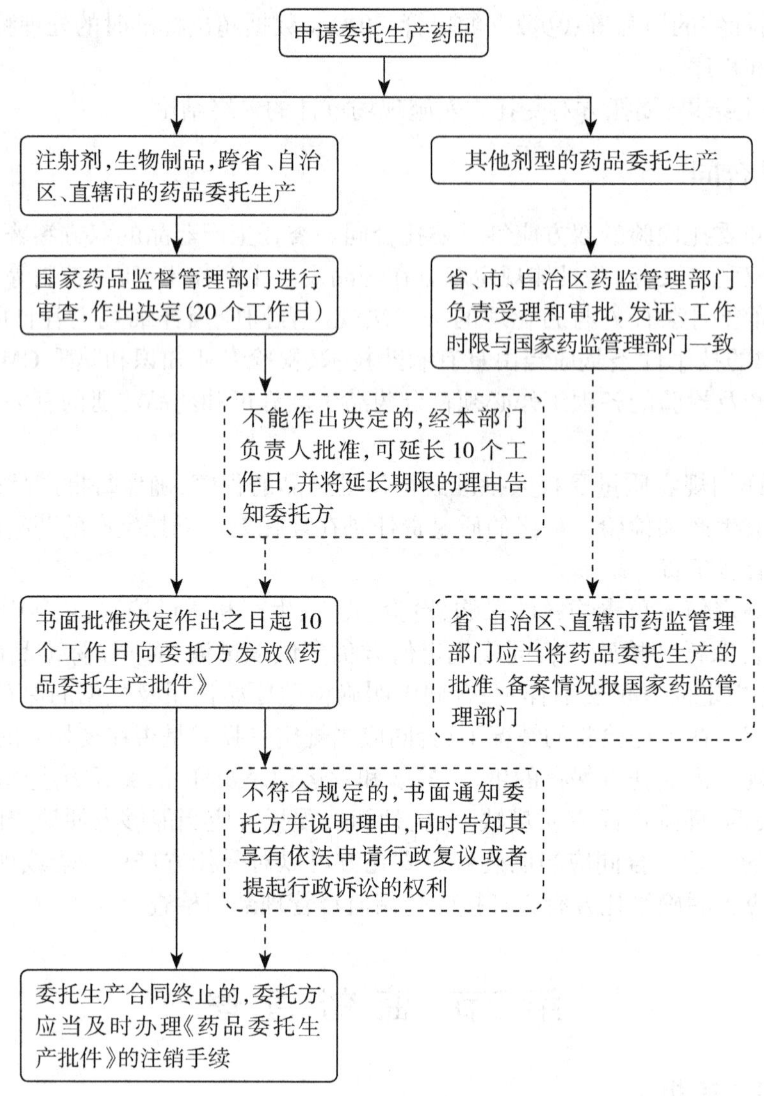

图 11-1 委托生产药品审批程序

用仪等)而无法完成的项目。

(3) 中药材及中药饮片检验中,缺少使用频次较少的检验仪器设备(高效液相色谱仪、薄层色谱仪、气相色谱仪、原子吸收光谱仪、紫外分光光度计等)而无法完成的项目。

委托检验受托方应是下列单位之一:

(1) 具有相应检测能力并通过实验室资质认定的药品检验机构;

(2) 具有相应检测能力并通过实验室认可的检验机构;

(3) 具有相应检测能力并通过药品 GMP 认证的药品生产企业(仅限集团内部适用)。

委托方和受托方应按照以下要求开展委托检验:

(1) 委托方应按规定抽样,提供有代表性的样品。样品标签应标明样品名称、批号、规格、生产单位等基本信息,并提供质量标准;

(2) 受托方应依照委托方的要求及提供的质量标准进行检验,并向委托方提供书面检验结果;

(3) 委托方应对检验结果进行审核并合成最终的检验报告，并注明相应的委托检验信息；

(4) 受托方仅对委托方提供的样品负责，委托方对最终的检验报告负责。

委托方和受托方双方必须互相审核资质，并保留相关证明文件复印件，包括《药品GMP证书》《药品生产许可证》和《营业执照》，以及检验机构资质证书和能力范围证书等。受托方通常不得进行再委托。

二、申请材料

1. 药品委托生产申请材料　药品委托生产申请材料项目包括：

(1) 委托方和受托方的《药品生产许可证》、营业执照复印件；

(2) 受托方《药品生产质量管理规范》认证证书复印件；

(3) 委托方对受托方生产和质量保证条件的考核情况；

(4) 委托方拟委托生产药品的批准证明文件复印件并附质量标准、生产工艺，包装、标签和使用说明书实样；

(5) 委托生产药品拟采用的包装、标签和使用说明书式样及色标；

(6) 委托生产合同；

(7) 受托方所在地省级药品检验所出具的连续三批产品检验报告书。委托生产生物制品的，其三批样品由受托方所在地省级药品检验所抽取、封存，由中国食品药品检定研究院负责检验并出具检验报告书；

(8) 受托方所在地省、自治区、直辖市(食品)药品监督管理部门组织对企业技术人员，厂房、设施、设备等生产条件和能力，以及质检机构、检测设备等质量保证体系考核的意见。

药品委托生产延期申请所需要的申请材料项目包括：

(1) 委托方和受托方的《药品生产许可证》、营业执照复印件；

(2) 受托方《药品生产质量管理规范》认证证书复印件；

(3) 前次批准的《药品委托生产批件》复印件；

(4) 前次委托生产期间，生产、质量情况的总结；

(5) 与前次《药品委托生产批件》发生变化的证明文件。

2. 委托检验的备案制度　委托方应在委托检验协议签订后规定的时间内向所在地的市级药品监督管理部门报备；跨地区(含跨省、跨市)委托检验还应向省级药品监督管理部门报备。报备资料包括：

(1) 委托检验报告表一份；

(2) 委托检验协议复印件(加盖委托方公章)；

(3) 受托方相关资质证明文件和能力范围证书复印件(加盖受托方公章)。

企业在申请药品GMP认证时，有关委托检验协议复印件须加盖本企业公章，随申报资料一并上报。

各省、市药品监督管理部门负责本辖区品生产企业委托检验执行情况的日常监督检查。各市药品监督管理部门应将本辖区药品生产企业委托检验的报备情况及监督检查有关情况上报省食品药品监督管理局。对跨市的委托检验，委托方所在地的市级药品监督管理部门应及时将报告情况通报受托方所在地的市级药品监督管理部门。通常药品监管部门要求生产企业应将委托检验行为纳入药品GMP自检的重点范畴。

三、其他规定

《药品委托生产批件》有效期不得超过2年，且不得超过该药品批准证明文件规定的有效期限。《药品委托生产批件》有效期届满需要继续委托生产的，委托方应当在有效期届满30日前，按照有关规定提交有关材料，办理延期手续。委托生产合同终止的，委托方应当及时办理《药品委托生产批件》的注销手续。

药品生产企业接受境外制药厂商的委托在中国境内加工药品的，应当在签署委托生产合同后30日内向所在地省、自治区、直辖市（食品）药品监督管理部门备案。所加工的药品不得以任何形式在中国境内销售、使用。省、自治区、直辖市（食品）药品监督管理部门应当将药品委托生产的批准、备案情况报国家食品药品监督管理局。

未经批准擅自委托或者接受委托生产药品的，对委托方和受托方均按照《药品管理法》中的如下规定给予处罚：生产、销售假药的，没收违法生产、销售的药品和违法所得，并处违法生产、销售药品货值金额二倍以上五倍以下的罚款；有药品批准证明文件的予以撤销，并责令停产、停业整顿；情节严重的，吊销《药品生产许可证》、《药品经营许可证》或者《医疗机构制剂许可证》；构成犯罪的，依法追究刑事责任。

对发现不符合规定的委托检验行为，食品药品监督管理部门应及时予以纠正。对不符合规定的委托检验行为所出具的检验结果视同未经检验，对违反《药品管理法》和《药品生产质量管理规范》等相关法律法规规定的，依照有关规定进行处理。

（杨舒杰）

第十二章　产品的发运与召回

药品完成生产并经检验合格放行后，通过发货运输进入流通环节，最后到消费者手中，满足消费者对缓解病痛的需求。一旦在流通使用过程中发现问题，应立即采取措施，以免对患者造成危害。为此，建立药品召回制度就十分必要。药品召回是药品生产企业在发现药品存在安全隐患时必须履行的职责，而按照一定的规程发运药品，并保存销售或发运详细、规范的记录则是保证药品及时全面召回的条件。对于一个质量管理体系健全的制药企业，一个成熟的药品市场，一个健全的法规监管环境，一个信息自由流通、成熟的患者群体和社会公众，药品发运与召回应该成为药品质量管理系统中重要的质量保证要素之一。

第一节　产 品 发 运

产品发运（product release）是指药品生产企业将产品发送到经销商或用户的一系列操作，如配货、运输等。药品的发运是关系到药品质量的重要环节之一，GMP 对药品的发运做出了明确规定，药品生产企业要严格把好药品出库发运质量关，加强药品出库发运的管理。

一、药品出库管理

药品生产企业要制定药品出库管理制度，即出库检查与复核制度，制定科学合理的药品出库复核程序，明确相关人员的质量责任。对药品出库的原则、药品出库的质量检查与校对的内容、出库复核记录及其管理、相关人员的责任等都要有明确的规定。药品出库时，要注意并规范以下几方面事项：

(1) 药品出库应遵循“先产先出”、“近期先出”和按批号发货的原则。先产先出、近期先出可以保证药品在有效期内使用；按批号发货，可使所发出药品的批号相对集中，以保证出库药品有可追踪性，便于药品的质量追踪，必要时可将售出药品及时、完整、准确地召回。

(2) 药品出库时必须进行复核和质量检查，以确保发运无误，质量可靠。复核和检查时，应按发货凭证对实物进行质量检查和数量、项目的核对，做到出库药品质量合格且与货单相符。麻醉药品、一类精神药品、医疗用毒性药品等特殊药品出库时应双人复核。

(3) 药品出库发运的零头包装合箱，只限两个批号为一个合箱，合箱应当标明全部批号，并建立合箱记录。这样既可以避免由于不同批号的药品合箱过多而发生混乱，也可以确保每一批次的所有药品都有迹可循。

(4) 发运记录的栏目设置要详细、全面，便于追查每一批药品的发出情况。每批产品均应当有发运记录，根据发运记录，必要时应当能够及时全部追回。发运记录内容应当包括：产品名称、规格、批号、数量、收货单位、地址、联系方式、发货日期、运输方式等。发运记录应至少保存至药品有效期后一年。

(5) 不能出库发货的情况:药品包装内有异常响动和液体渗漏;外包装出现破损、封口不牢、衬垫不实、封条严重损坏等现象;包装标识模糊不清或脱落;药品已超出有效期等。如果发现以上问题应停止发货,并报企业质量管理机构处理。

二、药品运输管理

(一) 运输的基本要求

药品的运输工作应根据“及时、准确、安全、经济”的原则,按照国家有关商品运输的各项规定,合理组织运输工具,实现物流的畅通,确保药品运输质量,将药品安全及时地运达目的地。

在药品运输过程中,应针对运送药品的性质、包装条件及道路状况,采取相应措施,防止药品变质、破损和混淆。特殊管理药品和危险品的运输应按国家有关规定办理运输手续。企业需根据运输路途的远近,规定相应的运输方式、防护措施和运输时间。

(二) 运输条件的控制

无论是企业自行运输,还是其他运输管理机构承办运输,运输机构或人员必须具备一定的资质,运输人员应当经过相应的有关药品及其药品监管法律法规知识的培训。运输人员应按照规定的程序和管理制度运输药品。运输车辆应具备与维护药品质量相匹配的条件,例如防光照、防雨、防高温、防高湿、防冻、防干燥、防颠簸、防偷盗等装置。

(三) 运输过程的控制

药品运输时,应对药品流向、运输线路和运输工具状况、时间长短及运输费用高低等进行综合研究分析,在药品能安全到达的前提下,选择最快、最好、最省的运输方式,努力压缩待运期。

1. 药品运输时,要事先确定好运输线路和运输时间,应针对运送药品的性质、包装条件及道路状况,采取相应的措施,防止药品变质、破损、混淆和其他损伤。

2. 药品发运前必须认真检查药品名称、规格、单位、数量等是否与随货同行的发票相符,有无液体药品与固体药品合并装箱的情况,包装是否牢固和有无破漏,衬垫是否妥实,包装大小、重量等是否符合相应的要求。

3. 运输单据的填制应做到字迹清楚、项目齐全。发运药品应按每个到站(港)和每个收货单位分别填写运输交接单,也可用发票的随货同行联代替。拼接整车必须分别给各收货单位填写运输交接单,在药品包装上应做明显标识以示区别。

4. 药品在装车前须按照发运单核对发送标志和药品标志有无错漏、件数有无差错、运输标志选用是否正确,然后办好运输交接手续,作出详细记录,并向运输部门有关人员讲清该批药品搬运装卸的注意事项。

5. 搬运、装卸药品时应轻拿轻放,严格按照外包装图示标志要求堆放和采取保护措施。药品包装多为玻璃容器,易碎,怕撞击、重压,故搬运装卸时必须轻拿轻放,防止重摔,液体药品不得倒置。如果发现药品包装破损、污染或影响运输安全时,不得发运。

6. 各种药品在运输途中和站台堆放时,应注意防止日晒雨淋,以免药品受潮湿、光、热的影响而变质。

7. 应定期检查药品发运情况和待运情况,防止漏运、错运,保持单据完好。对规定发运期限的药品,单据上要做明显的标识。

产品入库、储存及发运流程示意图见图 12-1。

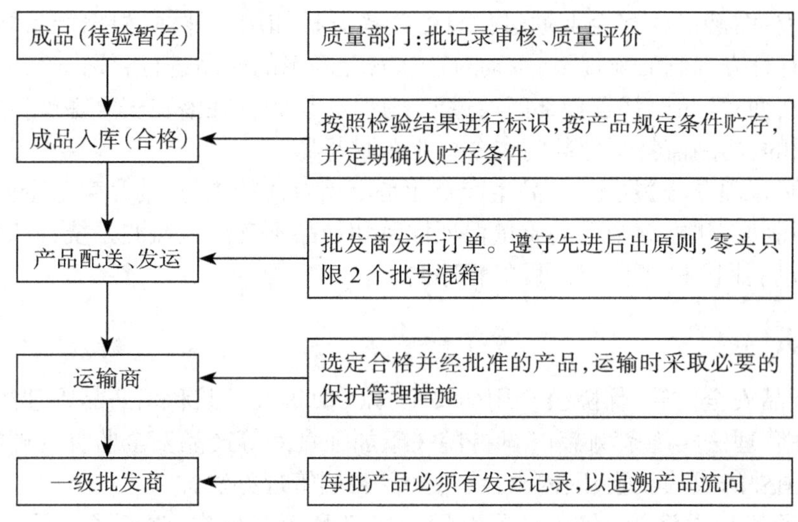

图 12-1　产品入库、储存及发运流程示意图

第二节　产品召回

一、召回的定义、分级和分类

(一) 召回的定义

药品召回(product recall)是指药品生产企业按照规定的程序收回已上市销售的存在安全隐患的药品的行为。我国GMP对产品召回有明确的规定,要求药品生产企业建立和完善药品召回制度、召回系统和召回程序,明确召回产品及记录。

药品存在的安全隐患,是指有证据证明对人体健康已经或者可能造成危害的,包括:①药品分析测试结果异常,已经对患者产生危害的;②集中出现药品不良事件的;③药品生产过程不符合药品GMP要求,可能影响药品质量安全的;④药品包装标签、说明书内容或者设计印刷存在缺陷,影响用药安全的;⑤因安全原因撤市,需要收回已上市销售药品的;⑥其他原因可能对人体健康产生危害的。

(二) 召回的分级

根据药品安全隐患的严重程度,药品召回分为以下三级:

一级召回:使用该药品可能引起严重健康损害或者死亡。

二级召回:使用该药品可能引起暂时的或者可逆的健康损害。

三级召回:使用该药品一般不会引起健康损害,但由于其他原因需要收回的。

(三) 召回的时限

药品生产企业在做出药品召回决定后,应当根据召回分级及药品销售和使用情况,科学设计药品召回计划并组织实施,及时通知有关药品经营企业和使用单位,立即停止销售和使用,同时向所在省、自治区、直辖市药品监督管理部门报告。一级召回应在24小时内完成通知;二级召回应在48小时内完成通知;三级召回应在72小时内完成通知。

(四) 召回的分类

根据召回活动发起主体的不同,药品召回分为企业主动召回和监管部门责令召回两类。

(1) 主动召回:药品生产企业通过信息的收集分析和调查评估,根据产品质量事件的严重程度,在没有官方强制的前提下,主动对存在安全隐患的药品进行召回。

(2) 责令召回:药品监督管理部门通过调查评估,认为存在潜在安全隐患,企业应当召回而未主动召回的,药品监督管理部门责令企业召回药品。

《药品召回管理办法》规定,药品生产企业是药品召回的主体,药品生产企业应当建立和完善药品召回制度,建立健全药品质量保证体系和药品不良反应监测系统,同时明确了生产企业实施"主动召回"和"责令召回"的程序要求。

二、职责

为加强药品安全监管,保障公众用药安全,以《中华人民共和国药品管理法》、《中华人民共和国药品管理法实施条例》和《国务院关于加强食品等产品安全监督管理的特别规定》为依据,借鉴国外的成功经验,国内出台了《药品召回管理办法》。

《药品召回管理办法》明确了药品召回的定义和等级分类,强调了药品生产经营企业对存在安全隐患药品实施召回的法定责任,细化了药品召回的范围和操作程序,规范了药品监管部门的管理职能,鼓励企业主动召回安全隐患药品,体现了召回的时效性和可操作性。

(一) 药品生产企业

药品生产企业应当按照 GMP 的要求建立和完善药品召回制度,收集药品安全的相关信息,对可能存在安全隐患的药品进行调查、评估,及时召回存在安全隐患的药品。

(二) 药品经营企业和使用单位

药品经营企业、使用单位应当协助药品生产企业履行召回义务,按照召回计划的要求及时传达、反馈药品召回信息,控制和收回存在安全隐患的药品。药品经营企业、使用单位发现其经营、使用的药品存在安全隐患时,应当立即停止销售或者使用该药品,并在第一时间通知药品生产企业或者供货商,同时向药品监督管理部门报告。药品生产企业、经营企业和使用单位应当建立和保存完整的购销记录,以保证所销售药品的可溯源性。

(三) 药品监督管理部门

召回药品的生产企业所在地省、自治区、直辖市药品监督管理部门负责药品召回的监督管理工作,其他省、自治区、直辖市药品监督管理部门应当配合、协助做好药品召回的有关工作。

国家食品药品监督管理总局监督全国药品召回的管理工作。国家食品药品监督管理总局和省、自治区、直辖市药品监督管理部门应当建立药品召回信息公开制度,采用有效途径向社会公布存在安全隐患的药品信息和药品召回的情况。

三、召回的流程

(一) 药品召回操作流程

1. 召回决策　召回在实际工作中具体表现为由于产品存在缺陷或该产品被报告有严重的不良反应等原因,需从市场或临床试验中收回一批或几批产品。

公司在制定和实施召回策略时应当考虑的因素:①健康危害后果的评估;②产品识别的难易程度;③消费者或使用者对产品缺陷的了解情况;④仍未使用的产品在市场中的情况;⑤必需品的不间断获得性。

2. 召回准备　在做出召回产品决策后，应立即成立召回小组，制订召回计划并加以实施。

3. 召回启动　召回过程应做好相关记录，包括通知客户的记录、客户反馈的记录、召回产品到货记录等，并及时对召回情况进行评估。

4. 召回产品的接受与处理　接收召回产品时，要有相应的记录，包括客户的名称/地址、召回产品的品名、批号、数量、召回日期和召回原因等。接收的召回产品应隔离存放，并均应有清晰醒目的标识。

5. 召回总结并报告　召回完成后，召回小组应提出完整的总结报告，对召回效果及产品的处理情况等进行评价，向药品监督管理部门提交召回总结报告。

6. 召回文件　召回行动完成后，应对所有相关文件进行归档，并长期保存。

7. 召回系统有效性评估　为了使召回行动在必要时能及时有效地启动，应当定期对召回系统进行评估，确保其有效性。

（二）药品召回程序流程图

药品召回程序流程图见图 12-2。

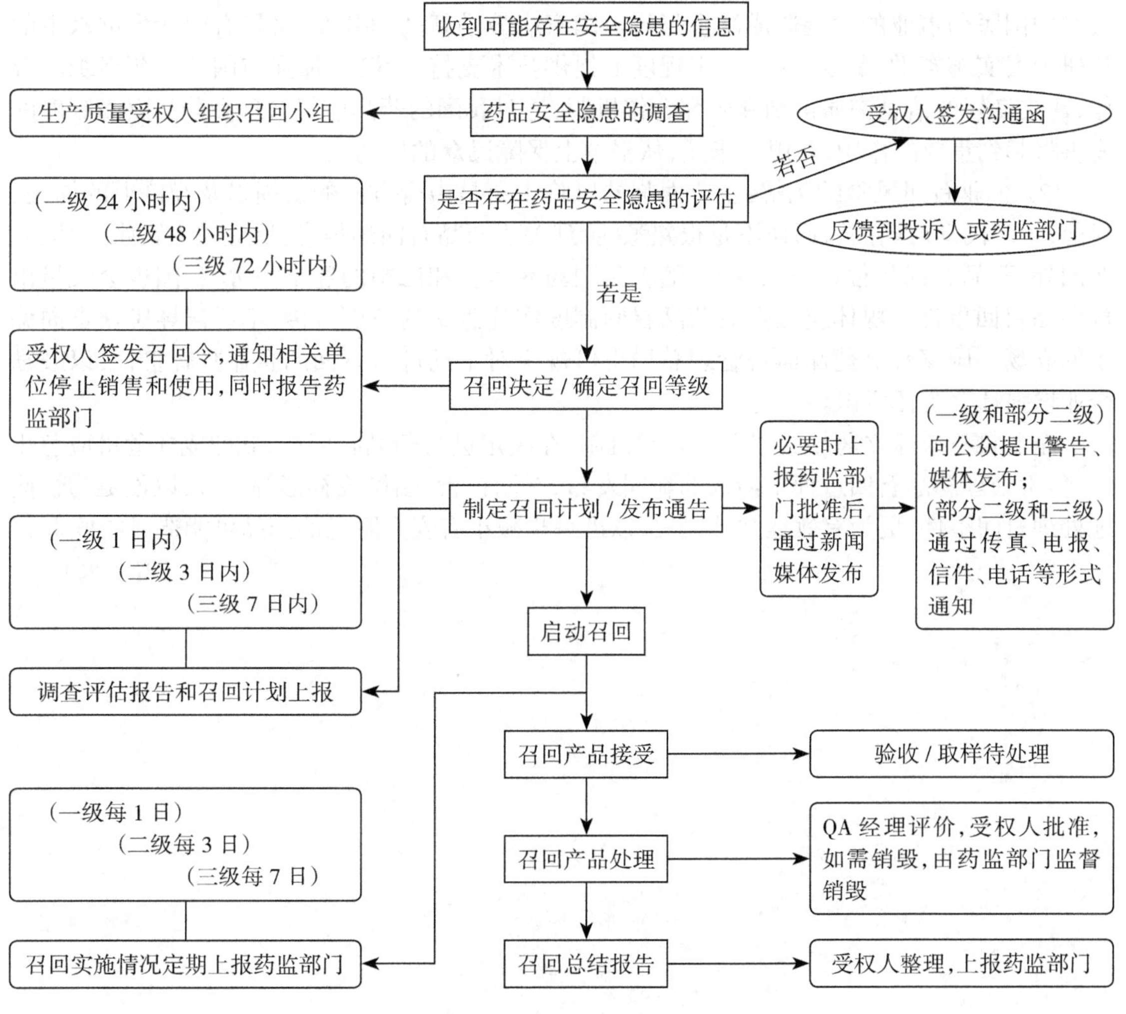

图 12-2　药品召回程序流程图

四、我国药品召回制度存在的问题及建议

1. 我国药品召回制度存在的问题

(1) 我国药品管理制度存在漏洞：从法律方面看，国内对知识产权的保护力度还很微弱，我国许多药业公司，对新产品的研发投入非常有限，许多药业公司在国际同行推出新药后，稍微修改一下辅助成分的配方，充分包装后，便向国内市场推出。由于技术力量的薄弱，国内的监管部门对医药行业的尖端技术难以掌握，多年来历次涉及食品药品安全问题的事件，几乎都是国外监管机构，特别是美国 FDA 首先发现问题，国内再根据欧美国家的举措亦步亦趋。

(2) 企业面临的召回风险：目前，我国药品生产企业的规模普遍不大，一旦出现药品召回事件，他们既要面对销售损失，承担召回费用，还可能面临诉讼的压力，承担巨额的赔偿，对规模不大的药品生产企业来说，这无疑是灭顶之灾。

2. 完善药品召回制度的建议

(1) 完善我国药品管理制度：首先，加强对我国药品研发知识产权的保护，促进我国医药事业的健康发展。如果只顾眼前的利益，一味地仿制外国药品，忽视对新产品的开发，势必会对中国医药事业的发展造成严重阻碍。国家应鼓励新药的开发，对具有国际先进水平的科研项目实施资助、奖励，并在一定程度上提供技术支持。其次，加强与国外医药组织的合作，建立良好的信息沟通机制和研究合作机制，这对我国的药品监督管理和药品召回制度的完善将起到重要的作用，防患于未然，从根本上保障民众的用药安全。

(2) 企业召回风险的化解：企业面临的风险主要是声誉方面的受损以及经济上的损失。目前，很多民众对药品召回还不是很熟悉，听到关于药品召回的信息，反应较为紧张。其实，在国外，药品召回是很普遍的现象，随着我国药品监管和法制的逐步完善，我国也会大量出现药品召回事件。媒体应加强对药品召回制度实施意义的正面宣传，不要误导民众走向偏激的立场。国家食品药品监督管理总局也可规定对主动进行召回的企业减轻责任，以鼓励企业增强社会责任意识。

企业自身应建立药品召回危机处理机制，在决定进行药品召回后，立即成立危机应急小组，负责处理药品召回过程中涉及的新闻发布、召回执行、赔偿或补偿等事宜，以便更为快捷地处理召回事件，更为有效地弥补损失，以进一步减小有安全隐患的药品可能造成的危害。

（潘金火）

第十三章　自　　检

自检是GMP(2010年修订)规定的条款之一,是企业内部管理的一种重要的管理手段,自检的目的是检查和评价企业在生产和质量管理方面是否符合GMP的要求,通过内部自检作为自我改进的机制,促使各职能部门能更有效执行GMP的重要手段,保证制药企业的生产质量管理体系能够持续地保持有效性,并不断改进和完善。

第一节　概　　述

一、自检的概念与作用

自检(self inspection)是一项自我检查纠正的活动,是指药品生产企业根据规定的方案和程序,定期对企业内部人员、厂房、设备、文件、生产、质量控制、药品销售、用户投诉和产品回收的处理等项目定期进行自我检查,来考察与GMP的一致性,实质上也是对企业完善生产质量管理体系的自我检查。通过GMP自检,发现企业执行GMP时存在缺陷的项目,并通过实施纠正和预防措施来进一步提高GMP执行的持续性、符合性、有效性或通过自检进行持续改进。自检是企业执行GMP中一项重要的质量活动。在ISO9001中被称为"内部审核"、"内部审计"。

在生产质量管理中,自检主要有以下几个方面的作用:

(1) 评估药品生产企业执行GMP的符合性和有效性;

(2) 获取公正、客观的管理信息,为管理层的决策提供事实依据;

(3) 指出药品生产企业存在的质量风险;

(4) 指出需要质量改进的可行性;

(5) 增加质量管理部门与其他相关部门及人员的沟通;

(6) 适时评价员工的工作业绩,并可协助公司有关部门人员进行GMP培训。

二、自检系统的组成

(一) 自检系统

1. 工厂层次　由法规规范部负责,自检应覆盖企业执行GMP规范的全部条款要求,还应考虑企业自身的管理需求,如对新产品开发、销售服务管理等部门。

2. 部门层次　由各部门自己负责,对部门内执行GMP规范的情况进行检查。

3. 日常检查　由质量部门现场派驻人员进行定期检查。

(二) 自检的类型

1. 按自检对象分类　按自检对象分为产品质量自检、过程(工序)质量自检和生产质量管理体系自检等三种。

(1) 产品自检:产品自检是对最终产品的质量进行单独评价的活动,用于确定产品质量的符合性和适用性,通过对产品的客观评价,获得产品的质量信息,评估产品的质量、检测质量活动的有效性、对产品的再次验证、对供应商的产品质量进行确认等。

(2) 生产过程质量自检:生产过程质量自检是通过对过程、流程或作业的检查、分析评价过程质量控制的适宜性、正确性和有效性,过程质量是指产品寿命周期各个阶段的质量,一般生产质量体系自检包括了过程自检的内容。

(3) 生产质量管理体系自检:生产质量管理体系自检是独立的对企业生产质量管理体系所进行的 GMP 自检。生产质量管理体系自检应覆盖企业的所有部门和过程,一般围绕产品质量形成全过程进行,通过对生产质量管理体系中的各个场所、各个职能部门、各个过程的自检和综合,得出生产质量管理体系符合性、有效性的评价结论,制药企业的 GMP 自检通常是使用生产质量管理体系自检的方式进行,以评价企业执行 GMP 的符合性、有效性和适宜性。

2. 按检查方分类　从质量体系审核的目的及检查方人员的立场和角度不同划分,质量体系审核分为第一方审核、第二方审核和第三方审核。第二方审核和第三方审核又称为外部质量体系审核,而自检是第一方审核。

(1) 自检(第一方审核)即内部质量体系审核,是一个企业或组织对其自身质量体系所进行的有目的的检查。

(2) 第二方审核是需方对供方质量体系进行的审核,由需方派出或需方委托人员代表对供方质量体系进行审核,审核的标准是需方对供方质量保证能力的要求。

(3) 第三方审核是第三方认证机构对企业的质量体系进行的审核或认证,由质量体系认证机构或其他监督管理机构派出审核组和审核员;按照国际标准或国内标准及规范对企业的质量体系进行的审核或认证过程。

第二节 自 检 系 统

一、自检流程

自检流程一般分为 5 个主要阶段:启动阶段、自检的准备、自检实施阶段、自检报告阶段、自检后续活动阶段。

1. 启动阶段　自检是一项正式、系统的活动,在自检实施之前,应首先做好整体策划和组织管理,明确自检的目的、范围、依据,组建自检小组,收集和审阅相关自检信息,做到自检计划落实,自检责任落实。

在自检的启动阶段主要活动有:①任命自检小组组长;②确定自检目的、确定自检依据及自检范围;③组建自检小组、收集、审阅与自检有关的文件;④必要时建立与受检查部门的初步联系等活动。

2. 自检的准备　现场检查前的准备是自检工作的重要环节,自检前准备工作的质量直接影响现场检查的质量,影响到自检结果的真实性和有效性,因而在现场检查前需认真做好自检的准备工作。

现场检查准备阶段主要的活动是:①编制自检计划并分发;②内审小组成员分工;③自

检文件准备；④准备现场检查所需要的资源。

3. 自检实施阶段　自检小组在完成全部自检准备工作之后，展开自检的现场检查工作，现场检查以召开首次会议为开始，根据规范要求、程序文件、检查表和自检实施计划安排，自检员进入现场检查，运用各种检查方法和技巧，收集和记录自检发现，通过对客观证据、自检发现的整理、分析和判断，并经受检查部门确认后，开具缺陷项目不符合项报告，最后以末次会议结束。

自检实施主要活动有：①首次会议；②现场检查与信息收集；③自检发现与汇总分析；④末次会议。

4. 自检报告阶段　自检报告是自检小组在结束现场检查工作后必须编制的一份文件。自检报告是由自检小组组长在规定的时间期限内向企业负责人或质量负责人提交的正式文件，自检报告是对自检中的检查发现（缺陷项目）的统计、分析、归纳、评价，应对整个自检活动有一个全面、清晰、准确的叙述。自检报告提交后，自检工作宣告结束。

在编制自检报告阶段的主要活动有：①自检报告的编写；②自检报告的批准；③自检报告的分发与管理。

5. 自检后续活动阶段　现场的自检活动结束后，根据不符合项报告，制定、实施和跟踪确认整改措施是自检工作的重要组成部分，是自检工作的延伸。在现场检查完成后，企业的相关质量管理部门、自检小组、质量部负责人以及各职能部门仍应继续关注自检的后续工作，制定、实施、跟踪确认、监督、协调好纠正措施的开展和实施。

在自检后续活动阶段主要活动有：①纠正措施的制定；②纠正措施的执行；③纠正措施的跟踪验证。

二、自检人员的选拔及组建自检小组

1. 自检人员的资格确认　对于自检人员的确定，GMP（2010 年修订）规定：应由企业指定人员独立、细致地进行自检，也可请外部人员或专家进行独立的质量审计。

自检工作必须由经过公司自检员培训，持有自检资格并经聘任的人员执行，执行自检的人员必须与被检查对象无直接责任关系。

自检小组成员应是经过培训并经授权，需要时可根据自检实际需要配备专业技术人员以提高自检的有效性。选择自检员时应考虑以下因素：

(1) 人员资格：自检人员应是培训合格且经授权的自检员。特殊情况下，自检小组可吸收业务专家参加自检小组，但需要企业质量负责人批准。

(2) 人员数量：根据自检的目标、自检范围、自检的时间、受检查部门的数量和规模及分布、是否需要分组、自检员的经验等因素确定所需要的人员数。

(3) 自检员与受检查工作的相对独立性：为保证自检工作的独立性、公正性和客观性，应做到自检员不检查自己的工作和部门。

(4) 专业知识：自检员对自检业务专业知识应有一定了解，最好与受检查部门业务相适应，但也不强调要专业一致。专业技术要求较高时，可选派熟悉专业技术的人员担任自检员，如化学检验、微生物学检验、计量校验、工程设计专业人员等。

(5) 自检工作中的协调：如果自检小组规模较大，有多名自检员，则应考虑他们在工作中能否协调配合，团结合作，相互支持和帮助。

(6) 人员结构：人员组成上应合理配置管理人员、专业技术人员与生产一线人员的比例，体现自检员来源的广泛性,便于企业有效地执行 GMP,以及生产质量管理的持续改进。

(7) 被受检查部门的认可:自检小组组长在决定自检小组成员以前,应征求受检查部门的同意。当受检查部门不肯接受拟派的自检员时,应就此与受自检部门进行沟通,适宜时可考虑另派其他自检员。

2. 自检小组成员的职责

(1) 服从自检小组组长的领导,支持自检小组组长开展工作;

(2) 在自检小组组长指导下分工编制自检工作文件;

(3) 完成分工范围内的现场自检任务,做好自检记录;

(4) 收集、分析有关自检证据,进行组内交流;

(5) 编写不符合项报告,参与编制自检报告;

(6) 参加纠正整改措施的跟踪验证;

(7) 管理有关的各种文件、记录。

3. 组建自检小组　企业实施 GMP 自检的第一个环节是组建自检小组,应该根据企业规模情况选择适当的质量管理技术人员进入自检小组,因此组建自检小组的关键在于选择自检人员。自检小组应包括质量管理部门和其他相关部门人员。需明确相关职责:管理层职责、质量管理部职责、自检小组组长职责、自检小组成员职责、受检部门职责。

自检的实施需要有足够的有资质的人员参加,企业应根据相关的培训、教育、经验(特别是进行或接受内外部审计的经验)确认自检人员的资质,并维护一个现行的自检人员名单。有时需要邀请特殊领域的专家(例如软件工程师、微生物专家、毒理学专家)参与审计;企业委派外部人员或专家进行内部审计,应通过书面协议明确双方的权利义务,并对相关人员的资质进行书面确认。

三、自检计划

自检计划是由自检组长负责编制的,确定自检活动日程安排的指导性文件。反映现场检查的具体日程安排,自检计划的合理性将影响自检的有效性,对于每一次具体的自检活动,自检小组组长应在收集和审阅文件、信息的基础上编制自检实施计划。

自检计划为自检的实施提供预先的安排和参照,也使受检部门了解自检活动的内容和安排,以便提前做好有关准备。自检计划应提交给受检部门确认,如受检部门提出异议,可以对自检计划进行适当调整和修改。

(一) 自检计划的内容

自检计划具体内容应与受检查方的规模和复杂程度相适应,一般自检实施计划的内容通常包括:

(1) 自检的目的和范围;

(2) 自检依据的文件;

(3) 自检小组成员名单及分工情况;

(4) 进行自检的日期和地点;

(5) 要进行自检的单位、部门;

(6) 自检活动的进度日程。

(二) 自检年度计划的制定

当药品生产企业进行 GMP 自检时,首先要制定年度的 GMP 自检计划,GMP 自检年度计划是 GMP 自检工作的开始也是总纲，每一次自检的实施计划则是按年度自检计划来安排具体实施。编制年度自检计划，其目的是保证自检工作的实施有计划地进行，便于管理、监督和控制自检。年度自检计划的内容一般包括：自检的目的、范围、自检的依据、自检小组成员、主要自检活动的时间安排等。

企业应在每年底（或其他规定的时限内）会同其他部门，建立年度自检计划，规划第 2 年进行自检的次数、内容、方式和时间表。年度自检计划应经企业管理层批准，以获得资源的充分保证；并在企业内部进行充分的沟通，以协调相关部门的活动。集中式自检和分散 / 滚动式自检都是常见的自检组织方式。

1. 集中式 GMP 自检　企业的 GMP 自检集中在一段时间内完成，每一次自检可针对 GMP 全部适用的条款及相关部门，也可针对某些条款或部门，该方式具有连续性和系统性的优点，但需要统一占用时间，人员难以召集，此种方式比较适合中小型企业实施，用于企业执行 GMP 一段时间后的全面检查，此外，一般是在迎接国家药品 GMP 认证检查或监督检查之前组织的自查。

2. 分散 / 滚动式 GMP 自检　在一段时间内，针对企业执行 GMP 所涉及的各有关部门和区域按照一定的顺序有计划地安排 GMP 自检，在一个自检周期内对所有适用于企业的 GMP 条款及相关部门进行检查，这种方式自检持续时间长，自检时间短且灵活，对重要的条款和部门可安排多频次的检查，检查有一定的深度和质量，但自检周期跨度时间长且缺乏系统性，适用于大、中型企业，以及设有专门的 GMP 自检机构或专职人员的情况。

企业也可以选择在公司级自检之外，开展部门级别的自检活动，并建立相应的自检计划。对于拥有多生产基地的集团企业，除了工厂级别的自检系统之外，比较通行的做法是建立一个集团或分部级别的内部审计系统，由集团总部或分部的 QA 对不同工厂定期进行统一的内部审计。这时就会存在一个集团级的自检频次和计划，以及一个工厂级的自检频次和计划。

（三）检查明细的制定

企业在每次自检活动之前，需要建立检查明细，为自检提供检查依据。检查明细的制定可以参考 GMP 检查细则或其他的法律法规，也可以依据本企业标准操作规程。

GMP 对自检的要求是不断动态发展变化的，监管当局也通过各种形式（例如审计模版）发布其对审计的最新期望，企业应持续关注监管当局不断更新的审计要求，并根据企业具体实施。一般需要检查以下项目：

1. 人员　按照 GMP 的要求审核人员的情况，包括企业负责人、质量管理和生产管理负责人、质量受权人、部门负责人和检验、生产操作等人员的数量、学历、职位、职务变动情况、培训情况和记录、考核情况等是否符合 GMP 要求。

2. 厂房和设施　按照 GMP 的规定审核厂房设施的情况，包括厂区划分与保持，洁净室的洁净级别、温湿度和压差的记录和维持，空气净化设施的效率和维护，防尘捕尘设施效率及维护，建筑物及设施的维护以及实验动物房的设置等内容。

3. 设备　按照 GMP 的规定审核检查设备安装、运行、维护及维修情况，包括不合格设备和问题设备的处理情况。

4. 物料　按照 GMP 的规定审核检查原料、辅料、包装材料、制剂半成品和成品的购入、储存、发放和使用情况；物料、成品、半成品和包装材料的标准，中药材购入是否符合条件；待验、合格、不合格物料的储存及处理；特殊物料的储存条件及处理；物料的保存期限；药品包装、说明书、标签的管理是否符合规定。

5. 环境和卫生　按照GMP的要求审核检查卫生管理制度，车间、工序、岗位操作规程是否健全，生产区卫生情况；更衣室、浴室、厕所的卫生情况；工作服的卫生情况；洁净室人员操作及进入的管理情况；洁净室消毒措施；生产人员健康档案情况等内容。

6. 验证及再验证程序　按照GMP的要求审核检查验证情况，包括厂房、设施、设备安装及运行确认，性能确认和产品验证记录，再验证记录，验证负责人审核批准程序和签名等内容。

7. 文件　按照GMP的要求审核检查药品生产管理和质量管理的各项制度和记录、药品的生产管理和质量管理文件、SOP的完备性、建立文件的程序、文件的合法性等内容。

8. 生产管理　按照GMP的要求审核生产工艺规程、岗位操作法和SOP的执行情况，批生产记录、批包装记录、批检验记录、清场记录的记录方法。

9. 质量管理　按照GMP的要求检查质量管理部门职责的落实情况，包括实验室管理、持续稳定性考察、变更控制、偏差处理、纠正和预防措施、供应商的评估和批准、产品质量回顾分析和处理投诉的记录等内容。

10. 产品发运与召回　按照GMP的要求主要检查销售记录，产品退货收回和处理程序。

11. 投诉与不良反应报告　按照GMP要求检查药品不良反应报告程序和处理投诉的记录报告等内容。

12. 上次自检提出的质量改进建议的执行情况　检查上次自检发现问题的改进、纠正和落实情况，并做相应记录。

四、自检的实施

(一) 首次会议

首次会议是实施自检的开始，是自检组全体成员与受检查部门负责人及有关人员参加的会议，主要是介绍、建立双方的联系，明确双方的责任，以及具体的自检日程安排等内容，首次会议的目的包括：确认自检范围、目的和自检计划；简要介绍自检中使用的自检方法和程序，建立自检组与受检查部门的正式联系)；提出落实自检的有关要求；确认自检小组所需要的资源与条件；确认末次会议的时间和地点；促进受检查部门的积极参与。

1. 首次会议的参加人员　首次会议的参加人员一般有：自检小组全体成员、企业负责人、受检查部门负责人及主要业务人员、陪同人员等。

2. 首次会议的程序和内容　首次会议由自检组组长主持。与会的自检小组成员和受自检方的与会人员分别在首次会议签到表上签到。一般首次会议的程序如下：

(1) 自检组组长宣布首次会议开始；

(2) 人员介绍：组长介绍自检员及参会的各部门负责人；

(3) 组长宣布此次自检的目的、范围、依据；

(4) 组长介绍本次自检实施计划，并请相关部门做确认和调整的说明；

(5) 简要介绍自检的方法和程序；

(6) 请受检查部门明确联络员；

(7) 落实末次会议的时间、参加人员和地点。

3. 首次会议的注意事项

(1) 建立严谨的、细致的工作作风，建立一个良好的自检氛围；

(2) 首次会议的时间应控制在 30 分钟内,应准时、简短;

(3) 获得受检查部门的理解并得到支持;

(4) 首次会议一般由自检组组长主持。

(二) 现场检查与信息收集

首次会议结束后,应立即转入现场检查阶段,在此阶段自检员的主要任务是制定自检计划、检查表、检查现场,在有限的时间内通过各种方法、手段收集企业执行 GMP 的相关信息,并对其识别、记录与验证寻找客观证据,并根据自检的依据对自检证据进行分析评价,得到自检结论。该阶段是整个自检过程最重要的环节。

首次会议结束后,自检员依据内部自检实施计划和预先编制的检查表,进入检查区域,在现场的检查基本步骤如下:

(1) 进入检查区域,向受检查部门说明要检查的内容;

(2) 识别和确定检查信息的收集来源和方式;

(3) 通过面谈、查阅文件和记录、现场观察等方式,收集检查信息;

(4) 确定收集的检查信息;

(5) 验证收集的检查信息,形成检查证据;

(6) 依据自检依据,判断检查证据,形成检查发现;

(7) 评价检查发现,得出检查结论。

1. 现场检查的原则 为保证现场检查的顺利进行,在现场检查时,自检员应坚持以下原则:

(1) 坚持以"客观证据"为依据的检查原则:客观证据是缺陷项目判断的依据,客观证据必须以事实为基础,且可陈述、可追溯,不含有任何猜想、推测的成分,客观证据不足或未经确认不能作为判断不符合的证据。

(2) 坚持自检依据与实际核对的原则:现场自检应严格依据自检依据,确定检查项目、检查要点和抽样方案,寻找客观证据,客观证据与自检依据核对后才可确定检查结论,凡自检依据与实际未核对的项目,都不应得出自检结论。

(3) 坚持独立、公正的原则:自检判断时应排除受检查部门的人员、自检员的情感等干扰因素,避免影响自检的独立、公正的因素,维护和保持检查判断的独立性和公正性。

(4) 坚持"三要三不要"原则:①要依据客观证据,不要凭自检员的直觉和印象去检查;②要追溯和证实实际得出的结果,不要停留在文件查阅和面谈等表面文章上;③要按自检计划执行现场检查,不要抱着"不查出缺陷项目誓不罢休"的工作态度。

2. 客观证据的收集 在现场检查工作时,首先要收集客观证据,对收集的检查信息加以识别和记录,客观证据的收集主要有以下几种途径:

(1) 与受检查部门的责任人员面谈;

(2) 查阅现行的生产质量管理文件;

(3) 查阅各类生产质量记录,如批生产记录、客户投诉处理记录、变更和偏差处理记录、内审记录、产品检验原始记录等;

(4) 查阅有关的生产质量文档,如验证草案和报告、年度自检报告、环控报告、水系统监测报告等;

(5) 现场观察和核对;

(6) 对实际活动及结果的确认;

(7) 有关生产质量管理方面统计数据的汇总、分析和评价，如产品的年度回顾、年度验证计划、质量月报、年度生产质量管理目标完成情况等；

(8) 查阅、分析和评价来自其他方面的报告，如客户投诉、国家和地方药检所产品抽查检查结果、国家和地方药品监督管理部门检查的记录等信息。

3. 现场检查的基本技能　现场检查的基本技能主要有面谈与提问、查阅文件和记录、现场观察以及重复确认等基本技能。

(1) 面谈：面谈是自检员与受检查部门人员之间一种正式的双向沟通过程，其目的是：①确认受检查部门的人员对各自职责的熟悉程度；②了解和确认职能部门人员对企业执行GMP要求的掌握情况；③了解和掌握职能部门的人员对相关的程序文件要求的了解程度和执行情况；④通过面谈，自检员可解释自己的检查需求，引导面谈对象，有效地开展自检工作。

1) 面谈的对象：为广泛收集具有代表性的检查信息，应选择合适的面谈对象，除受检查部门的负责人外，还包括对不同层次和职能的人员进行面谈，面谈的对象最好是直接业务工作人员，避免其他人员的干扰。

2) 面谈的基本步骤：①介绍自己；②解释面谈的目的；③用开放式提问获取自检项目的基本情况；④对于回答用探索式的提问做出进一步的反应；⑤寻找事实的客观证据；⑥运用自检依据判断检查结果；⑦用封闭式的提问确认事实；⑧记录检查发现；⑨感谢对方的帮助与合作。

3) 面谈的注意事项：面谈是获取检查证据的重要方式，为提高面谈的效果，在面谈时应注意以下几点：①选择合适的面谈对象，应考虑不同层次和职能的人员，面谈的人数和总人数成正比，以获取直接的信息；②面谈场所尽可能选择面谈对象工作的场所进行，避免在办公室集中接受面谈的检查；③面谈时，应根据面谈对象的不同背景区别对待，面谈前需了解面谈对象的工作职责、经历以及主要的业务情况；④注意聆听，尽可能理解面谈对象的回答，对回答及时做出反馈，并尽可能避免做出不恰当的反应；面谈时应注意现场气氛，自检员应始终保持礼貌、友善的态度；⑤面谈的过程应及时记录，面谈的结果应予以归纳和评价；对于通过面谈获取的检查信息，必要时还应通过其他方式进行核实。

(2) 查阅文件和记录：查阅文件和记录是现场检查中必须采用的方法。通过查阅文件，可以了解现行程序的要求，核实程序文件的执行情况，已获得实际运作和效果的自检信息可帮助自检员了解接受自检部门过去发生的事实，有助于对以往的事实进行调查和了解。

查阅时应注意的事项主要有以下几方面：①要核实现行程序的有效性，了解工作岗位程序文件的使用、文件的执行、文件的更改管理等情况；②查阅记录的真实性和可信度，对明显不真实的记录，如明显涂改、编造、事后补记的记录，不应作为客观证据；③查阅记录时，可通过现场观察、面谈或直接确认等检查方法验证记录的有效性；④查阅记录需注意连续性线索，对相关记录作连续性检查较容易发现接口问题，如通过查阅一份有关工艺参数偏差处理的记录，可查阅相关的工艺验证、生产过程控制、质量检验、不合格品处理的文件和记录；⑤查阅文件和记录应采取公正、随机、有代表性的抽样原则，选取有代表性的样本进行自检。

(3) 现场观察：通过对工作环境、生产条件以及过程活动观察获取客观证据，主要作用是：可用来判断受检查部门在实际工作中是否遵守程序文件要求，生产条件是否符合GMP要求；有利于发现问题及分析问题的产生原因，有利于证实受检查部门执行GMP的有效性。

1) 现场观察的区域：主要包括库房、物料接受区（原辅料的取样区域、不合格品的隔离区域、返回产品的存放区域)、生产区域、实验室、稳定性实验室及留样间、水处理站、公用设备、更衣室、器具清洗室、员工休息室。

2) 现场观察应关注的环节:现场观察可以按照"人、机、料、法、环"等五个方面进行观察,在自检时需关注的环节有:

a. 文件:所使用的程序文件是否是现行有效版本?程序文件是否完整?有无缺页和损坏的现象?程序文件保管如何,是否保管完好、整洁?程序文件有无非法更改的情况?

b. 产品:产品状况如何?是否保管完好、清洁?是否有破损和泄漏的情况?产品标识是否完整、清晰(如产品名称、批号、数量、有效期、质量状态)?产品的存放是否符合存储要求?

c. 工具和设备:了解工具和设备的用途;工具/设备是否清洁、是否完好?工具/设备的标识是否完整、清晰(如设备的型号、设备标号等信息)?设备状态是否标识完整、清晰、有效(如校验状态、运行状态、维修状态等)?设备是否有现行的操作程序文件?操作人员是否可以得到相关操作程序文件?操作人员是否理解相关操作程序文件的内容和要求?

d. 区域:区域的卫生状况如何?灭虫灭鼠装置是否齐备?紫外灯、风淋器、闭门器等装置是否能正常使用?区域内的厂房设施是否有损坏的情况?区域内的状态标识是否清晰、完整和有效?放置设备或附近的程序文件或作业指导书,是否为有效版本?区域内有无安全警示?

e. 物料:了解物料的用途;物料的状况是否清洁?有无破损?质量状态如何?标识是否完整、清晰?能否表明物料的名称、数量、批号和质量状态?如果是危险物品是否有安全警告标识或警示提醒?

(4) 确认:在现场检查中,通过各种方法获得检查信息,特别是缺陷项目的检查信息需进行确认,以确保其客观性和真实性,确认的主要原则如下:现场检查中缺陷项目的检查信息要调查到一定的深度,以获取更全面、更准确的证据,以评价执行GMP的符合性、有效性;对于受检查部门面谈所述的事实,要求提供证实,跟踪记录与文件,记录与现状的符合性、有效性;对收集的检查信息经确认后可作为检查证据,与受检查部门共同确认检查证据。

确认时,可采用以下的方法步骤进行确认:①确认应具备的设施和设备条件、程序文件、记录等是否符合规范要求;②通过现场观察、面谈等办法核实是否按照规范和程序文件要求执行;③检查实际的控制结果,核实实际执行结果是否有效,是否达到规定要求;④及时记录面谈、现场观察和验证的结果,并与受检查部门予以确认。

4. 现场自检的记录 在提问、交谈、查阅文件和记录、现场观察以及确认时,自检员应做好记录,记录自检中所收集的自检信息,这些记录是自检员提出报告的基础。记录主要有以下几方面的作用:作为编制缺陷项目、不符合项报告和自检报告的依据;作为备忘、核实检查的依据;作为查阅、追溯的参考。

(1) 记录的要求:①记录应清晰、完整,便于查阅、追溯;②记录应准确、具体,能全面反映检查区域的过程活动内容,如产品的批号、设备名称、文件名称和版本号、记录名称和编号、被询问人员的职务及工作岗位、控制要求和执行效果等内容;③记录应及时,避免补写记录。

(2) 记录的内容:在检查过程中,自检员主要记录的检查信息有:表明符合的事实;表明不符合的事实;有效运作的观察;无效运作的观察;印象较深刻的现象、产品、文件、环境条件等信息。

5. 现场检查的控制

(1) 自检计划的控制:自检计划是自检小组与受检查部门双方同意,且经过批准的,一般情况下,应依据事先制定的自检实施计划和检查表进行检查。但在检查过程中,如出现某些事先意想不到的原因影响自检计划的执行时,可及时调整内部自检计划。改变内部自检实施计划需要得到自检组组长和受检查部门双方同意。

自检员在检查过程中发现重大问题时,自检的范围可能超出事先制定的自检检查表时,需要按新发现的线索进行跟踪时,可经自检组组长同意后进行自检实施计划的局部调整。

(2) 自检进度的控制:自检小组成员应按自检检查表检查并掌握检查的进度,如果出现不能按自检实施计划完成的情况时,自检小组可通过及时调整自检小组资源或适当减少检查内容等办法,保证检查进度。如将一个内审小组的两个自检员调整为一人一组,分别对后续的部门进行自检。

(3) 现场检查气氛的控制:在现场检查过程中,受检查部门和人员由于处于被动的受审查的地位,很容易产生对立情绪,有可能会发生争执,使气氛紧张起来,因此自检小组成员应善于缓和、控制气氛,营造良好的检查气氛,如注意提问的口气、方式,保持严谨的工作态度等。

(4) 检查客观性的控制:自检员应保持客观公正的工作态度,坚持用事实说话的原则,防止凭主观猜测、推理或带有个人感情色彩。另外,应对取得的检查证据的客观性进行确认,要求结论客观、公正和适宜。

(5) 检查工作纪律的控制:为得到客观、公正的检查结论,自检员应严格遵守自检纪律,自检小组对违反自检纪律或不利于检查正常进行的行为需及时纠正。

(6) 自检结果的控制:在自检小组提出自检结论之前,自检小组成员应对拟提出的自检结论进行分析和评价,并达成一致意见,使自检结论具有客观性、公正性和适宜性。

(三) 自检发现与汇总分析

自检所述的缺陷项目是指"未满足规定要求",有些企业也称之为"不符合"或"不合格"。这里所说的"规定要求"也就是内部自检的依据。

1. 缺陷的类型　内部自检的目的是在于纠正和改进,因而不符合项可分为以下几种类型:

(1) 体系性缺陷:企业的生产设施、程序文件与GMP或相关药事法规的要求不一致。

(2) 实施性缺陷:未执行事先规定的程序要求。

(3) 效果性缺陷:按事先规定的程序执行,但缺乏有效性。

2. 缺陷的性质　缺陷应按照预先制定的分类标准进行分类。一般分类原则如下:

(1) 严重缺陷:可能导致潜在健康风险的,可能导致官方执行强制措施的或严重违反上市或生产许可证书的缺陷。

(2) 重大缺陷:可能影响成品质量的单独的或系统的GMP/质量相关的缺陷。

(3) 次要缺陷:不影响产品质量的独立的小缺陷。

3. 缺陷项目的确认原则　缺陷的确定过程中,应注意以下几方面:①如果发现严重或重大缺陷应列出所依据的内部和外部规定;②避免个人意见和假设;③发现问题应有真实证据;④区分个别问题和系统问题;⑤将发现的问题和缺陷合并组合(关联)以确定自检中的系统问题;⑥明确的语言。所有的缺陷项目都应按照一定的规则编号,以便追溯和索引;所有缺陷和建议(如果有的话)应另外编制缺陷列表,以便追踪相关的纠正预防措施。

4. 不符合项报告　不符合项报告是现场检查的发现，对于自检小组和受检查部门是重要的文件之一，其作用主要体现在以下几个方面：①是做出自检结论和提出自检报告的重要依据和基础；②是受检查部门获得自检信息，制订纠正措施的依据；③是自检后续活动、实施跟踪自检与报告的依据；④是评定受检查部门执行 GMP 绩效考核的参考依据。

(1) 不符合项报告的内容：不符合项报告主要陈述客观事实和相关自检的基本信息，一般有以下几个方面内容：①受检查部门名称、检查日期；②缺陷项目事实的描述；③未满足的要求及相关条款；④缺陷项目的类型及程度；⑤自检员及受检查部门确认的签名。

(2) 缺陷事实描述的要求：缺陷事实的描述，是不合格项报告的关键之处，对于缺陷事实描述主要有以下要求：

1) 描述的事实与证据应确凿，事实描述准确、完整、清晰，无模棱两可。一般应包括缺陷事实的时间、地点、当事人及必要的细节；

2) 在结构上，可先描述规定的“要求”，再列举缺陷事实及证据，这样检查发现及结论在描述中自然产生；

3) 描述的事实证据具有可追溯性；

4) 尽可能使用专业术语；

5) 缺陷事实描述时，文字力求简明、精炼、流畅、字迹清楚，便于阅读与理解，便于制定纠正措施。

(3) 评审不符合项报告：从自检要求上，凡是发现的缺陷事实，均应形成缺陷项目的检查发现，即形成不符合项报告。但在最终形成不符合项报告的数量及发现区域时，应做出评审，形成最终的不符合项报告，其作用主要表现在：不符合项报告有代表性，对受检查部门有较大帮助；可有效提高执行 GMP 的符合性、有效性或降低生产质量风险；有利于受检查部门采取纠正措施。

(四) 末次会议

现场检查以末次会议结束，末次会议是自检小组、受检查部门负责人和有关职能部门业务人员参加的会议。末次会议主要的作用有：①向受检查部门介绍自检情况，以便他们能够清楚地理解自检的结果，并予以确认；②报告自检发现(重点在缺陷项目)和自检结论；③提出后续工作要求(纠正措施跟踪自检等)；④结束现场检查。

(1) 末次会议的内容：自检小组对受检查部门在整个自检期间的合作表示感谢，要真诚具体，但不必声势很大，过分热情。

1) 重申自检目的和范围：考虑到参加末次会议的人员不一定参加过首次会议，自检组应重申。

2) 强调自检的局限性：自检是抽样进行的，存在一定风险。但自检小组应尽量使这种抽样具有代表性，使自检检查具有公正性。

3) 宣读不合格项(缺陷项目)报告(可选择主要部分)。

4) 提出纠正措施要求：自检小组向受检查部门提出采取纠正措施的要求，包括确定纠正措施的时间，完成纠正措施的期限，确认纠正措施的方法等。

5) 宣读自检意见：自检组长宣布自检意见，并说明自检报告的发布时间、方式及其他后续工作要求。

6) 受检查部门负责人表态，并对纠正做出承诺。

7) 会议结束，自检小组表示感谢。

(2) 末次会议的注意事项

1) 末次会议的重点应围绕着缺陷项目提出纠正措施及要求。

2) 自检结果 / 意见涉及的重要部门和人员应到会，以便实施纠正。所有到会的人员应签到。

3) 末次会议的召开时间是在自检计划中确定的，应保持自检风格和良好的气氛。“准时开始 / 准时结束”，会议时间通常为一个小时。受检查部门如需延长会议时间时，可满足其正当要求。末次会议切忌拖沓，发生争执。

4) 末次会议应有会议记录，并保存，记录应包括到会人员的签到。

5) 有些缺陷项目受检查部门已在末次会议前采取了纠正措施并经自检员确认也比较满意，可不在会议上提出或在会议上表示满意态度。

6) 末次会议应适当肯定受检查部门取得的成功经验和好的做法，不要一味谈问题。

7) 宣读不合格项(缺陷项目)报告或有对受检查部门不利结论时，应充分准备，选择适当措施，防止陷入“僵局”。

8) 由于自检是利用有限资源在有限时间内开展工作，因此自检期间收集的信息不可避免地只是建立在对可获得信息的抽样基础上。所以这就导致了所有的自检都具有一定的不确定因素，自检结论的宣读人应对这种不确定性加以关注。

9) 在末次会议之前自检组应进行内部商议，以便评审所有自检发现；达成一致的自检结论；讨论自检的跟踪措施。

五、自检报告

自检报告是自检小组结束现场工作后必须编制的一份文件。现场自检结束后，自检组长应组织自检组成员对自检过程的记录进行汇总、分析、评价和总结，并提出纠正和预防措施的建议。此外，纠正和预防措施的执行也应有相应的记录。在此基础上对 GMP 管理体系的符合性和有效性进行总体评价。自检组要对缺陷项进行汇总、分析、统计，包括缺陷项的数量和缺陷项性质情况的统计，并绘制成缺陷项分布表。从缺陷项分布表上可直观地看出缺陷项在各过程和各部门的分布情况。根据对缺陷项的分布情况、数量、类型以及实际情况的分析，确定 GMP 管理体系在哪些过程和哪些部门是有效运行的，哪些过程和部门是重点改进的对象。只要有可能，自检报告应在偏差事实后面注明偏差所违背的标准或法规的具体条款。自检报告应分发到适合的工厂管理层手中，从而保证工艺、产品质量和质量系统的维护。

自检报告一般应包括以下内容：编号、自检类型、自检日期、自检内容、检查区域、缺陷描述、整改措施、执行人、计划完成日期等，最终的检查报告应于检查员和被检查部门签字后生效，并分发给被检查部门和相关部门。

六、自检后续管理

现场的自检活动结束后，根据不符合项报告，制定、实施和跟踪确认整改措施是自检工作的重要组成部分，是自检工作的延伸。在现场检查完成后，企业的相关质量管理部门、自检小组、质量部负责人以及各职能部门仍应继续关注自检的后续工作，制定、实施、跟踪确认、监督、协调好整改措施的开展和实施。在自检后续阶段主要工作有：受检部门确定和实施纠正、预防或改进措施，报告实施纠正、预防或改进措施的状态；自检组对纠正措施的实施情况及其有效性进行验证、判断并记录。

（一）制定整改措施

自检结束后，受检部门会接到自检报告，其中会明确受检部门存在的缺陷项，受检部门的负责人应组织与缺陷项有关的人员对自检组提出的缺陷项进行评审，分析并确定导致产生缺陷项的原因，针对缺陷项的原因，充分考虑该缺陷项已造成的和潜在的影响，制定相应的可以消除缺陷原因的切实可行的整改措施。整改措施制定后首先要经过自检组的认可。经过认可的整改措施通常需经过自检组长或最高管理者批准后，才可予以实施。

（二）实施整改措施

受检部门和与整改措施有关的责任部门按照批准后的整改措施计划逐项实施整改。受检部门应将整改的实施情况及其结果进行记录，作为实施整改的证据。受检部门在完成整改后，应对所采取的整改措施的有效性进行评审，自我评审后认为整改措施达到了效果，可以向自检组提交整改实施结果的证据，以供自检组验证。如果经评审发现所采取的整改措施未达到效果，则受检部门还应重新调查原因，制定并实施更为有效的整改措施。

（三）跟踪确认整改措施

自检组应对受检部门采取的整改措施的实施情况进行跟踪，接到受检部门完成整改措施并提交的实施证据后，应对整改措施完成情况及其有效性进行验证。自检员验证并认为整改确已达到预期效果后，出具验证有效的意见，这项缺陷就关闭了。如果经自检员验证发现未完成整改或未达到预期的效果，则应提请受检部门继续完成或重新采取更为有效的整改措施。

（四）自检总结

自检的所有过程结束后，自检组所有成员和自检组长应对本次自检的情况加以总结，总结的内容主要包括以下几个方面：自检中值得肯定的方面；自检过程中存在的问题；以后需改进的方向和建议等。目的在于今后更好的开展自检工作，使企业能改进和提高药品 GMP 管理体系运行的有效性。

七、自检的文件管理

自检活动中所产生的文件包括：自检计划、自检记录、整改要求、跟踪确认文件等均应按质量文件的存档要求进行存档管理。

企业的自检程序中应定义自检活动的记录和报告的保存期限，保存时间可根据产品的生命周期而定，一般不少于 6 年。

企业的自检程序中应定义自检文件的编号规则，便于追溯和档案管理。

八、其他

1. 时限要求　定义时限要求，例如从完成自检到完成自检报告草稿的时限（建议 2 周），自检报告定稿的时限（建议 4 周），收到自检报告到答复自检报告的时限，收到“纠正和预防措施”计划到第一次跟踪“纠正和预防措施”完成情况的时限，完成审计最终报告／结论的时限等。

2. 关于部门内部自检和集团公司对下属公司的检查　企业也可以选择在公司级自检之外，开展部门级别的自检活动，并建立相应的自检计划。

对于拥有多生产基地的集团企业，除了工厂级别的自检系统之外，比较通行的做法是建立一个集团或分部级别的内部审计系统，由集团总部或分部的 QA 对不同工厂定期进行统一的内部审计。这时就会存在一个集团级的自检频次和计划，以及一个工厂级的自检频次和计划。

上述两种类型的自检，不能替代由质量管理部门组织的独立法人公司级别的自检，但可以为公司级别的自检提供参考。从 GMP 法规的角度，更关注具有独立法人资格的公司级别的自检。

（王英姿）

参 考 文 献

1. 药品生产质量管理规范(2010年修订)(卫生部令第79号)

2. 关于印发药品生产质量管理规范认证管理办法的通知(国食药监安[2011]365号)

3. 本书编委会.药品生产质量管理规范(2010年修订)解读.北京:中国医药科技出版社,2011

4. 国家食品药品监督管理局药品认证管理中心编写.药品GMP指南:质量管理体系.北京:中国医药科技出版社,2011

5. 国家食品药品监督管理局药品认证管理中心编写.药品GMP指南:质量控制实验室与物料系统.北京:中国医药科技出版社,2011

6. 国家食品药品监督管理局药品认证管理中心编写.药品GMP指南:厂房设施与设备.北京:中国医药科技出版社,2011

7. 国家食品药品监督管理局药品认证管理中心编写.药品GMP指南:无菌药品.北京:中国医药科技出版社,2011

8. 国家食品药品监督管理局药品认证管理中心编写.药品GMP指南:口服固体制剂.北京:中国医药科技出版社,2011

9. 辽宁省食品药品监督管理局、辽宁省食品药品监督管理局技术审评中心.药品生产质量管理规范(2010年修订)检查指南.辽宁:辽宁科学技术出版社,2011

10. 国家食品药品监督管理局药品认证管理中心编写.欧盟药品GMP指南.北京:中国医药科技出版社,2008

11. 梁毅.新版GMP教程.北京:中国医药科技出版社,2011

药品生产质量管理教学大纲

（供制药工程专业用）

一、适用专业与参考学时

本书适用于制药工程专业，总学时：54。各章学时分配如下：

章序	章名	学时	章序	章名	学时
第一章	绪论	4	第八章	文件管理	4
第二章	质量管理	4	第九章	生产管理	4
第三章	机构与人员	4	第十章	质量控制与质量保证	6
第四章	厂房与设施	4	第十一章	委托生产与委托检验	4
第五章	设备	4	第十二章	产品的发运与召回	4
第六章	物料与产品	4	第十三章	自检	4
第七章	确认与验证	4	总计		54

二、课程目的和要求

目的：以2010年版药品生产质量管理规范（GMP）为基本框架，以药品生产企业质量管理工作过程为引导，培养学生药品质量管理意识，夯实学生药品生产质量管理理论知识，提高学生药品生产质量管理技能。

要求：学生经过系统的学习，使学生明确药品生产质量管理的监管体系、法律规章及药品生产质量管理的具体规程。清楚我国药品生产质量管理规范框架及其发展历程。了解国外药品生产质量管理相关规范及我国在药品生产质量管理过程中存在的差距及不足。

三、课程内容与要求

药品生产质量管理是对药品生产全过程的控制要求。目的在于确保药品生产全过程的各个环节，都有法规、标准等文件进行约束，从而使最终产品质量达到安全、有效、均一、稳定。它是药品生产管理和质量控制的基本要求，旨在最大限度地降低药品生产过程中污染、交叉污染以及混淆、差错等风险，确保持续稳定地生产出符合预定用途和注册要求的药品。

第一章　绪论（4学时）

［基本内容］

GMP的有关概念、GMP的产生与发展、国外GMP介绍。

GMP类型、GMP的认证与检查、GMP的特点、GMP实施三要素：人员、软件、硬件。

实施新版GMP的意义,GMP的基本原则。我国GMP的立法依据,性质。

GMP认证概述

[基本要求]

掌握GMP类型、GMP实施三要素:人员、软件、硬件。

熟悉GMP的特点、GMP的有关概念。我国GMP的立法依据,性质。

了解GMP的产生与发展。

了解GMP认证。

第二章　质量管理(4学时)

[基本内容]

质量管理的原则、质量目标的建立与实施。质量保证系统的建立及作用。药品生产质量管理的基本要求。质量控制的内容及基本要求。质量风险管理的概念、原则,质量风险管理方法、措施、形式。

[基本要求]

掌握质量管理的原则、质量风险管理的概念。

熟悉质量保证系统的建立及作用、药品生产质量管理的基本要求。

了解质量风险管理方法、措施、形式。

第三章　机构与人员(4学时)

[基本内容]

组织机构与人员岗位职责的原则。关键人员的类型。关键人员的岗位和资质要求。培训的管理、范围、内容、计划、评估、文件。人员卫生操作规程及人员卫生的要求。

[基本要求]

掌握关键人员的类型。关键人员的岗位和资质要求。

熟悉机构与人员的原则。

了解培训的管理、内容。人员卫生操作规程及人员卫生的要求。

第四章　厂房与设施(4学时)

[基本内容]

厂房选址布局和厂区环境及设施的原则。

生产区设计、布局和使用中的要求。生产区和贮存区的空间要求。不同产品的环境要求。洁净区的内表面,各种管道、照明设施、风口和其他公用设施,排水设施,制剂的原辅料称量,产尘操作间,药品包装的厂房或区域,照明,中间控制区域的要求。

仓储区空间和仓储条件,接收和发放、发运区域,物料和产品的隔离存放,取样区的要求。

质量控制区实验室的设计和布局。仪器室和实验动物房,处理生物样品和放射性样品的实验室的要求。

辅助区的休息室、更衣室、盥洗室和维修间的要求。

[基本要求]

掌握厂房选址布局和厂区环境及设施的原则。

熟悉生产区设计、布局和使用中的要求。生产区和贮存区的空间要求。不同产品的环境要求。仓储区空间和仓储条件。质量控制区实验室的设计和布局。

了解辅助区的休息室、更衣室、盥洗室和维修间的要求。

第五章　设备(4学时)

[基本内容]

设备的设计、选型、安装、改造和维护的原则。

生产设备,衡器、量具、仪器和仪表,清洗、清洁设备的设计安装要求。设备所用的润滑剂、冷却剂的要求,生产用模具的管理。

设备的维护和维修的要求。

主要生产和检验设备使用的要求,生产设备清洁的要求。生产设备、主要固定管道的标识要求。

设备校准的一般要求、校准计划,校准量程范围。校准使用的标准器具,校准记录以及不符合校准要求设备的控制。

制药用水的概念及分类。制药用水管理。

[基本要求]

掌握设备的设计、选型、安装、改造和维护的原则。

熟悉设备的维护和维修的要求。设备校准的一般要求。制药用水的概念及分类。

了解校准计划。制药用水管理。

第六章　物料与产品(4学时)

[基本内容]

物料和产品的操作规程。物料供应商的确定和变更。物料和产品的运输、接收的原则,物料的外包装的要求、物料和产品的贮存和周转原则。计算机仓储管理的要求。

原辅料管理的操作规程,仓储区内的原辅料的标识。配料的操作规程。

中间产品和待包装产品的贮存,标识。

包装材料管理和控制的要求,包装材料的发放。印刷包装材料管理的操作规程。印刷包装材料的版本变更、存放、保管、销毁的要求。

成品放行和贮存条件要求。特殊物料和产品的管理。

不合格品的标志和保存、处理。产品回收管理。对返工、重新加工的要求。退货管理。

[基本要求]

掌握物料与产品质量管理的原则。

熟悉原辅料管理的要求,包装材料的管理。

了解中间产品、成品、不合格品的管理。

第七章　确认与验证(4学时)

[基本内容]

确认和验证的概念、目的、意义。

验证组织和程序。验证与确认的方法:前验证、同步验证、回顾验证、再验证。厂房、设施、设备的设计确认、安装确认、运行确认、性能确认。工艺验证、操作规程验证(包括物料验证、清洗验证、产品验证、计算机验证)、检验方法验证。

变更控制。

验证总计划的要求,确认和验证的方案的制定和实施。

[基本要求]

掌握确认和验证的概念,验证的方法。

熟悉工艺验证、操作规程验证、检验方法验证。

了解验证总计划的要求，确认和验证的方案的制定，验证组织和程序，变更控制。

第八章　文件管理(4 学时)

[基本内容]

文件的概念。质量标准、工艺规程、操作规程、记录、报告。

文件管理的操作规程。文件起草、修订、审核、批准、替换或撤销、复制、保管、销毁和发放。文件的编号、格式的要求。记录的管理。

物料、成品质量标准的主要内容、工艺规程、批生产记录、批包装记录、操作规程的主要内容。

[基本要求]

掌握文件的概念。

熟悉文件管理。

了解物料、成品质量标准的主要内容。

第九章　生产管理(4 学时)

[基本内容]

生产管理原则。生产批次的划分，药品批号的编制，生产日期的确定，产品产量和物料平衡，生产期间使用物品的标识。清场管理。

污染与交叉污染的有关概念，防止污染及交叉污染的措施。

生产开始前的设备和工作场所的检查，生产操作前的物料、中间产品的核对。中间控制和环境监测。清场记录。

包装操作规程。包装开始、操作前的检查。包装操作场所或包装生产线的标识。包装操作的其他要求。包装期间中间控制的内容。重新包装的要求。包装材料的销毁和退库。

[基本要求]

掌握污染与交叉污染的有关概念，防止污染及交叉污染的措施。

熟悉生产管理原则，清场记录，包装期间中间控制的内容。

了解中间控制和环境监测。包装操作的主要要求。

第十章　质量控制与质量保证(6 学时)

[基本内容]

质量控制实验室的组织机构。质量控制负责人、检验人员的资质和经验要求。质量实验室的文件管理。取样和物料、产品的检验。留样。试剂、试液、培养基和检定菌的管理，标准品和对照品的管理。

物料和产品放行的操作规程。符合物料、产品放行的条件。

持续性考察的目的、对象。考察时间、考察方案的要求。

变更控制的定义，变更的适应范围。变革的分类、申请、评估、批准、实施、变更实施后的评估。

防止偏差出现的措施。偏差处理操作规程。偏差评估，偏差的描述，偏差处理时限。

纠正措施和预防措施的概念，纠正措施和预防措施系统，适用对象及作用。纠正措施和预防措施的操作规程。

供应商管理的文件要求，包括建立供应商管理的程序，供应商的评估、审计、批准、撤销，供应商档案、供应商清单等)。定期的现场审计、评估审计报告。供应商变更的管理，与主要供应商签订质量协议。

产品质量回顾的目的及周期，回顾分析的对象。分析结果的评估及报告。

药品不良反应报告和监测管理制度。

投诉管理的操作规程。投诉处理人员、记录的要求。

［基本要求］

掌握质量实验室管理的原则，持续性考察的目的，变更控制的定义，变更的适应范围，偏差的管理，纠正措施和预防措施的概念，产品质量回顾，供应商的管理，物料和产品放行规程。

熟悉防止偏差出现的措施，纠正措施和预防措施系统，不良反应和投诉的要求。

了解质量控制实验室管理要求。

第十一章　委托生产与委托检验(4学时)

［基本内容］

委托生产与委托检验的范围，委托方，受托方，委托合同的要求。

委托生产与委托检验的监督管理，申请与审批，申请材料，其他规定。

［基本要求］

熟悉委托方，受托方，委托合同的要求。

了解委托生产、检验的监督管理。

第十二章　产品的发运与召回(4学时)

［基本内容］

产品发运与召回的原则，发运和召回的要求。

［基本要求］

熟悉产品发运与召回的原则。

了解发运和召回的要求。

第十三章　自检(4学时)

［基本内容］

自检的概念、原则，自检的内容。

［基本要求］

熟悉自检的原则内容。

了解自检的方法。

药品生产质量管理教学大纲

（供药物制剂专业用）

一、适用专业与参考学时

本书适用于药物制剂专业，总学时：36。各章学时分配如下：

章序	章名	学时	章序	章名	学时
第一章	绪论	2	第八章	文件管理	4
第二章	质量管理	4	第九章	生产管理	4
第三章	机构与人员	2	第十章	质量控制与质量保证	4
第四章	厂房与设施	2	第十一章	委托生产与委托检验	1
第五章	设备	2	第十二章	产品的发运与召回	2
第六章	物料与产品	2	第十三章	自检	1
第七章	确认与验证	4	总计		36

二、课程目的和要求

目的：以2010年版药品生产质量管理规范（GMP）为基本框架，以药品生产企业质量管理工作过程为引导，培养学生药品质量管理意识，夯实学生药品生产质量管理理论知识，提高学生药品生产质量管理技能。

要求：学生经过系统的学习，使学生明确药品生产质量管理的监管体系、法律规章及药品生产质量管理的具体规程。清楚我国药品生产质量管理规范框架及其发展历程。了解国外药品生产质量管理相关规范及我国在药品生产质量管理过程中存在的差距及不足。

三、课程内容与要求

药品生产质量管理是对药品生产全过程的控制要求。目的在于确保药品生产全过程的各个环节，都有法规、标准等文件进行约束，从而使最终产品质量达到安全、有效、均一、稳定。它是药品生产管理和质量控制的基本要求，旨在最大限度地降低药品生产过程中污染、交叉污染以及混淆、差错等风险，确保持续稳定地生产出符合预定用途和注册要求的药品。

第一章　绪论（2学时）

［基本内容］

GMP的有关概念、GMP的产生与发展、国外GMP介绍。

GMP类型、GMP的认证与检查、GMP的特点、GMP实施三要素：人员、软件、硬件。

实施新版 GMP 的意义,GMP 的基本原则。我国 GMP 的立法依据,性质。

GMP 认证简介。

[基本要求]

掌握 GMP 类型、GMP 实施三要素:人员、软件、硬件。

熟悉 GMP 的特点、GMP 的有关概念。我国 GMP 的立法依据,性质。

了解 GMP 的产生与发展。

了解 GMP 认证。

第二章　质量管理(4 学时)

[基本内容]

质量管理的原则、质量目标的建立与实施。质量保证系统的建立及作用。药品生产质量管理的基本要求。质量控制的内容及基本要求。质量风险管理的概念、原则,质量风险管理方法、措施、形式。

[基本要求]

掌握质量管理的原则、质量风险管理的概念。

熟悉质量保证系统的建立及作用、药品生产质量管理的基本要求。

了解质量风险管理方法、措施、形式。

第三章　机构与人员(2 学时)

[基本内容]

组织机构与人员岗位职责的原则。关键人员的类型。关键人员的岗位和资质要求。培训的管理、范围、内容、计划、评估、文件。人员卫生操作规程及人员卫生的要求。

[基本要求]

掌握关键人员的类型。关键人员的岗位和资质要求。

熟悉机构与人员的原则。

了解培训的管理、内容。人员卫生操作规程及人员卫生的要求。

第四章　厂房与设施(2 学时)

[基本内容]

厂房选址布局和厂区环境及设施的原则。

生产区设计、布局和使用中的要求。生产区和贮存区的空间要求。不同产品的环境要求。洁净区的内表面,各种管道、照明设施、风口和其他公用设施,排水设施,制剂的原辅料称量,产尘操作间,药品包装的厂房或区域,照明,中间控制区域的要求。

仓储区空间和仓储条件,接收和发放、发运区域,物料和产品的隔离存放,取样区的要求。

质量控制区实验室的设计和布局。仪器室和实验动物房,处理生物样品和放射性样品的实验室的要求。

辅助区的休息室、更衣室、盥洗室和维修间的要求。

[基本要求]

掌握厂房选址布局和厂区环境及设施的原则。

熟悉生产区设计、布局和使用中的要求。生产区和贮存区的空间要求。不同产品的环境要求。仓储区空间和仓储条件。质量控制区实验室的设计和布局。

了解辅助区的休息室、更衣室、盥洗室和维修间的要求。

第五章　设备(2 学时)

［基本内容］

设备的设计、选型、安装、改造和维护的原则。

生产设备,衡器、量具、仪器和仪表,清洗、清洁设备的设计安装要求。设备所用的润滑剂、冷却剂的要求,生产用模具的管理。

设备的维护和维修的要求。

主要生产和检验设备使用的要求,生产设备清洁的要求。生产设备、主要固定管道的标识要求。

设备校准的一般要求、校准计划,校准量程范围。校准使用的标准器具,校准记录以及不符合校准要求设备的控制。

制药用水的概念及分类。制药用水管理。

［基本要求］

掌握设备的设计、选型、安装、改造和维护的原则。

熟悉设备的维护和维修的要求。设备校准的一般要求。制药用水的概念及分类。

了解校准计划。制药用水管理。

第六章　物料与产品(2 学时)

［基本内容］

物料和产品的操作规程。物料供应商的确定和变更。物料和产品的运输、接收的原则,物料的外包装的要求、物料和产品的贮存和周转原则。计算机仓储管理的要求。

原辅料管理的操作规程,仓储区内的原辅料的标识。配料的操作规程。

中间产品和待包装产品的贮存、标识。

包装材料管理和控制的要求,包装材料的发放。印刷包装材料管理的操作规程。印刷包装材料的版本变更、存放、保管、销毁的要求。

成品放行和贮存条件要求。特殊物料和产品的管理。

不合格品的标志和保存、处理。产品回收管理。对返工、重新加工的要求。退货管理。

［基本要求］

掌握物料与产品质量管理的原则。

熟悉原辅料管理的要求,包装材料的管理。

了解中间产品、成品、不合格品的管理。

第七章　确认与验证(4 学时)

［基本内容］

确认和验证的概念、目的、意义。

验证组织和程序。验证与确认的方法:前验证、同步验证、回顾验证、再验证。厂房、设施、设备的设计确认、安装确认、运行确认、性能确认。工艺验证、操作规程验证(包括物料验证、清洗验证、产品验证、计算机验证)、检验方法验证。

变更控制。

验证总计划的要求,确认和验证的方案的制定和实施。

［基本要求］

掌握确认和验证的概念,验证的方法。

熟悉工艺验证、操作规程验证、检验方法验证。

了解验证总计划的要求,确认和验证的方案的制定,验证组织和程序,变更控制。

第八章 文件管理(4学时)

[基本内容]

文件的概念。质量标准、工艺规程、操作规程、记录、报告。

文件管理的操作规程。文件起草、修订、审核、批准、替换或撤销、复制、保管、销毁和发放。文件的编号、格式的要求。记录的管理。

物料、成品质量标准的主要内容、工艺规程、批生产记录、批包装记录、操作规程的主要内容。

[基本要求]

掌握文件的概念。

熟悉文件管理。

了解物料、成品质量标准的主要内容。

第九章 生产管理(4学时)

[基本内容]

生产管理原则。生产批次的划分,药品批号的编制,生产日期的确定,产品产量和物料平衡,生产期间使用物品的标识。清场管理。

污染与交叉污染的有关概念,防止污染及交叉污染的措施。

生产开始前的设备和工作场所的检查,生产操作前的物料、中间产品的核对。中间控制和环境监测。清场记录。

包装操作规程。包装开始、操作前的检查。包装操作场所或包装生产线的标识。包装操作的其他要求。包装期间中间控制的内容。重新包装的要求。包装材料的销毁和退库。

[基本要求]

掌握污染与交叉污染的有关概念,防止污染及交叉污染的措施。

熟悉生产管理原则,清场记录,包装期间中间控制的内容。

了解中间控制和环境监测。包装操作的主要要求。

第十章 质量控制与质量保证(4学时)

[基本内容]

质量控制实验室的组织机构。质量控制负责人、检验人员的资质和经验要求。质量实验室的文件管理。取样和物料、产品的检验。留样。试剂、试液、培养基和检定菌的管理,标准品和对照品的管理。

物料和产品放行的操作规程。符合物料、产品放行的条件。

持续性考察的目的、对象。考察时间、考察方案的要求。

变更控制的定义,变更的适应范围。变革的分类、申请、评估、批准、实施、变更实施后的评估。

防止偏差出现的措施。偏差处理操作规程。偏差评估,偏差的描述,偏差处理时限。

纠正措施和预防措施的概念,纠正措施和预防措施系统,适用对象及作用。纠正措施和预防措施的操作规程。

供应商管理的文件要求,包括建立供应商管理的程序,供应商的评估、审计、批准、撤销,供应商档案、供应商清单等)。定期的现场审计、评估审计报告。供应商变更的管理,与主要供应商签订质量协议。

产品质量回顾的目的及周期，回顾分析的对象。分析结果的评估及报告。

药品不良反应报告和监测管理制度。

投诉管理的操作规程。投诉处理人员、记录的要求。

［基本要求］

掌握质量实验室管理的原则，持续性考察的目的，变更控制的定义，变更的适应范围，偏差的管理，纠正措施和预防措施的概念，产品质量回顾，供应商的管理，物料和产品放行规程。

熟悉防止偏差出现的措施，纠正措施和预防措施系统，不良反应和投诉的要求。

了解质量控制实验室管理要求。

第十一章　委托生产与委托检验（1 学时）

［基本内容］

委托生产与委托检验的范围，委托方，受托方，委托合同的要求。

委托生产与委托检验的监督管理，申请与审批，申请材料，其他规定。

［基本要求］

熟悉委托方，受托方，委托合同的要求。

了解委托生产、检验的监督管理。

第十二章　产品的发运与召回（2 学时）

［基本内容］

产品发运与召回的原则，发运和召回的要求。

［基本要求］

熟悉产品发运与召回的原则。

了解发运和召回的要求。

第十三章　自检（1 学时）

［基本内容］

自检的概念、原则，自检的内容。

［基本要求］

了解自检的内容。

47